JN412093

ntroduction to Tax Law

조세법 개론

2026

박석진 저

머리말

세법 교육에 있어 가장 머리가 아픈 점은 학생들이 세법을 너무 어려워한다는 것이다. 가르치는 입장에서 그런 학생들과 소통해야 한다는 것은 참으로 곤혹스런 일이다. 회계 교육 초반에 회계순환과정을 마치고 학생들이 얻는 성취감을 세법 교육에서는 여간해서 맛보기 힘들다. 이유는 간단하다. 세법이 너무 난해하기 때문이다. 세법이 난해한 이유는 세법의 기본원리뿐만 아니라, 국가의 정책, 납세자의 보호 및 그와 상반되지만 납세자의 다양한 조세회피 시도 방지 등 다양한 규정들이 그 안에 녹아 들어있기 때문이다. 처음 세법을 접하는 학생들에게 세법을 있는 그대로 가르치려고 욕심을 부리면 그 결과는 뻔하다. 학생들이 세법을 포기하게 되는 것이다.

저자는 그러한 학생들의 입장을 고려하여 지엽적인 주제들, 혹은 중요하다 하더라도 당장은 받아들이기 너무 난해한 주제들은 가능하면 배제하였고, 학생들이 쉽게 받아들일 수 있는 기본적인 내용들을 위주로 하여 본 교재를 구성하였다. 물론, 가르치는 입장에서는 부족한 부분도 있고 불필요한 부분도 있을 것이다. 교수자 입장에서 부족한 부분은 별도 유인물 등으로 보충하고 불필요한 부분은 과감하게 스킵하여 유연하게 수업을 운영해 나가면 될 것으로 보인다. 부디 본 교재를 접하게 된 독자들 모두 본 교재를 통해 본인의 목적을 훌륭히 달성해 내길 기원한다.

본 교재의 구성은 다음과 같다.

제1편 조세총론에서는 조세의 정의, 조세의 분류 및 조세법의 기본원리 등의 내용을 담고 있다. 제2편에서는 국세기본법의 내용 중 필요하다고 생각하는 부분을 발췌하여 정리하였다. 제3편부터 제5편까지는 소득세법, 법인세법, 부가가치세법의 과세요건 및 납세절차에 대해 간략히 기술하였다.

제1편과 제2편의 경우 각 장마다 외부 자격시험 기출문제 등 연습문제를 추가하였으나, 각론인 제3편부터 제5편까지에는 연습문제를 담지 않았다. 본문의 내용만으로 자격시험

기출문제 등을 이해하고 풀어나가기에는 부족한 면이 있기 때문이다. 독자들의 양해를 바란다. 다만 본문에 다양한 사례들을 포함하였기 때문에 이들 사례들로 각론의 기본적인 내용을 맛보기에 충분하다고 본다. 교재에 담고 있지 않은 내용들은 향후 각론의 학습과정에서 충분히 다룰 기회가 있을 것이다.

본 교재의 특징은 다음과 같다.

첫째, 한 학기에 수업하기 적당한 양을 담았다. 조세총론, 국세기본법 뿐만 아니라, 소득세, 법인세 및 부가가치세 등 주요 세법에 대해서도 다루고 있지만, 가능한 기본적인 내용을 압축적으로 제시하려 노력을 했다.

둘째, 이론적인 내용을 시각적으로 쉽게 정리할 수 있도록 도표 또는 그림을 많이 삽입하였다. 또한 학습 내용에 대한 이해를 제고하기 위하여 많은 실무적 사례도 본문에 포함하였다.

셋째, 저자가 직접 강의를 한다는 생각으로 본문을 서술하였다. 하지만 가능하면 세법 조문은 그대로 인용하였다. 조사 하나에도 의미가 달라질 수 있기 때문에 그런 부분은 저자의 주관을 최대한 배제하는 것이 맞을 것이다.

아직은 내용적으로나 형식적으로 여러 부족한 부분과 오류가 있을 것이지만, 앞으로 보완하여 교재의 완성도를 높여가도록 노력하겠다는 약속을 드린다. 본서를 출간하는 데 도움을 주신 많은 분들과 여의치 않은 사정에도 불구하고 본서의 출판을 흔쾌히 승낙해 주신 도서출판 원의 정성열 사장님, 그리고 편집에 애쓰신 정은정 팀장님께도 이 지면을 빌어 깊이 감사드린다.

2026년 겨울 월계동 연구실에서

저자 씀

목 차

제 1 편

조세총론

- 제1장. 조세의 정의
- 제2장. 조세의 분류
- 제3장. 조세법의 기본원리
- 제4장. 조세법의 해석과 적용
- 제5장. 조세법의 법원(法原)
- 제6장. 과세표준과 세율
- 제7장. 세율의 유형

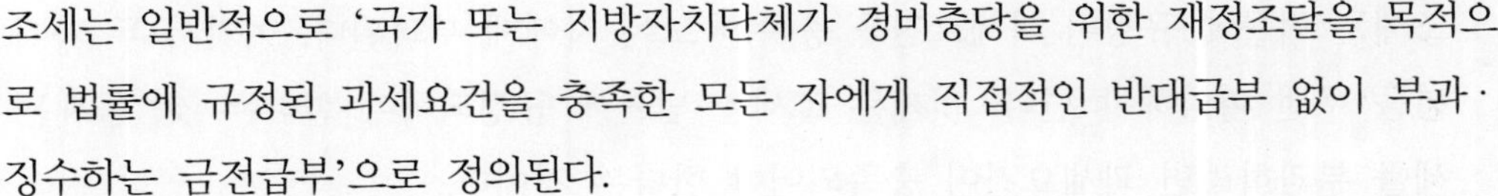

제1장 조세의 정의

조세는 일반적으로 '국가 또는 지방자치단체가 경비충당을 위한 재정조달을 목적으로 법률에 규정된 과세요건을 충족한 모든 자에게 직접적인 반대급부 없이 부과·징수하는 금전급부'으로 정의된다.

이에 대해 구체적으로 살펴보면 다음과 같다.

1.1. 과세주체 (즉, 누가 과세하는가?)

조세를 부과할 수 있는 주체는 국가 또는 지방자치단체이다. 국가는 대한민국의 중앙정부를 말하는 것이고, 지방자치단체는 그 하부단위인 특별시, 광역시, 도, 시, 군, 구 등을 말한다. 세금은 기본적으로 국민의 재산권을 침해하는 성격을 가지므로, 당연히 아무나 국민들에게 세금을 부과할 수는 없다. 따라서 국가 및 지방자치단체 등 공권력을 가진 단체가 조세를 부과할 수 있는 권한을 갖게 된다.

1.2. 과세목적 (즉, 왜 과세하는가?)

국가 또는 지방자치단체가 경비충당을 위한 재정조달을 목적으로 부과한다. 즉, 국가 등이 국민들에게 공공서비스를 제공할 때에는 경비가 소요된다. 우리가 여행을 간다고 생각해봐도 어떻게 여행경비를 충당해야 할지 고민하는 것이 일반적이다. 하물며, 국가 등이 국민들에게 광범위한 공공서비스를 제공하는 데에는 얼마나 많은 돈이 필요하겠는가? 국가나 지방자치단체가 경비에 충당할 돈이 없다면 어떻게 되겠는가? 겨울철에 화재가 나도 불을 끌 수가 없고, 전쟁이 나도 우리 국민들을 지켜주지 못하게 될 것이다. 따라서 세금은 국가가 안정적으로 운영되기 위해서는 반드시 필요한 것이다.

1.3. 과세근거 (즉, 누구에게 과세할 수 있는가?)

조세는 법률에 규정된 과세요건을 충족한 모든 자에게 부과된다. 여기서 두 가지 개념을 우선 파악해야 한다. 첫째는 조세는 법률에 규정되어야 한다는 것, 둘째는 조세를 부과하려면 과세요건이 충족되어야 한다는 것이다.

조세는 법률에 근거하여 부과되어야 한다. 이를 '조세법률주의'라고 한다. 앞에서 언급했지만, 세금은 불가피하게 국민의 재산권을 침해하는 속성이 있기 때문에, 막연히 누구에게 돈을 많이 벌었으니 세금을 내라고 할 수는 없다. 반드시 법률에 어떤 요건을 충족해야 조세가 부과되는지가 규정되어야 한다. 이와 같이 법률에 규정되어 있는 세금을 부과할 수 있는 요건을 '과세요건'이라고 한다.

조세법률주의와 과세요건에 대해서는 '**3.1 조세법률주의**'에서 자세히 살펴보도록 하겠다.

1.4. 일반보상성 (즉, 개별적 보상 없이 부과된다)

조세는 직접적인 반대급부 없이 부과·징수된다. 우리가 세금을 내더라도, 그에 대한 개별적인 보상(혜택)을 받지는 않는다. 다만, 국방, 치안 등의 간접적이고 일반적인 보상을 받을 뿐이다. 따라서 국가 등이 제공하는 서비스에 대한 대가로 지급하는 수수료나 위법행위에 대한 제재를 목적으로 하는 벌금이나 과태료 등은 조세에 해당하지 않는다.

일반적으로 우리가 돈을 낼 때에는 어떤 대가를 받을 것을 기대하고 돈을 낸다. 지극히 상식적이고 당연한 얘기이지만, 세금은 그렇지 않다. 집에 불이 났는데 세금을 낸 사람 집만 골라서 불을 꺼주지는 않는다는 것이다. 세금을 냈든 내지 않았든 모두 국가로부터 동일한 혜택을 받게 된다.

세금을 낸 사람만 불을 꺼주는 경우, 이를 '직접적인 반대급부', 즉 '개별적 보상'이 있다고 한다. 즉, 급부(여러분들이 낸 세금)에 대한 직접적이고 개별적인 반대급부로서 불을 꺼주는 서비스를 제공한다는 것이다. 이에 반해 세금을 냈는지 여부와 관계없이 모든 사람들의 불을 꺼주는 경우, 이를 '간접적인 반대급부', 즉 '일반적 보상'이 있다고 한다. 따라서 조세는 '직접인 반대급부가 없다' 혹은 '일반보상성을 가진다.'라는 표현을 쓴다.

급부와 반대급부

'급부(給付)' 및 '반대급부(反對給付)'는 법률용어인데, 간단하게 서로 주고받는 것이라고 생각하면 된다.

여러분들이 편의점에서 아르바이트를 하는 경우, 여러분들은 편의점 사장과 고용계약에 따라 근로를 제공하고, 사장은 여러분들이 제공한 근로의 대가로 급여를 지급하게 된다. 즉, 뭔가를 서로 주고받게 되는 것이다. 이 때 여러분들이 제공하는 근로가 '급부'가 되고, 사장이 여러분에게 지급하는 급여가 '반대급부'가 된다. 여러분들 입장에 주는 게 급부, 받는 게 반대급부라고 생각하면 된다.

조세의 경우 여러분들이 제공하는 급부인 세금에 대해 반대급부는 특정되어 있지 않으므로, 이를 '직접적인 반대급부가 없다'라고 하는 것이다.

1.5. 금전급부 (즉, 세금은 원칙적으로 금전으로 납부한다)

세금은 금전으로 납부하는 것이 원칙이다. 예외적으로, 일부 조세는 물건으로 납부(이를 '물납'이라고 함)하는 것을 허용하고 있다.

주로 재산과 관련되어 부과되는 조세의 경우 물납이 허용된다. 예를 들어, 여러분들이 부모님으로부터 부동산 및 주식 등 재산을 상속받았다고 가정해 보자. 재산을 상속받았지만 상속받은 재산에 현금이 하나도 없다면, 재산을 처분하지 않는 이상 세금(상속세)을 낼 수가 없게 된다. 재산세(보유세)의 경우에도 마찬가지이다. 재산은 많지만 소득이 없다면, 역시 재산을 처분하지 않는 이상 세금을 낼 수가 없다. 따라서 이러한 경우에는 제한적으로 물납을 허용해 주는 것이다. 물납에 대한 구체적인 규정은 나중에 공부하게 될 것이니 지금은 개념 정도만 잘 챙기기 바란다.

표1.1.1 조세의 정의

구 분	내 용
① 과세주체 ☞ 누가 과세하는가?	국가 또는 지방자치단체
② 과세목적 ☞ 왜 과세하는가?	경비충당을 위한 재정조달을 목적
③ 과세근거 ☞ 누구에게 과세할 수 있는가?	법률에 규정된 과세요건을 충족한 모든 자에게 부과
④ 일반보상성 ☞ 개별적 보상 없이 부과	직접적(혹은 개별적) 반대급부 없이 부과·징수 * 납세자는 국가가 제공하는 국방·치안·교육 등의 혜택을 받기는 하지만, 이는 조세납부에 따른 직접적 혹은 개별적인 보상(급부)이 아니라 간접적 혹은 일반적 보상에 불과하다.
⑤ 금전급부 ☞ 세금은 금전으로 납부(원칙)	조세는 금전으로 납부함을 원칙으로 한다. * 다만, 일부 세목은 물납을 허용하고 있다.

조세부담률 및 국민부담률

• 조세부담률

조세부담률은 국세 및 지방세를 합한 조세수입을 명목GDP로 나눈 비율(즉, 국민경제에서 조세수입이 차치하는 비중)을 말하는 것으로, 국민의 조세부담 정도를 측정하는 지표이다.

$$\text{조세부담률} = \frac{\text{총조세(국세+지방세)}}{\text{명목GDP}} \times 100$$

다음은 우리나라, OECD 회원국 및 주요 7개국(G7)의 최근 10년간 조세부담률의 추이를 비교한 표이다. 우리나라의 조세부담률은 OECD 38개 회원국 및 주요 7개국(G7) 평균 조세부담률에 비해 상대적으로 낮은 수준이나 그 격차는 점점 축소되는 경향을 나타내고 있다.

구분	2014	2015	2016	2017	2018	2019	2020	2021	2022	2023
한국	16.3	16.6	17.4	17.9	18.8	18.8	18.8	20.6	22.1	19.0
G7 평균	24.6	24.9	24.9	25.2	25.1	25.0	25.3	26.0	26.3	25.7
OECD 평균	24.1	24.1	24.7	24.5	24.5	24.4	24.3	25.0	25.2	24.9

주1) 한국의 조세부담률은 2024년 6월 한국은행이 발표한 2022년 확정 GDP를 반영하여 계산한 값임

주2) 자료 미제출 국가(일본과 호주)의 경우 전년도 수치를 인용하여 평균 계산한 값임

주3) OECD 평균은 38개국 기준이며, 소수점 두 자리에서 반올림한 값임

주4) OECD, Revenue Statistics(https://stats.oecd.org)를 바탕으로 국회예산정책처 작성

자료 출처: 2025 대한민국 조세, 국회예산정책처

• 국민부담률

국민부담률은 국세 및 지방세를 합한 조세수입뿐만 아니라 국민연금, 건강보험, 고용보험 및 산업재해보상보험 등 사회보장기여금을 합한 금액을 명목GDP로 나눈 비율을 말하는 것으로, 조세부담률에서 포착되지 않는 국민의 사회보장기여금을 포함한 국민부담 정도를 측정하는 지표이다.

$$\text{국민부담률} = \frac{\text{총조세} + \text{사회보장기여금}}{\text{명목GDP}} \times 100$$

다음은 우리나라, OECD 회원국 및 주요 7개국(G7)의 국민부담률의 최근 추이를 비교한 표이다. 우리나라의 국민부담률은 조세부담률과 마찬가지로 OECD 38개 회원국 및 주요 7개국(G7) 평균 국민부담률에 비해 상대적으로 낮은 수준이나 그 격차는 점점 축소되는 경향을 나타내고 있다.

구분	2014	2015	2016	2017	2018	2019	2020	2021	2022	2023
한국	22.3	22.6	23.5	24.1	25.2	25.7	26.2	27.9	29.7	26.8
G7 평균	34.9	35.2	35.3	35.6	35.5	35.4	35.9	36.5	36.8	36.0
OECD 평균	32.8	32.9	33.5	33.3	33.4	33.3	33.5	34.0	33.9	33.8

주1) 한국의 조세부담률은 2024년 6월 한국은행이 발표한 2022년 확정 GDP를 반영하여 계산한 값임

주2) 자료 미제출 국가(일본과 호주)의 경우 전년도 수치를 인용하여 평균 계산한 값임

주3) OECD 평균은 38개국 기준이며, 소수점 두 자리에서 반올림한 값임

주4) OECD, Revenue Statistics(https://stats.oecd.org)를 바탕으로 국회예산정책처 작성

자료 출처: 2025 대한민국 조세, 국회예산정책처

한국 조세부담률 OECD 33개국 중 7번째로 낮아…"상승 불가피"
(연합뉴스 2019.4.21.)

한국의 조세부담률이 여전히 선진국 평균에 턱없이 못 미치는 것으로 나타났다. 향후 고령화 등 사회현상에 대처하기 위한 복지 재원을 마련하려면 조세부담률을 현재보다 약 2%포인트(p)는 더 올라야 한다는 주장도 나온다.

21일 경제협력개발기구(OECD)의 '세수 통계 2018' 자료를 분석하면 2017년 한국의 조세부담률 잠정치는 20.0%로, 33개 회원국 가운데 7번째로 낮았다.

(이하 생략)

韓 조세부담 증가 OECD보다 2배 빨라…상속세 상승폭은 5배
(한국경제 2023.4.23.)

10년간 세부담 증가율…한국 4.9%P vs OECD 2.1%P

최고 27.5% 달했던 韓 법인세
작년 인하 후 26.4%로 줄었지만
23.1%인 OECD보다 여전히 높아

국민부담률 사상 첫 30% 육박
"한국 조세부담 소수에만 편중
고령화 심화로 더욱 가중될 것"

한국의 조세부담률 상승 속도가 2010~2021년 경제협력개발기구(OECD) 회원국 평균보다 두 배가량 빨랐던 것으로 나타났다. 이 기간 소득세·법인세 최고세율 인상에 종합부동산세 중과 등 각종 '부자 증세'가 이뤄진 결과다. 세금에 공적연금과 사회보험 납부액까지 반영한 국민부담률도 빠르게 높아지면서 2021년 29.9%를 기록했고 지난해에는 30%를 넘어섰을 가능성이 큰 것으로 관측된다.

(이하 생략)

연습문제

01 조세의 정의에 대해 약술하시오.

해답

조세는 일반적으로 '국가 또는 지방자치단체가 경비충당을 위한 재정조달을 목적으로 법률에 규정된 과세요건을 충족한 모든 자에게 직접적인 반대급부 없이 부과·징수하는 금전급부'으로 정의된다.

02 다음의 설명이 옳으면 ○, 틀리면 ×를 괄호에 기재하시오.

(1) 조세는 금전으로 납부하는 것이 원칙이나 상속세 등 일부 세목에서 물납을 허용하고 있다. ( )

(2) 조세는 직접적 반대급부 없이 부과하는 것이므로 개별적인 보상성을 가진다고 볼 수 있다. ( )

해답

(1) 맞는 진술이다.
(2) 조세는 일반보상성을 가진다.

정답 ○, ×

03 다음 중 조세에 관한 설명으로 가장 올바르지 않은 것은?

(2023년 3월 재경관리사)

① 조세는 금전납부가 원칙이다.
② 조세는 법률에 규정된 과세요건을 충족한 모든 자에게 부과된다.
③ 위법행위에 대한 제재를 목적을 두고 있는 벌금, 과태료는 조세에 해당하지 않는다.
④ 조세는 납세자가 납부한 세액에 비례하여 개별적 보상을 제공한다.

해답

조세는 납세자가 납부한 세액에 비례하여 개별적 보상을 제공하지 않는다(일반보상성).

정답 ④

04 다음 중 조세의 개념에 관한 설명으로 옳은 것은? (2024년 7월 재경관리사)

① 공공단체가 공공사업에 필요한 경비에 충당하기 위하여 부과하는 공과금도 조세에 해당한다.
② 조세는 위법행위에 대한 제재에 목적을 두고 있는 과태료와 그 성격이 매우 유사하다.
③ 납세는 국민의 당연한 의무이므로 조세의 과세요건은 법률로 규정할 필요가 없다.
④ 조세는 국가 또는 지방자치단체의 경비충당을 위한 재정수입을 조달할 목적으로 부과된다.

해답

① 조세는 국가 또는 지방자치단체가 경비충당을 위한 재정조달을 목적으로 부과한다.
② 위법행위에 대한 제재를 목적으로 하는 벌금이나 과태료 등은 조세에 해당하지 않는다.
③ 조세법률주의에 따라 조세의 과세요건은 법률로 규정해야 한다.

정답 ④

제2장 조세의 분류

조세는 과세주체, 세부담의 전가 여부, 조세 용도의 특정 여부, 독립된 세원의 유무, 과세물건의 측정방법 및 인적측면의 고려 여부 등 다양한 분류기준에 따라 다음과 같이 분류할 수 있다.

2.1. 과세주체에 따라: 국세와 지방세

2.1.1. 국세

국가가 부과하는 조세를 '국세'라고 한다. 대표적인 국세로는 법인세(법인의 소득에 대해 부과하는 조세), 소득세(개인의 소득에 대해 부과하는 조세), 부가가치세(소비에 대해 부과하는 조세) 등이 있다.

2.1.2. 지방세

지방자치단체가 부과하는 조세를 '지방세'라고 한다. 대표적인 지방세로는 취득세(일정한 재산의 취득에 대해 부과하는 조세), 재산세(일정한 재산의 보유에 대해 부과하는 조세) 등이 있다. 재산의 취득 및 보유 현황에 대해서는 중앙정부보다는 지방자치단체에서 보다 효율적, 효과적으로 파악할 수 있기 때문에 이들 세목(稅目, 조세의 종목)은 지방세로 규정되어 있는 것이다.

2.2. 세부담의 전가 여부에 따라: 직접세와 간접세

2.2.1. 직접세

법률에서 정한 납세의무자와 세부담을 지는 자('담세자'라고 함)가 일치할 것으로 예상되는 조세를 '직접세'라고 한다. 즉, 납세의무자와 담세자가 일치하므로 세부담의 전가가 일어나지 않는 조세를 직접세라고 하는 것이다. 소득세 및 법인세 등이 대표적인 직접세이다. 예를 들어, 여러분들이 회사에 취업하여 급여를 받게 되면, 여러분들이 소득세 납세의무자가 되고, 그 세부담도 여러분들이 지게 된다.

2.2.2. 간접세

납세의무자가 아닌 자가 세부담을 질 것으로 예상되는 경우, 즉 납세의무자와 담세자가 일치하지 않을 것으로 예상되는 경우, 이를 '간접세'라고 한다.

간접세에서는 세법상 정해진 납세의무자가 다른 자에게로 세부담을 이전시키는 현상이 발생하는데, 이를 '세부담의 전가'라고 한다. 부가가치세, 개별소비세 및 주세 등 대부분의 소비세가 간접세의 형태로 운영되고 있다. 예를 들어, 부가가치세의 납세의무자는 재화 또는 용역을 공급하는 사업자이지만, 그 세부담은 '거래징수'라는 시스템을 통해 재화 또는 용역을 공급받는 자(일반적으로 소비자)가 지게 된다.

세부담의 전가

'세부담의 전가(轉嫁, shifting of tax burden)'란 세법에 따라 세금을 납부할 의무가 있는 납세의무자가 세부담을 다른 사람에게 '떠넘긴다'는 의미이다. 여러분들이 소득 활동을 하고 있지 않거나 재산을 보유하고 있지 않은 경우라 하더라도, 여러분들은 알게 모르게 세부담을 지고 있다. 대표적으로 부가가치세가 그러하다.

여러분들이 커피를 마시거나 식당에서 밥을 사 먹는 경우, 그 가격에는 대부분 부가가치세 10%가 포함되어 있다. 여러분들은 사실상 부가가치세를 부담하고 있지만, 부가가치세를 세무서에 신고·납부하지는 않는다. 그렇다면 부가가치세 납세의무자는 누구인가? **'제5편 부가가치세법'**의 **'2.1. 납세의무자'**에서 자세히 살펴보겠지만, 부가가치세 납세의무자는 재화 또는 용역을 공급하는 사업자가 된다. 즉, 카페 사장이나 식당 사장이 납세의무자가 된다는 것이다.

이와 같이 사업자(사장)가 재화나 용역의 가격에 부가가치세를 포함하여 여러분들에게 부가가치세를 받아(이를 '거래징수'라고 한다) 이를 세무서에 대신 신고·납부하는 것이다. 이와 같이 납세의무자가 세부담을 여러분들에게 떠넘기는 것, 이를 '전가'라고 한다.

▌그림 1.2.1▐ 부가가치세 거래징수 개요

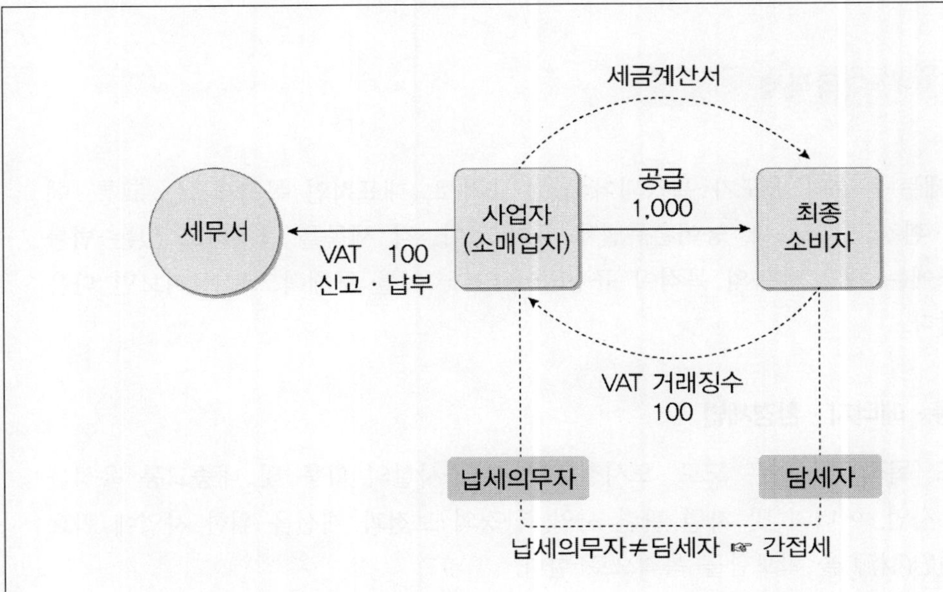

주1) VAT: Value added tax(부가가치세)

주2) 세금계산서: 사업자(= VAT 납세의무자)가 재화 또는 용역을 공급하는 때에 부가가치세를 거래상대방으로부터 거래징수하고, 그 사실을 증명하기 위하여 발급하는 법정영수증.

2.3. 조세의 용도가 특정되어 있는지 여부에 따라: 보통세와 목적세

2.3.1. 보통세

세수(조세 수입)의 용도가 특정되어 있지 않은 조세를 '보통세'라고 한다. 따라서 국가나 지방자치단체가 해당 세수를 일반적인 재정수요에 충당하고자 하는 경우에는 관련 세목을 보통세로 정하면 된다. 법인세, 소득세 및 부가가치세 등 대부분의 조세가 보통세이다.

2.3.2. 목적세

특정한 사용목적에 충당하기 위하여 부과하는 조세를 '목적세'라고 한다. 즉, 목적세는 해당 세수의 용도가 정해진 세목을 말하는 것으로, 대표적인 목적세로는 교통·에너지·환경세, 교육세, 농어촌특별세 등이 있다.

목적세

목적세는 세수의 용도가 특정되어 있는 조세로, 대표적인 목적세로는 교통·에너지·환경세, 교육세, 농어촌특별세 등이 있다. 각 세목을 규정하고 있는 법률 제1조에는 해당 세목의 목적이 규정되어 있다. 이를 구체적으로 살펴보면 다음과 같다.

• 교통 · 에너지 · 환경세법

제1조 [목적] 이 법은 도로·도시철도 등 교통시설의 확충 및 대중교통 육성을 위한 사업, 에너지 및 자원 관련 사업, 환경의 보전과 개선을 위한 사업에 필요한 재원(財源)을 확보함을 목적으로 한다.

• 교육세법

제1조 [목적] 이 법은 교육의 질적 향상을 도모하기 위하여 필요한 교육재정의 확충에 드는 재원을 확보함을 목적으로 한다.

• 농어촌특별세법

제1조 [목적] 이 법은 농어업의 경쟁력강화와 농어촌산업기반시설의 확충 및 농어촌지역 개발사업을 위하여 필요한 재원을 확보함을 목적으로 한다.

2.4. 독집적인 세원이 있는지 여부에 따라: 독립세(본세)와 부가세

2.4.1. 독립세(본세)

'독립세'는 독립적인 세원(과세의 원천)이 존재하는 조세를 말한다. 예를 들어, 소득을 세원으로 하여서는 소득세나 법인세가 부과되고, 소비를 세원으로 하여서는 부가가치세가 부과되고, 재산을 세원으로 하여서는 재산세가 부과된다. 이들 조세는 모두 독립적인 세원(즉, 소득, 재산, 소비 등)이 존재한다. 독립세는 '본세'라고도 부른다.

2.4.2. 부가세

독립세와 달리 '부가세(附加稅, surtax)'는 독립적인 세원 없이, 다른 조세[독립세(본세)]를 과세표준으로 하여 별도로 부가되어 과세되는 조세를 말한다. 대표적인 부가세로는 교육세 및 농어촌특별세 등이 있다.

세원(稅源)

'세원(稅源, source of taxation)'이란 조세가 부과되는 원천을 말하는 것으로, 대표적인 세원으로는 소득, 소비 및 재산 등이 있다. 이에 대해 구체적으로 살펴보면 다음과 같다.

(1) 소득

가장 대표적인 세원은 '소득'으로, 개인이 벌어들이는 소득에 대해 과세하는 조세가 '소득세'이며, 법인이 벌어들이는 소득에 대해 과세하는 것이 '법인세'이다.[주1] 하지만 개인이나 법인의 소득이 모두 포착되어 과세될 수 없는 것이 현실이다.[주2]

(2) 소비

소득을 세원으로 하여 부과된 세금이 충분하지 않은 경우, 이를 보완하는 차원에서 '소비'에 대해 과세할 수도 있다. 소비를 한다는 것 자체가 소득세를 부담하고 나서도 경제적 여력이 있다는 것이기 때문에 과세가 가능하다고 보는 것이다. 대부분의 재화나 용역에 대해 과세되는 부가가치세(일반소비세)와 특정 재화나 용역에 대해 과세되는 개별소비세 및 주세(특정소비세)가 소비를 세원으로 하는 조세이다.

이러한 소비세는 소득보다는 세원이 풍부하고, 세원의 포착 또한 용이하다는 장점이 있으나, 거래가격에 세금이 포함되므로 시장을 왜곡할 수 있다는 문제점도 있다.

(3) 재산

'재산' 또한 전통적으로 중요한 세원 중 하나이다. 소득 중 소비되고 남은 부분은 재산의 형태로 남아있게 될 것이므로, 재산도 소득이나 소비를 보완하는 세원이 될 수 있는 것이다. 재산을 세원으로 과세하는 경우, 부의 재분배(예를 들어, 부자들의 부를 가난한 자들에게 이전시킴으로써 빈부 격차를 줄이는 것)라는 측면에서 보면 바람직할 수도 있으나, 세금을 부담할 경제적 여력이 없는 경우에도 세금이 부과될 수 있다는 문제점이 있다. 즉, 재산만 있고 소득이 없는 경우에는 그 재산을 팔아서 세금을 내야하는 경우가 발생할 수도 있다.[주3]

정리하면, 소득이 있으면 세금을 부담할 능력(담세력)이 있으므로, 소득이 가장 대표적인 세원이나, 이를 보완하는 소비 또는 재산도 세원이 될 수 있다. 우리나라 조세정책은 '세원은 넓게, 세율은 낮게'라는 큰 방향을 목표로 하고 있다. 즉, 세율을 높게 책정하는 것보다 세원의 투명성을 제고하는 것이 바람직하다는 것이다.

주1) 이론적으로는 개인의 소득에 대해서는 '개인소득세', 법인의 소득에 대해서 과세하는 조세는 '법인소득세'로 부르는 것이 적절할 것이나, 우리나라는 개인소득세를 '소득세'라고 하고, 법인소득세를 '법인세'라고 한다. 반면, 미국의 경우 개인소득세(individual income tax)와 법인소득세(corporate income tax)라는 표현을 쓰고 있다.

주2) 최근 가상화폐 관련 과세 문제가 이슈가 되고 있는데, 이와 관련 재정경제부 세제실장은 2018년 1월 세법 개정안 사전 브리핑에서 "과세를 위해서는 거래를 포착해야 한다"며 "세원을 포착할 방안도 검토하고 있다"고 강조했다. 이와 같이 개인의 소득이 있다 하더라도 이를 모두 포착하기도 힘들고, 만약 포착된다 하더라도 과세할 근거가 없으면 세금을 부과할 수 없는 것이다. 한편, 2020년 말 세법개정을 통해 가상화폐 등 가상자산의 거래에 대하여 2022년 1월 1일 이후 거래분부터 소득세법상 기타소득(가상자산소득)으로 과세하는 것으로 개정되어 소득 간 과세형평 문제가 어느 정도 완화되었다. 하지만 가상자산 과세 인프라 구축 미흡 등의 이유로 2021년 말 세법개정을 통해 가상자산 과세시기를 2023년 1월 1일로 1년간 유예하였고, 2022년 말 세법개정에서 가상자산 시장여건 및 투자자 보호제도 정비 등을 고려하여 과세시기를 2025년 1월 1일로 다시 2년 유예하였으며, 2024년말 세법개정에서 가상자산 이용자 보호 제도 시행 상황 등을 고려하여 시행시기를 다시 2027년 1월 1일로 유예하게 되었다. 기타소득 등 소득세법상 소득의 종류에 대해서는 '**제3편 소득세법**'에서 보다 구체적으로 살펴보도록 하겠다.

주3) 또 다른 비판으로 '이중과세(double taxation)'의 문제점을 들 수 있다. 이미 소득에 대해 세금을 부담하고 남는 돈으로 개인이 부를 축적하였는데, 이에 대해 또 세금을 내라고 한다면 하나의 과세대상(소득)에 대해 두 번 세금을 내는 꼴이 된다는 것이다. 또한, 내가 모은 재산을 자녀에게 상속하는데 또 세금을 내게 되는 것도 심각한 이중과세라고 보는 견해가 있다. 미국에서는 상속세에 대해 '사회주의적 조세(socialistic tax)'라는 비판이 있었으며, 2010년도에는 한시적으로 상속세가 폐지되기도 하였다.

세원	내용
(1) 소득	가장 대표적인 세원으로, 소득을 세원으로 하는 조세는 소득세 및 법인세 등이 있다.
(2) 소비	소득을 보완하는 세원으로, 소비를 세원으로 하는 조세는 부가가치세, 개별소비세 및 주세 등이 있다.
(3) 재산	소득 및 소비를 보완하는 세목으로, 재산을 세원으로 하는 조세는 재산세 등이 있다.

부가세(surtax) 사례

여러분들이 좋아하는 소주에는 72%의 주세와 30%의 교육세가 부과되고, 여기에 다시 부가가치세 10%가 부과된다. 주류는 건강에도 좋지 않고, 청소년들에게 유해하기 때문에 교육세를 부과하는 것이다.

만약 소주의 출고가격이 500원이라고 가정하면, 여기에는 다음과 같은 세금이 부과된다.

① 주세: 500원 × 72% = 360원
② 교육세: 360원 × 30% = 108원
③ 부가가치세: (500원 + 360원 + 108원) × 10% = 96.8원

소주의 출고가격 500원에 대해 주세 360원이 부과되고(500원 × 72% = 360원), 이 주세 360원을 본세로 하여 교육세 108원이 부과되며(360원 × 30% = 108원), 이들을 합한 금액에 다시 부가가치세 10%가 부과된다[(500원 + 360원 + 108원) × 10% = 96.8원]. 소주의 출고가격 500원에 주세 360원, 교육세 108원 및 부가가치세 96.8원이 더해져 소주가격은 1,064.8원이 된다. 소주가격의 약 53%(564.8원 ÷ 1,064.8원) 가량이 세금인 것이다. 참고로 담배에도 교육세가 부과된다. 애국자가 되는 길은 어렵지 않다.

2.5. 과세표준의 측정방법에 따라: 종가세와 종량세

과세표준을 금액으로 측정하여 표시하는 조세를 '종가세', 과세표준을 수량으로 측정하여 표시하는 조세를 '종량세'라고 한다. 이에 대해서는 **'제6장 과세표준과 세율'**에서 구체적인 사례를 통해 보다 면밀히 살펴보도록 하겠다.

2.6. 인적 측면의 고려 여부에 따라: 인세와 물세

2.6.1. 인세

소득이나 재산 등이 귀속되는 납세자의 인적인 측면을 고려하여 부과되는 조세를 '인세'라고 한다. 대표적으로 소득세, 법인세 및 상속세·증여세 등이 인세에 속한다. 인세는 일반적으로 인적인 사정이 많이 고려되는 경향이 있다. 예를 들어, 소득세의 경우 부양가족에 대한 공제 등 인적인 사정을 고려하여 과세가 되고 있다.

2.6.2. 물세

소득이나 재산 등이 귀속되는 납세자의 인적인 측면을 고려하지 않고 물적 측면에 착안하여 부과되는 조세를 '물세'라고 한다. 대표적으로 부가가치세, 개별소비세 및 주세 등이 물세에 해당한다. 물세는 일반적으로 인적인 사정을 고려하지 않고 부과되므로, '세부담의 역진성' 등의 문제가 발생할 수 있다.

세부담의 역진성

'세부담의 역진성'이란 소득이 낮은 사람이 더 많은 세부담을 지게 되는 현상을 말한다. 예를 들어, A라는 사람의 소득이 1,000이고 B라는 사람의 소득은 500인 경우, 두 사람 모두 동일하게 부가가치세가 과세되는 재화 300을 소비했다고 가정하면(부가가치세는 300의 10%인 30이 됨), 소득을 기준으로 A가 부담하는 세율(세부담액 ÷ 소득)은 3%(30 ÷ 1,000)가 되고, B가 부담하는 세율은 6%(30 ÷ 500)가 된다.

이는 저소득층일수록 소비가 소득에서 차지하는 비중이 고소득층보다 높기 때문에 발생하는 현상이며, 이러한 역진성 완화를 위하여 부가가치세법에는 기초생활필수품(예를 들어, 미가공식료품, 대중교통 및 의료보건용역 등)에 대한 면세제도를 두고 있으며, 개별소비세법에는 보석 및 귀금속 제품 등 고가사치품을 과세대상으로 규정하고 있다. 일반적으로 소득세와 같은 인세는 인적인 사정을 고려한 다양한 소득공제와 누진세율을 채택하고 있기 때문에 이러한 세부담의 역진성 문제가 완화된다.

표 1.2.1 조세의 분류

분류기준	분 류	
(1) 과세주체	① 국세	국가가 부과하는 조세[주)] * 법인세, 소득세, 부가가치세 등
	② 지방세	지방자치단체가 부과하는 조세 * 취득세, 재산세 등
(2) 세부담의 전가 여부	① 직접세	조세부담이 전가되지 않을 것으로 예상되는 조세 (납세의무자 = 담세자) * 소득세, 법인세 등
	② 간접세	조세부담이 전가될 것으로 예상되는 조세 (납세의무자 ≠ 담세자) * 부가가치세, 개별소비세, 주세
(3) 조세 용도의 특정 여부	① 보통세	조세의 용도가 특정되어 있지 않은 조세 * 법인세, 소득세, 부가가치세 등
	② 목적세	조세의 용도가 특정되어 있는 조세 * 교통 · 에너지 · 환경세, 교육세, 농어촌특별세 등
(4) 독립된 세원의 유무	① 독립세	독립적인 세원에 대하여 부과되는 조세 * 법인세, 소득세, 부가가치세 등
	② 부가세	독립적인 세원 없이 다른 독립세(본세)를 기준으로 하여 부과되는 조세 * 교육세, 농어촌특별세 등
(5) 과세물건의 측정방법	① 종가세	과세표준을 금액(화폐단위)으로 측정하여 표시하는 조세 * 법인세, 소득세, 부가가치세 등
	② 종량세	과세물건을 수량으로 측정하여 표시하는 조세 * 주세(주정, 탁주, 맥주), 개별소비세(석유류) 등
(6) 인적측면의 고려 여부	① 인세	납세자의 인적측면을 고려하여 부과되는 조세 * 소득세, 법인세, 상속세 및 증여세 등
	② 물세	납세자의 인적측면을 고려하지 않고 부과되는 조세 * 부가가치세, 개별소비세, 주세 등

주) 국세는 다시 내국세와 관세로 구분되는데, 외국과의 교역에 의하여 물품이 수입 · 수출되거나 국경을 통과할 때 부과하는 세금이 '관세'이고 외국과 관계없이 국내에서 징수하는 세금이 '내국세'이다. 우리가 앞으로 학습과정이나 실무에서 다루게 될 국세는 대부분 내국세이다.

▌그림 1.2.2▐ 우리나라의 현행 조세 종류

조세	구분	세목	근거법
조세 (25개)	국세 (14개)	소득세	소득세법
		법인세	법인세법
		상속세	상속세 및 증여세법
		증여세	상속세 및 증여세법
		종합부동산세	종합부동산세법
		부가가치세	부가가치세법
		개별소비세	개별소비세법
		교통 · 에너지 · 환경세	교통 · 에너지 · 환경세법
		주세	주세법
		인지세	인지세법
		증권거래세	증권거래세법
		교육세	교육세법
		농어촌특별세	농어촌특별세법
		관세	관세법
	지방세 (11개)	취득세	지방세법
		등록면허세	
		레저세	
		담배소비세	
		지방소비세	
		주민세	
		지방소득세	
		재산세	
		자동차세	
		지역자원시설세	
		지방교육세	

자료 출처: 2025 조세개요, 재정경제부

표 1.2.2 세목별 세수구성비

(단위: 억원, %)

세목별	2023년			2024년		
	실적	구성비		실적	구성비	
		국세	내국세		국세	내국세
총국세	3,440,711	100.0		3,365,324	100.0	
(일반회계)	3,339,396	97.1		3,261,793	96.9	
◦ 내국세	3,060,595	89.0	100.0	2,982,594	88.6	100.0
· 소득세	1,158,330	33.7	37.8	1,174,180	34.9	39.4
· 법인세	804,195	23.4	26.3	625,113	18.6	21.0
· 상속 · 증여세	146,341	4.3	4.8	152,981	4.5	5.1
- 상속세	85,444	2.5	2.8	96,440	2.9	3.2
- 증여세	60,896	1.8	2.0	56,542	1.7	1.9
· 부가가치세	737,749	21.4	24.1	822,358	24.4	27.6
· 개별소비세	88,209	2.6	2.9	86,566	2.6	2.9
· 증권거래세	60,803	1.8	2.0	47,602	1.4	1.6
· 인지세	7,969	0.2	0.3	8,460	0.3	0.3
· 과년도수입	56,999	1.7	1.9	65,334	1.9	2.2
◦ 교통 · 에너지 · 환경세	108,436	3.2		113,891	3.4	
◦ 관세	72,883	2.1		69,723	2.1	
◦ 교육세	51,516	1.5		53,738	1.6	
◦ 종합부동산세	45,965	1.3		41,847	1.2	
(특별회계)	101,314	2.9		103,531	3.1	
◦ 주세	35,686	1.0		33,282	1.0	
◦ 농어촌특별세	65,628	1.9		70,249	2.1	

자료 출처: 2025 조세개요, 재정경제부

연습문제

01 다음 중 조세의 개념과 분류에 관한 설명으로 가장 옳은 것은?

(2021년 1월 재경관리사)

① 세금은 직접적인 반대급부 없이 부과되므로 개별보상에 해당한다.
② 직접세와 간접세는 납세의무자와 담세자의 일치여부로 구분하는 것이다.
③ 목적세란 세수의 용도를 특정하여 징수하는 조세로, 현재 우리나라의 목적세로는 교육세, 농어촌특별세, 소득세, 법인세가 있다.
④ 세금은 그 과세권자가 누구인지에 따라서 국세, 지방세, 관세의 3가지로 분류한다.

해답

① 조세는 일반보상성을 가진다. ③ 소득세 및 법인세는 보통세에 해당한다. ④ 조세는 과세권자에 따라 국세와 지방세로 분류한다.

정답 ②

02 다음 중 조세의 분류에 관한 설명으로 옳지 않은 것은? (2024년 11월 재경관리사)

① 조세는 과세권자에 따라 국세와 지방세로 분류한다.
② 농어촌특별세는 조세의 사용용도를 특정하여 징수하는 목적세에 해당한다.
③ 소득세는 납세자의 인적사항이 고려되는 인세(人稅)에 해당한다.
④ 부가가치세는 입법상 조세부담의 전가를 예상하지 아니한 조세이므로 직접세에 해당한다.

해답

부가가치세는 입법상 조세부담의 전가를 예상한 조세이므로 간접세에 해당한다.

정답 ④

03 다음 중 조세의 분류기준에 따른 구분과 세목을 연결한 것으로 옳지 않은 것은?

(2023년 11월 재경관리사)

	분류기준	구분	조세항목
①	과세권자	국세	법인세, 소득세, 부가가치세
		지방세	취득세, 등록면허세, 주민세
②	사용용도의 특정여부	보통세	법인세, 소득세, 부가가치세
		목적세	교육세, 농어촌특별세
③	조세부담의 전가여부	직접세	법인세, 소득세
		간접세	부가가치세, 개별소비세
④	과세물건측정 단위	종량세	취득세
		종가세	법인세, 소득세

해답

취득세는 과세표준을 취득 당시의 가액으로 하는 종가세에 해당한다.

정답 ④

04 다음 중 조세의 분류기준에 따른 구분과 세목을 연결한 것으로 옳지 않은 것은?

(2024년 9월 재경관리사)

	분류기준	구분	조세항목
①	과세권자	국세	법인세, 소득세, 부가가치세
		지방세	취득세, 등록면허세, 주민세
②	사용용도의 특정여부	보통세	법인세, 소득세, 부가가치세
		목적세	교육세
③	조세부담의 전가여부	직접세	법인세, 소득세
		간접세	개별소비세
④	납세의무자의 인적사항 고려여부	인세	재산세, 부가가치세
		물세	소득세

해답

재산세와 부가가치세는 인적인 사정을 고려하지 않고 과세하는 세목으로 물세에 해당하며, 소득세는 인적인 사정을 고려하여 과세하는 세목으로 인세에 해당한다.

정답 ④

05 다음은 다양한 분류기준에 따라 조세를 분류한 것이다. 빈칸에 적절한 조세의 명칭과 해당되는 세목의 예를 하나만 쓰시오.

분류기준	조세의 명칭	세목의 예
(1) 과세주체		
(2) 세부담의 전가 여부		
(3) 조세 용도의 특정 여부		
(4) 독립된 세원의 유무		
(5) 과세물건의 측정방법		
(6) 인적측면의 고려 여부		

해답

본문 참조

06 다음 뉴스를 보고 재무팀장과 사원이 나눈 대화 중 괄호 안에 들어갈 단어로 가장 옳은 것은? (2023년 7월 재경관리사)

> ○○○도의 지난해 지방세 수입액이 사상 처음으로 10조원을 돌파했다. 세목별로는 보통세가 8조 2,694억원으로 가장 많았고, 목적세가 2조 570억원이었다.

> 사　　원: 팀장님, 목적세라는 것이 무엇인가요?
> 재무팀장: 목적세는 (　　　　　)가 특별히 지정되어 있는 조세로, 보통세와 구분이 되는 조세입니다.

① 조세의 사용용도　　② 과세권자
③ 과세물건의 측정 단위　　④ 조세부담의 전가여부

해답

조세는 그 용도가 특정되어 있는지 여부에 따라 보통세와 목적세로 분류한다.

정답 ①

07 다음은 세원에 대한 설명이다. 빈칸에 들어갈 말로 채우시오.

> 본래 의미의 세원은 (①)이다. (①)은/는 결국 (②)을/를 하게 되므로 (①) 발생시 포착하지 못한 (①)은/는 (②) 시점에서 과세한다는 것이다. 또한 (②)되지 않은 (①)은/는 결국 (③)(으)로 남아 있게 되므로 이 또한 세원이 될 수 있다.

해답

정답 ① 소득, ② 소비, ③ 재산

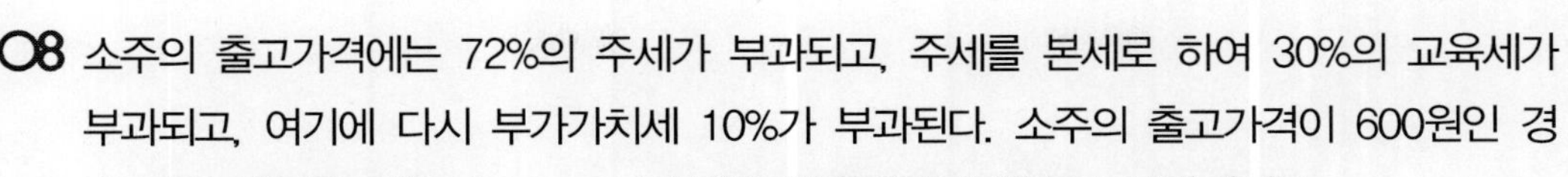

08 소주의 출고가격에는 72%의 주세가 부과되고, 주세를 본세로 하여 30%의 교육세가 부과되고, 여기에 다시 부가가치세 10%가 부과된다. 소주의 출고가격이 600원인 경우 다음 빈칸을 채우시오. *※ 소수점은 반올림하여 정수로 나타내시오.*

> 소주의 출고가격 600원에 대해 주세 (　　)원이 부과되고, 이 주세를 본세로 하여 교육세 (　　)원이 부과되며, 이들을 합한 금액에 다시 부가가치세 (　　)원이 부과된다. 소주의 출고가격 600원에 주세, 교육세 및 부가가치세가 더해져 소주가격은 (　　)원이 된다.

해답

① 주세: 600원 × 72% = 432원
② 교육세: 432원 × 30% = 130원
③ 부가가치세: (600원 + 432원 + 130원) × 10% = 116원

∴ 소주가격 = 600원 + 432원 + 130원 + 116원 = 1,278원

정답 432, 130, 116, 1,278

09 다음은 조세에 관한 용어들에 대한 설명이다. 괄호를 채우시오.

> (1) (　　　　　)(이)란 세법상 정해진 납세의무자가 다른 자에게로 세부담을 이전시키는 현상을 말한다.
>
> (2) (　　　　　)(이)란 사업자가 재화나 용역의 가격에 부가가치세를 포함하여 부가가치세를 받아 이를 세무서에 대신 신고 · 납부하는 것이다.
>
> (3) (　　　　　)(이)란 소득이 낮은 사람이 더 많은 세부담을 지게 되는 현상을 말한다.

해답

정답 세부담의 전가, 거래징수, 세부담의 역진성

제3장 조세법의 기본원리

3.1. 조세법률주의

'조세법률주의'란 국가나 지방자치단체가 조세를 부과함에 있어 반드시 법률에 근거하여야 한다는 원칙이다. 즉, 국가 등은 법률의 근거 없이 조세를 부과할 수 없고, 국민도 법률의 근거 없이는 조세를 납부할 의무가 없다는 것이다.

우리나라 헌법 제38조와 제59조는 조세법률주의에 대해 규정하고 있는데, 구체적인 내용은 다음과 같다.

> 제38조 모든 국민은 법률이 정하는 바에 의하여 납세의 의무를 진다.
> 제59조 조세의 종목과 세율은 법률로 정한다.

헌법 제38조는 국민의 납세의무에 대해 규정하고 있는데, 이러한 납세의무는 반드시 법률에 의해서만 성립한다는 것을 규정함으로써 조세법률주의의 원칙을 명백히 나타내고 있다. 제59조 역시 조세의 종목(세목)과 세율은 반드시 법률로 정하도록 함으로써 조세법률주의를 명백히 하고 있다.

이러한 조세법률주의의 하부원칙으로 과세요건법정주의, 과세요건명확주의, 소급과세의 금지, 합법성의 원칙 및 조세법의 엄격해석을 두고 있는데, 이 중에서 일부에 대해서만 구체적으로 살펴보도록 하겠다.

3.1.1. 과세요건법정주의

'과세요건법정주의'는 헌법 제59조에 따라 조세의 종목과 세율을 법률로 정해야 할 뿐만 아니라, 납세의무를 성립시키는 과세요건 및 그 납세절차를 반드시 국민의 대표기관인 국회가 법률로 제정하여야 한다는 원칙을 말한다.

3.1.2. 과세요건명확주의

'과세요건명확주의'는 법률에 규정된 과세요건이나 납세절차는 명확하여야 한다는 원칙이다. 예를 들어, '소득이 많거나 재산이 많으면 세금을 많이 내야 한다'는 세법 규정이 있다고 가정해 보자. 소득이 많은 것이라는 기준이 얼마인가? 재산이 많다는 것의 기준은 또 무엇인가? 많은 세금이라는 것은 얼마를 말하는 것인가? 해당 세법 규정은 과세요건이 명확하게 규정되어 있지 않으므로 조세법률주의에 위배된다. 해당 규정을 가지고 헌법재판소에서 다투게 된다면, 헌법재판소는 해당 세법 규정이 명백히 헌법에 위반된다고 판단하여 위헌판결을 내릴 것이다. 이와 같이 과세요건은 법률에 규정되어야 할 뿐만 아니라, 그 내용이 명확해야 한다는 것이 과세요건명확주의이다.

과세요건

'과세요건'이란 법률에 규정되어 있는 세금을 부과할 수 있는 요건을 말하는 것으로, 이러한 과세요건이 충족되어야 국가는 과세권을 행사할 수 있다. 과세요건에는 납세의무자, 과세대상, 과세표준 및 세율 등이 있으며, 이를 구체적으로 살펴보면 다음과 같다.

(1) 납세의무자

세법에 따라 세금을 납부할 의무가 있는 자를 말한다. 즉, 누가 세금을 신고·납부하여야 하는가?

(2) 과세대상

과세의 대상이 되는 소득, 재산 및 소비 등을 말한다. 즉, 무엇에 대해 과세하는가? 각 세목은 해당 세법에서 고유의 과세대상을 규정하고 있다. 과세대상은 '과세물건' 또는 '과세객체'라고도 한다.

(3) 과세표준

세법에 따라 직접적으로 세액산출의 기초가 되는 과세대상의 수량(종량세의 경우) 또는 가액(종가세의 경우)을 말한다. 소득이 과세대상인 경우, 일반적으로 '소득 = 과세표준'은 아니다. 소득에 다양한 조정이 이루어진 후 과세표준이 결정되고, 여기에 세율을 곱하여 세액이 산출되는 것이다.

(4) 세율

과세표준에 곱하는 비율(종가세의 경우)이나 금액(종량세의 경우)을 말한다.

* 과세표준과 세율에 대해서는 **'제6장 과세표준과 세율'** 및 **'제7장 세율의 유형'**에서 사례를 통해 보다 면밀히 살펴보겠다.

3.1.3. 소급과세의 금지

'소급과세의 금지'란 이미 국세를 납부할 의무가 성립한 소득, 재산 등에 대해서는 그 성립 후의 새로운 세법에 따라 소급하여 과세하지 않는다는 원칙이다. '소급'이란 과거로 돌아가 영향을 미친다는 의미이다. 즉, 새로운 법률의 시행 이전에 완결된 사실에 대해서는 새로 제정된 법률에 따라 과세하지 않는다는 원칙이다.[1]

---

1) 새로운 법률 시행 이전 완결된 사실에 대해 신법에 따라 과세하는 것을 '진정소급'이라고 하며, 새로운 법률 시행 이전 완결되지 아니한 사실에 대해 신법을 적용하여 과세하는 것을 '부진정소급'이라고 한다. 예를 들어, 일반적으로 소득세의 납세의무 성립시기는 과세기간이 끝나는 때인 12월 31일이 되는데(이에 대해서는 **'7.1. 납세의무의 성립'**에서 구체적으로 학습할 예정임), 과세기간이 끝난 이후(즉, 납세의무가 성립된 이후)에 개정된 신법을 적용하는 경우가 진정소급에 해당하며, 과세기간이 끝나기 전(즉, 납세의무가 성립되기 전)에 개정된 신법을 적용하는 경우가 부진정소급에 해당하게 된다. 국세기본법 및 판례 등에 따르면, 진정소급은 소급과세금지 원칙에 반하는 것으로 보나, 부진정소급은 소급과세금지 원칙에 반하지 않는 것으로 본다.

예를 들어, 올해 세법이 개정되어 세율이 30%에서 40%로 인상되었다고 가정하자. 이 경우 인상된 40%의 세율은 올해의 소득에 대해서만 적용되어야 하는 것이지, 여러분의 과거 소득(즉, 이미 30%가 적용된)에 대해서는 40%의 세율을 적용하여서는 안 된다는 것이다.[2)]

표 1.3.1 조세법률주의

구 분	내 용
(1) 과세요건법정주의	과세요건 및 그 납세절차는 반드시 법률로 제정되어야 한다는 원칙
(2) 과세요건명확주의	법률에 규정된 과세요건이나 납세절차는 명확하여야 한다는 원칙
(3) 소급과세의 금지	법률의 시행 이전에 완결된 사실에 대해 새로 제정된 법률에 따라 과세하지 않는다는 원칙

3.2. 조세평등주의

'조세평등주의'란 조세 입법, 부과 및 징수 단계에서 모든 국민이 평등하게 취급되어야 한다는 원칙이다. 하지만 이는 단순히 기계적인 평등(혹은 형평성, equity)을 의미하는 것은 아니다. 조세평등주의란 국민들 개개인의 담세력(세금을 부담할 수 있는 능력, ability to pay)을 고려하여 조세부담이 공평하게 되도록 해야 한다는 것이다.

조세평등주의는 다시 수평적 평등과 수직적 평등의 개념으로 나누어 생각할 수 있는데, 이에 대해서 구체적으로 살펴보도록 하겠다.

2) 한편, 소급과세 금지원칙은 납세자의 기득권 보장 등 납세자 보호를 위한 원칙에 해당하므로, 일반적으로 납세자에게 유리한 소급효는 납세자 간 과세형평을 해치지 않는 범위 내에서 인정되는 것으로 본다.

3.2.1. 수평적 평등

'수평적 평등'이란 동일한 상황에 있는 납세자들은 동일한 세부담을 지도록 해야 한다는 원칙이다. 수평적 평등을 구현하기 위한 대표적인 원칙이 실질과세원칙이다.

실질과세원칙에 대해서는 '**4.1. 실질과세원칙**'에서 자세히 살펴보도록 하겠다.

3.2.2. 수직적 평등

'수직적 평등'이란 세부담은 납세자의 담세력에 따라 배분되어야 한다는 것이다. 즉, 소득이 높은 사람은 소득이 낮은 사람보다 높은 세부담을 지는 것이 각자의 경제적 부담에 있어 형평성에 맞다는 것이다. 수직적 평등을 구현하기 위한 대표적인 제도가 누진세율 제도이다.

누진세율에 대해서는 '**7.1.2. 누진세율**'에서 사례를 바탕으로 보다 구체적으로 살펴보도록 하겠다.

▌표 1.3.2▐ 조세평등주의

구 분	내 용
(1) 수평적 평등	'동일한 상황'에 있는 납세자들은 '동일한 세부담'을 지도록 해야 한다는 원칙 ➲ 수평적 평등을 구현하기 위한 원칙: 실질과세원칙
(2) 수직적 평등	세부담은 '납세자의 담세력에 따라' 배분되어야 한다는 원칙 ➲ 수직적 평등을 구현하기 위한 제도: 누진세율제도

연습문제

01 다음은 조세법률주의 구체적인 내용에 대한 설명이다. 무엇에 관한 설명인지를 쓰시오.

(1) 과세요건 및 그 납세절차는 반드시 법률로 제정되어야 한다는 원칙	
(2) 법률에 규정된 과세요건이나 납세절차는 명확하여야 한다는 원칙	
(3) 법률의 시행 이전에 완결된 사실에 대해 새로 제정된 법률에 따라 과세하지 않는다는 원칙	

해답

정답 (1) 과세요건법정주의, (2) 과세요건명확주의, (3) 소급과세금지의 원칙

02 다음은 조세평등주의의 구체적인 내용에 대한 설명이다. 무엇에 관한 설명인지를 쓰고, 이들을 구현하기 위한 원칙 혹은 제도를 한 가지만 제시하시오.

(1) 동일한 상황에 있는 납세자들은 동일한 세부담을 지도록 해야 한다는 원칙	
(2) 세부담은 납세자의 담세력에 따라 배분되어야 한다는 원칙	

해답

정답 (1) 수평적 평등, 실질과세원칙, (2) 수직적 평등, 누진세율

03 다음은 과세요건에 대한 설명이다. 무엇에 관한 설명인지를 쓰시오.

(1) 세법에 따라 세금을 납부할 의무가 있는 자	
(2) 과세의 대상이 되는 소득, 재산 및 소비 등	
(3) 세법에 따라 직접적으로 세액산출의 기초가 되는 과세대상의 수량 또는 가액	
(4) 과세표준에 곱하는 비율이나 금액	

해답

정답 (1) 납세의무자, (2) 과세대상, (3) 과세표준, (4) 세율

04 다음 중 과세요건과 관련한 설명으로 옳지 않은 것은?

(2023년 3월 재경관리사)

① 과세요건이란 납세의무의 성립에 필요한 법률상의 요건을 말한다.
② 세법에 의하여 국세를 납부할 의무(국세를 징수하여 납부할 의무를 포함)가 있는 자를 납세의무자라 한다.
③ 과세물건이란 조세부과의 목표가 되거나 과세의 원인이 되는 소득, 수익, 재산, 사실행위 등의 조세객체를 말한다.
④ 세율이란 과세의 한 단위에 대하여 징수하는 조세의 비율을 말한다.

해답

납세의무자는 세법에 따라 국세를 납부할 의무(국세를 징수하여 납부할 의무는 제외한다)가 있는 자를 말하며, 납세의무자는 과세요건에 해당한다. 한편, '납세의무자'와 '납세자'는 유사하나 서로 구별해야 하는 개념인데, 이에 대해서는 '**제3편 소득세법**'의 '**1.3. 분리과세**'에서 살펴보도록 하겠다.

정답 ②

05 과세요건이란 납세의무 성립에 필요한 법률상의 요건을 말한다. 다음 자료를 이용하여 창문세의 과세요건을 정의할 경우 가장 올바르지 않은 것은?

(2021년 3월 재경관리사)

(1) 창문세는 1696년에 도입된 영국의 조세제도로, 집에 붙어 있는 창문의 수에 따라 세금이 결정되었다.
(2) 여섯 개가 넘는 창문을 가진 집만 과세대상이 되었으며, 일곱 개에서 아홉 개까지의 창문이 달린 집은 창문당 2실링, 열 개 이상의 창문이 달린 집은 창문당 4실링의 세금을 내야 했다.
(3) 창문세는 1851년 주택세를 만들 때까지 지속되었고, 그 시기 창문세를 피하기 위해 사람들이 건물의 창문을 막아버리면서, 영국에는 창문이 없는 옛 건물을 볼 수 있다.

① 납세의무자 : 집주인 (또는 해당 집의 거주자)
② 과세물건(과세대상) : 창문
③ 과세표준 : 창문의 개수
④ 세율 : 10%

해답

과세대상이 금액이 아닌 수량인 경우(종량세), 세율은 비율이 아닌 금액으로 표시된다.

정답 ④

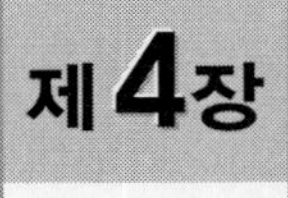

조세법의 해석과 적용

4.1. 실질과세원칙

'실질과세의 원칙(實質課稅의 原則, Principle of substantial taxation)'이란 세법을 해석·적용함에 있어서 법적 형식 혹은 외관[3]에 관계없이 그 실질에 따라 과세하여야 한다는 원칙이다. 이는 실질과 다른 법적 형식을 취하여 조세부담을 회피하고자 하는 시도를 방지하여 실질귀속에 따른 과세를 실현하고자 하는 것으로, 조세평등주의(수평적 평등)를 구현하기 위한 원칙으로 볼 수 있다. 즉, 실질과세원칙은 형식보다는 실질을 우선(substance over form)하여 과세하겠다는 것이다.

이러한 실질과세의 원칙은 소득의 귀속자에 대한 실질과세 및 거래의 내용에 대한 실질과세로 나누어 살펴볼 수 있다. 이하 이에 대해 구체적으로 살펴보겠다.

4.1.1. 소득귀속자에 대한 실질과세

'소득의 귀속자에 대한 실질과세'란 과세의 대상이 되는 소득, 수익, 재산, 행위 또는 거래의 귀속이 명의(名義)일 뿐이고 사실상 귀속되는 자가 따로 있을 때에는 사실상 귀속되는 자를 납세의무자로 하여 세법을 적용하겠다는 것이다.

예를 들어, 사업자등록 상의 대표자 명의(이름)와 실제 사업을 경영하는 자가 다른 경우 실제 사업을 경영하는 자를 납세의무자로 보겠다는 것이다.

---

3) '외관'은 겉모습(appearance)을 말한다.

4.1.2. 거래내용에 대한 실질과세

'거래의 내용에 대한 실질과세'란 세법 중 과세표준의 계산에 관한 규정은 소득, 수익, 재산, 행위 또는 거래의 명칭이나 형식에 관계없이 그 실질 내용에 따라 적용한다는 것이다.

예를 들어, 실제 거래는 증여 형태로 이루어졌으나 이를 매매(양도)로 신고하는 경우, 실질을 우선하여 이를 증여로 보고 증여세를 과세하겠다는 것이다.

표 1.4.1 실질과세의 원칙

구 분	내 용
(1) 소득귀속자에 대한 실질과세	소득 등이 귀속되는 자의 명의에 상관없이 사실상 귀속되는 자에게 납세의무를 부과한다.
(2) 거래내용에 대한 실질과세	거래의 명칭이나 형식에 관계없이 그 실질 내용에 따라 세법을 적용한다.

실질과세원칙 사례(1)

김사장은 한남동 김회장 댁의 삼남 중 막내로, 서울 전역에 14개의 유흥업소를 운영하고 있다. 여러 사정으로 14개 업소에 대한 사업자등록은 김사장 명의가 아닌, 김사장이 고용한 14명의 사장들(이른바, 바지사장)의 명의로 하였다. 그동안 해당 14개 업소에 대한 소득세 신고는 각 업소별로 바지사장들이 수행하여 왔다(즉, 각 업소의 대표자 명의가 다르므로, 14개 업소 각각의 소득에 대해 각 바지사장들이 소득세 신고를 수행하였다). 최근 용산세무서가 구체적 탈세제보를 받고 14개 업소에 대해 세무조사를 벌인 결과, 이 14개 업소의 소득은 실질적으로 김사장에게 모두 귀속되었음을 밝혀냈다.

(물음) 이 경우 소득세 납세의무자는 누구인가?

해답

형식적인 소득의 귀속자는 14명의 바지사장들이지만, 실질적인 소득의 귀속자는 김사장이다. 따라서 형식보다 실질을 우선하여, 김사장이 14개 업소의 모든 소득을 합산하여 소득세를 신고 · 납부하여야 한다. ➲ 소득귀속자에 대한 실질과세

☞ 김사장이 14개 업소의 소득에 대한 소득세 납세의무자가 되는 경우, 14개 사업장의 소득은 모두 합산되어 과세된다. 우리나라의 소득세는 누진세율을 채택하고 있기 때문에, 14개 바지사장들에게 소득을 분산시킨 경우보다 세부담이 더 커지게 된다.

참고 조세평등주의 측면

만약, 또 다른 14개의 유흥업소를 운영하고 있는 박사장이 14개 업소의 사업자등록을 모두 본인 명의로 했다면, 이 경우 소득세 납세의무자는 당연히 박사장이 된다. 김사장과 박사장은 형식적으로 다르지만, 실질적으로는 동일한 상황에 놓여 있다. 따라서 동일한 상황에 놓인 이 둘이 서로 다르게 취급되어서는 안된다는 것이 '조세평등주의(수평적 평등)'이며, 이를 구현하기 위한 원칙이 '실질과세원칙'이다.

실질과세원칙 사례(2)

박회장은 강남에 시가 2,000억원 상당의 상가건물을 보유하고 있다. 박회장은 하나밖에 없는 아들인 박태풍에게 이 상가건물을 물려주고 싶으나, 상속이나 증여를 하는 경우 시가의 절반 가까이 부담하여야 하는 세금(상속세 또는 증여세)으로 인해 고민이 컸다. 어느 날 박회장은 자산관리인으로부터 상속세나 증여세보다는 양도소득세가 부담이 적으니, 박태풍에게 상속이나 증여가 아닌 양도를 통해 건물을 물려주는 것이 어떠냐는 제안을 받았다. 박태풍은 현재 취업준비생으로 해당 부동산 대금을 지불할 수 있는 능력이 없다. 오랫동안 고민한 끝에 박회장은 자산관리인의 제안을 받아들여 아들 박태풍과 부동산 매매계약서를 작성하여 해당 부동산의 소유권을 이전하였으며, 매매계약에 근거하여 양도소득세를 부담하였다.

(물음) 박회장이 해당 부동산의 소유권을 박태풍에게 이전하고, 이에 대해 양도 소득세를 신고 · 납부한 것이 적절한가?

[관련 규정]

1. 재산을 증여하는 경우에는 증여세가 부과되며, 이 경우 납세의무자는 수증인(증여받은 자)이 된다.
2. 피상속인(사망자)의 재산이 상속되는 경우에는 상속세가 부과되며, 이 경우 납세의무자는 상속인(배우자 및 자녀 등)이 된다.
3. 부동산 등 일정한 재산을 양도하는 경우 양도소득세가 부과되며, 이 경우 납세의무자는 양도인이 된다.

해답

해당 부동산은 형식적으로는 매매계약을 통해 박회장으로부터 박태풍에게 양도된 것이나, 그 실질은 아버지가 부동산을 아들에게 증여한 것이다. 따라서 이 경우에는 '거래의 명칭이나 형식에 관계없이 그 실질 내용에 따라' 양도소득세가 아닌 증여세가 부과되어야 한다. ➲ 거래내용에 대한 실질과세

참고 상속세 · 증여세 vs. 양도소득세

상속세 · 증여세는 해당 재산의 시가 전체에 대해 과세되는 반면, 양도소득세는 양도차익(양도가액-취득가액)에 대해 과세된다. 따라서 위 사례의 경우 상속세나 증여세는 2,000억원 전체에 대해 과세되지만, 박회장이 해당 상가를 1,500억원에 취득하였고 2,000억원에 양도하기로 했다면, 500억원(2,000억원-1,500억원)의 양도차익에 대해서만 과세되는 것이다.

물론, 상속세 · 증여세와 양도소득세의 경우 적용되는 세율도 서로 다르고, 적용되는 공제항목도 서로 다르기 때문에, 양도소득세의 세부담이 더 클 수도 있다. 하지만 상속세나 증여세가 양도소득세보다는 그 세부담이 더 큰 것이 일반적이다.

4.2. 신의성실의 원칙

'신의성실(信義誠實)의 원칙'이란 납세자가 그 의무를 이행할 때 또는 세무공무원이 직무를 수행할 때에는 신의에 따라 성실하게 하여야 한다는 원칙을 말한다. 신의성실의 원칙은 상대방의 합리적인 기대에 근거한 신뢰를 배반해서는 안 된다는 것으로, 신뢰보호의 원칙 또는 금반언[4]의 원칙이라고도 불린다. 이러한 신의성실의 원칙은 납세자와 과세관청 모두에게 적용되는 것이나, 이 둘의 관계에 있어 과세관청이 보다 우월한 지위에 있으므로 주로 과세관청에게 적용되는 것이 일반적이다.

따라서 이하에서는 과세관청에 적용되는 신의성실의 원칙에 대해 살펴보겠다.

4.2.1. 신의성실원칙의 적용 요건

학설 및 판례에 따르면, 과세관청에 대한 신의성실의 원칙이 적용되기 위한 요건은 다음과 같다.

① 납세자에게 신뢰의 대상이 되는 과세관청의 공적인 견해표명이 있을 것
② 과세관청의 견해표명(언동, 말과 행동)에 대한 납세자의 신뢰가 있을 것. 단, 해당 견해표명을 신뢰한 데에 납세자의 귀책사유[5]가 없을 것
③ 납세자가 이러한 신뢰를 바탕으로 특정 행위를 할 것
④ 과세관청이 당초의 견해표명에 반하는 적법한 행정처분(배반적 행정처분)을 할 것
⑤ 과세관청의 배반행위로 인하여 납세자의 이익이 침해되었을 것

상기의 요건이 모두 충족되는 경우, 비록 과세관청의 처분이 적법하였다 하더라도 신의성실의 원칙에 따라 해당 처분은 취소될 수 있는 것이다.

---

4) '금반언(禁反言, estoppel)'이란 자신의 당초 언행을 부정해서는 안된다는 의미이다. 즉, 말바꾸기를 하지 말라는 것이다.
5) '귀책사유'란 책임을 물을 수 있는 사유, 즉 책임을 져야 하는 사유를 말한다. 예를 들어, 납세자가 허위로 작성한 서류를 세무서에 제출해 과세관청을 속이는 등의 행위가 있어서는 안 된다는 것이다.

4.2.2. 신의성실원칙의 적용 제한

조세법률주의는 신의성실의 원칙보다 일반적으로 우월한 지위에 있다고 본다. 따라서 신의성실의 원칙과 조세법률주의가 대립되는 때에는, 납세자의 신뢰가 조세법률주의를 희생해서라도 지킬만한 가치가 있다고 판단되는 경우에 한해 제한적으로 신의성실의 원칙을 적용해야 할 것이다.

신의성실의 원칙 사례

박태풍씨는 서울 영등포구에서 A상사라는 상호로 의료기구를 수입하여 판매하고 있다. 박태풍씨는 지체부자유자를 위한 인체삽입용 골절치료기구를 수입하여 국내의 병원 등에 공급하면서, 해당 골절치료기구가 부가가치세 과세대상이라 판단하여 세금계산서를 발행하고 부가가치세를 신고·납부하여 왔다.

하지만 영등포세무서 소득세과 직원이 해당 물품은 부가가치세법상 부가가치세 면세품목에 해당한다고 하면서 부가가치세 신고·납부는 잘못된 것이니 앞으로는 세금계산서 아닌 계산서를 발행하고 소득세과에 면세신고를 하여야 한다고 말하였다. 박태풍씨는 같은 세무서 부가가치세과에 가서 소득세과에서 들은 사실을 말하며 해당 골절기구의 부가가치세 면세 여부를 문의하였더니 부가가치세과 직원도 해당 품목은 면세로 보는 것이 옳으니 앞으로는 세금계산서가 아닌 계산서를 발행하라고 세무지도를 하였다.

박태풍씨는 이후 골절치료기구를 공급할 때에 공급받는 자로부터 부가가치세를 징수하지 아니하고 계산서만 발행하였고 부가가치세 신고도 하지 않았다.

하지만 10년이 지난 후, A상사에 대한 세무조사 과정에서 영등포세무서는 해당 골절치료기구가 수입시에는 부가가치세가 면제되는 것이 맞지만, 수입판매업자가 이를 수입한 후 재차 국내의료기관에 공급하는 경우에는 부가가치세가 면제되지 아니한다는 이유로, 각 과세기간에 대한 미납된 부가가치세액을 추징하기로 결정하였다.

(물음) 영등포세무서가 부가가치세액을 추징하기로 한 결정은 신의성실의 원칙에 위배되는가?

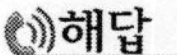

위의 사례에 대해 신의성실의 원칙을 적용할 수 있는지 각 요건의 충족 여부를 살펴보자.

① 납세자에게 신뢰의 대상이 되는 과세관청의 공적인 견해표명이 있을 것
☞ 세무서는 박태풍씨에게 해당 품목이 면세대상에 해당한다는 명시적인 세무지도(공적인 견해표명)을 하였다.

② 과세관청의 견해표명(언동)에 대한 납세자의 신뢰가 있을 것. 단, 해당 견해표명을 신뢰한 데에 납세자의 귀책사유가 없을 것
☞ 박태풍씨가 세무서의 견해를 믿게 된 데에는 어떠한 귀책사유도 없다.

③ 납세자가 이러한 신뢰를 바탕으로 특정 행위를 할 것
☞ 박태풍씨는 세무서의 세무지도 이후 부가가치세를 거래징수하지 않았고, 부가가치세를 신고 및 납부하지도 않았다.

④ 과세관청이 당초의 견해표명에 반하는 적법한 행정처분(배반적 행정처분)을 할 것
☞ 세무서는 당초의 견해표명과 달리 해당 품목이 부가가치세법에 따라(즉, 적법하게) 부가가치세 과세대상에 해당한다고 하여 그 동안 미납된 부가가치세를 추징할 것을 결정했다.

⑤ 과세관청의 배반행위로 인하여 납세자의 이익이 침해되었을 것
☞ 세무서의 추징 결정으로 박태풍씨의 이익이 침해당했다.

[판단] 세무서의 부가가치세 부과처분은 신의성실의 원칙에 위배된다.

☞ 세무서 직원들이 골절치료기구의 수입판매업자인 박태풍씨에게 명시적으로 위 물품이 부가가치세 면제대상이라는 세무지도를 하였고, 박태풍씨로서는 위와 같은 세무지도를 믿고 그 이후의 국내거래에 있어서 부가가치세를 대행징수하지 아니하였으며, 그와 같이 믿게 된 데에 박태풍씨에게 어떤 귀책사유가 있다고 볼 수 없다면, 부가가치세 면세여부에 관한 과세관청의 공적인 견해표명이 있었다고 보아야 할 것이므로, 그 후 세무서가 위 골절치료기구의 수입시에는 부가가치세가 면제되지만 수입판매업자가 수입한 후 재차 국내 의료기관에 판매·공급하는 경우에는 부가가치세가 면제되지 아니한다는 이유로 면세로 처리한 과세기간에 대한 부가가치세액을 추징하기로 결정한 과세처분은 신의성실의 원칙에 위반되는 행위로서 위법하다.

주) 해당 사례는 대법원 판례(대법원 88누5280, 1990.10.10.)을 바탕으로 재구성한 것이다.

세무공무원과의 상담내용

세무공무원이 상담과정에서 견해를 표명한 것을 두고 과세관청이 공적견해를 표명한 것으로 보기는 어렵다. 따라서 과세관청이 세무공무원의 상담내용에 반하는 과세처분을 하였다 하더라도 이는 신의성실원칙에 위배되지 않는다.

연습문제

01 국세부과의 원칙 중 법적 형식이나 외관에 관계없이 실질에 따라 세법을 해석하고 과세요건 사실을 인정해야 한다는 것은 어떤 원칙에 입각한 것인가?

(2024년 7월 재경관리사)

① 소급과세금지의 원칙 ② 조세법률주의
③ 실질과세의 원칙 ④ 신의성실의 원칙

해답

세법을 해석·적용함에 있어서 법적 형식 혹은 외관에 관계없이 그 실질에 따라 과세하여야 한다는 것은 실질과세의 원칙을 말한다.

정답 ③

02 과세의 대상이 되는 소득, 수익, 재산, 행위 또는 거래의 귀속이 명의(名義)일 뿐이고 사실상 귀속되는 자가 따로 있을 때에는 사실상 귀속되는 자를 납세의무자로 하여 세법을 적용하는 것은 다음 중 어떤 원칙과 관련된 것인가?

(2024년 12월 재경관리사)

① 소급과세금지의 원칙 ② 실질과세의 원칙
③ 조세법률주의 ④ 신의성실의 원칙

해답

과세의 대상이 되는 소득, 수익, 재산, 행위 또는 거래의 귀속이 명의일 뿐이고 사실상 귀속되는 자가 따로 있을 때에는 사실상 귀속되는 자를 납세의무자로 하여 세법을 적용하겠다는 것은 실질과세원칙과 관련된 내용이다.

정답 ②

03 다음 중 신문기사의 괄호에 들어갈 국세부과의 원칙으로 옳은 것은?

(2023년 12월 재경관리사)

> 인테리어 공사 업체를 운영하던 오씨는 지난 20×1년 인테리어 면허가 있는 직원 김씨에게 "당장 공사를 위해 인테리어 면허가 있는 사업자등록이 필요하다"며 김씨에게 명의를 빌렸으나, 이후 김씨 앞으로 나온 매출에 따른 세금 6천 2백여 만원을 부담하지 않아 사기 혐의 등으로 기소됐다.
>
> 대법원 재판부는 "(   )에 따라 과세관청은 타인의 명의로 사업자등록을 하고 실제로 사업을 영위한 사람에 대해 세법을 적용해 과세하는 것이 당연하다"면서... (이하 생략)

① 실질과세의 원칙　　② 근거과세의 원칙
③ 신의성실의 원칙　　④ 조세감면의 사후관리

해답

명의자인 직원 김씨가 아닌 사실상의 사업자인 오씨를 납세의무자로 보는 것은 실질과세원칙에 따른 것이다.

정답 ①

04 다음은 실질과세원칙의 유형에 대한 설명이다. 무엇에 관한 설명인지를 쓰시오.

(1) 귀속이 명의일 뿐이고 사실상의 귀속자가 따로 있는 경우에는 그 사실상의 귀속자를 납세의무자로 하여 조세를 부과해야 한다.	
(2) 과세표준 계산에 있어서 소득, 수익, 재산, 행위 및 거래는 그 명칭이나 형식 여하에 관계없이 그 실질내용에 따라 판단하여 조세를 부과하여야 한다.	

해답

정답 (1) 소득귀속자에 대한 실질과세, (2) 거래내용에 대한 실질과세

05 다음 내용과 관련이 있는 국세부과의 원칙으로 가장 옳은 것은?

(2021년 1월 재경관리사)

> <사실관계>
>
> '론스타 펀드 III-버뮤다'와 '론스타 펀드 III-US'(이하 "원고"라 함)가 각각 37.99%, 60%를 투자하여 벨기에에 설립한 스타홀딩스는 스타타워 주식 전부를 20X1년 12월 28일에 매각하여 양도차익 2,451억원을 실현함.
> 스타홀딩스는 벨기에의 거주자로서 한-벨 조세조약에 의거하여 주식양도로 인한 소득에 대하여 비과세·면세 신청서를 제출함.
>
> 과세관청(피고)은 스타홀딩스를 실질적인 소득, 자산의 지배와 관리권이 없이 조세회피목적을 위해 설립된 도관회사로 보아 한-벨 조세조약을 적용하지 아니하고, 실질적인 귀속자인 원고를 하나의 비거주자로 보아 부동산주식(소법 §119(9))의 양도로 인한 소득에 대하여 소득세를 부과함.

① 실질과세의 원칙 ② 근거과세의 원칙
③ 소급과세 금지의 원칙 ④ 신의성실의 원칙

해답

실질적인 소득, 자산의 지배와 관리권은 원고인 '론스타 펀드 Ⅲ-버뮤다'와 '론스타 펀드 Ⅲ-US'에 있고, 스타홀딩스는 도관회사에 불과하므로, 사실상 귀속되는 자를 납세의무자로 하여 세법을 적용하는 실질과세원칙과 관련된 사례이다.

정답 ①

06 다음과 같은 사례에서 병이 주장할 수 있는 국세기본법상 국세부과의 원칙은?

(제116회 세무회계 2급 수정)

> · 갑은 A부동산을 병에게 명의신탁하였다.
> · 갑이 A부동산을 정에게 양도하고 그 소득은 갑에게 귀속되었다.
> · 세무서장이 A부동산에 대한 양도소득세 부과처분을 병에게 하였다.

① 실질과세의 원칙 ② 신의성실의 원칙
③ 세무공무원의 재량의 한계 ④ 조세감면의 사후관리

해답

소득이 형식적으로는 병에게 귀속되나, 사실상 갑에게 귀속되므로, 병은 양도소득세 부과처분에 대해 실질과세원칙을 근거로 자신이 아닌 갑이 납세의무자임을 주장할 수 있다.

정답 ①

07 다음 내용과 가장 밀접한 관련이 있는 국세부과의 원칙으로 옳은 것은?

(2023년 5월 재경관리사)

- 사업자등록명의자와는 별도로 사실상의 사업자가 있는 경우에는 사실상의 사업자를 납세의무자로 본다(국기통 14－0…1).
- 회사의 주주로 명부상 등재되어 있더라도 회사의 대표자가 임의로 등재한 것일 뿐 회사의 주주로서 권리행사를 한 사실이 없는 경우에는 그 명의자인 주주를 세법상 주주로 보지 않는다(국기통 14－0…3).
- 공부상 등기·등록 등이 타인의 명의로 되어 있더라도 사실상 당해 사업자가 취득하여 사업에 공하였음이 확인되는 경우에는 이를 그 사실상 사업자의 사업용자산으로 본다(국기통 14－0…4).
- 명의신탁부동산을 매각처분한 경우에는 양도의 주체 및 납세의무자는 명의수탁자가 아니고 명의신탁자이다(국기통 14－0…6).

① 실질과세의 원칙　　② 근거과세의 원칙
③ 조세감면사후관리의 원칙　　④ 신의성실의 원칙

해답

과세의 대상이 되는 소득, 수익, 재산, 행위 또는 거래의 귀속이 명의일 뿐이고 사실상 귀속되는 자가 따로 있을 때에는 사실상 귀속되는 자를 납세의무자로 하여 세법을 적용하겠다는 실질과세원칙과 관련된 내용이다.

정답 ①

08 다음 중 국세기본법상 신의성실의 원칙 중 과세관청에 대한 적용요건으로 옳지 않은 것은? (제117회 세무회계 2급)

① 과세관청이 납세자에게 신뢰의 대상이 되는 공적인 견해표명을 하였을 것
② 납세자가 과세관청의 견해표명이 정당하다고 신뢰한 데 대하여 납세자에게 귀책사유가 없을 것
③ 과세관청이 견해표명에 반하는 소급적인 위법한 처분을 할 것
④ 납세자의 경제적 불이익이 있을 것

해답

과세관청이 당초의 견해표명에 반하는 적법한 행정처분을 했어야 한다.

정답 ③

09 다음은 신의성실의 원칙을 적용하기 위한 요건에 대한 설명이다. 빈칸을 채우시오.

(1) 납세자의 신뢰의 대상이 되는 과세관청의 ( )이/가 있어야 한다.
(2) 납세자가 과세관청의 언동을 신뢰하고 그 신뢰에 납세자의 ( )이/가 없어야 한다.
(3) 납세자가 과세관청의 언동에 대한 신뢰를 기초로 어떤 행위를 하여야 한다.
(4) 과세관청이 당초의 언동에 반하는 ( ) 행정처분을 하여야 한다.
(5) 과세관청의 그러한 ( )(으)로 인하여 납세자가 불이익을 받아야 한다.

해답

정답 (1) 공적인 견해표명, (2) 귀책사유, (4) 적법한, (5) 배반행위

10 과세관청의 행위에 대하여 신의성실의 원칙이 적용되기 위한 요건으로 가장 올바르지 않은 것은? (2021년 3월 재경관리사)

① 과세관청이 당초의 견해표시에 반하는 위법한 행정처분을 하여야 한다.
② 납세자가 과세관청의 견해표시를 신뢰하고, 그 신뢰에 납세자의 귀책사유가 없어야 한다.
③ 과세관청의 그러한 배신적 처분으로 인하여 납세자가 불이익을 받아야 한다.
④ 납세자의 신뢰의 대상이 되는 과세관청의 공적 견해표시가 있어야 한다.

해답

과세관청이 당초의 공적인 견해표시에 반하는 배반적 행정처분을 하더라도, 해당 처분은 적법한 행정처분이어야 한다.

정답 ①

11 다음 중 과세관청의 행위에 대하여 신의성실의 원칙이 적용되기 위한 요건으로 옳지 않은 것은? (2024년 1월 재경관리사)

① 납세자의 신뢰의 대상이 되는 과세관청의 공적 견해표시가 있어야 한다.
② 납세자가 과세관청의 견해표시를 신뢰하고, 그 신뢰에 납세자의 귀책사유가 있어야 한다.
③ 과세관청이 당초의 견해표시에 반하는 적법한 행정처분을 하여야 한다.
④ 과세관청의 그러한 배신적 처분으로 인하여 납세자가 불이익을 받아야 한다.

해답

납세자가 과세관청의 견해표시를 신뢰하고, 그 신뢰에 납세자의 귀책사유가 없어야 한다.

정답 ②

12 다음 내용과 관련이 있는 국세부과의 원칙으로 가장 옳은 것은?

(2020 재경관리사 수정)

철 수: 작년 부가가치세 신고시 A 거래처와의 거래에 대해서 국세종합상담센터에서 부가가치세 관련 상담받은 답변을 토대로 처리했음에도 불구하고 이번 세무조사에서 A 거래처에 대한 부가가치세처리가 부가가치세법상 적절하지 않다고 합니다. 사전 국세종합상담센터에서 받은 답변과 유사예규를 토대로 처리한 것인데 왜 과세가 되어야 하는지 모르겠습니다.

국세청: 국세종합상담센터의 답변은 단순한 상담 내지 안내 수준인 행정서비스의 한 방법이고, 국세청 예규 또한 과세관청 내부의 세법해석 기준 및 집행기준을 시달한 행정규칙에 불과하므로 과세관청의 상담 및 예규는 납세자가 신뢰하는 공적인 견해표명에 해당되지 않습니다.

① 실질과세의 원칙 ② 소급과세금지의 원칙
③ 신의성실의 원칙 ④ 조세감면의 사후관리

해답

세무공무원이 상담과정에서 견해를 표명한 것은 과세관청이 공적견해를 표명한 것으로 보기 어렵다는 것으로, 이는 신의성실원칙이 적용되는지 여부에 대한 사례이다.

정답 ③

13 과세관청이 당초의 공적 견해표시에 반하는 적법한 행정처분을 함에 따라 납세자가 불이익을 받게 될 경우 납세자가 주장할 수 있는 국세부과의 원칙으로 타당한 것은? (2023년 11월 재경관리사)

① 실질과세의 원칙 ② 근거과세의 원칙
③ 신의성실의 원칙 ④ 조세감면 사후관리의 원칙

해답

신의성실의 원칙과 관련한 내용이다.

정답 ③

14 다음은 신의성실의 원칙의 적용요건에 관한 설명이다. 신의성실의 원칙을 적용하기 위한 과세관청의 "공적인 견해표현"에 해당하는 것은?

(2022년 6월 재경관리사)

> ㄱ. 납세자의 신뢰의 대상이 되는 과세관청의 공적 견해표시가 있어야 한다.
> ㄴ. 납세자가 과세관청의 견해표시를 신뢰하고, 그 신뢰에 납세자의 귀책사유가 없어야 한다.
> ㄷ. 납세자가 과세관청의 견해표시에 대한 신뢰를 기초로 하여 어떤 행위를 하여야 한다.
> ㄹ. 과세관청이 당초의 견해표시에 반하는 적법한 행정처분을 하여야 한다.
> ㅁ. 과세관청의 그러한 배신적 처분으로 인하여 납세자가 불이익을 받아야 한다.

① 홈택스사이트의 Q&A
② 국세상담센터의 전화안내
③ 세무서담당자의 구두설명
④ 국세청법규과의 서면질의회신

해답

① 홈택스사이트의 **Q&A,** ② 국세상담센터의 전화안내 및 ③ 세무서담당자의 구두설명 등 세무공무원이 상담과정에서 견해를 표명한 것을 두고 과세관청이 공적견해를 표명한 것으로 보기는 어렵다.

정답 ④

15 다음 중 조세법의 기본원칙에 관한 설명으로 옳지 않은 것은?

(2023년 9월 재경관리사)

① 조세평등주의란 조세법의 입법과 조세의 부과 및 징수과정에서 모든 납세의무자는 평등하게 취급되어야 한다는 원칙을 말한다.

② 신의성실의 원칙은 세무공무원이 그 직무를 수행함에 있어서 신의에 따라 성실히 하여야 한다는 원칙이므로 납세자에게는 적용되지 않는다.

③ 조세법률주의란 조세의 부과와 징수는 법률에 의하여야 한다는 원칙을 말한다.

④ 조세평등주의에 바탕을 둔 규정으로는 실질과세의 원칙을 그 예로 들 수 있다.

해답

신의성실의 원칙은 납세자와 세무공무원(과세관청) 모두에게 적용되는 원칙이다.

정답 ②

제5장 조세법의 법원(法原)

'조세법의 법원(法原, tax law sources)'[6]이란, 조세에 관한 법의 원천, 법의 존재형식, 법의 근거를 말한다. 법이라는 것은 추상적인 것이다. 여러분들은 그 추상적인 법이 어디에 구체적으로 존재하고 있는지 궁금할 것이다. 즉, 여러분들이 앞으로 조세법을 배워나감에 있어 그 '조세법'이라는 것이 어디에 어떻게 구체적으로 규정되어 있는지를 알아야 한다.

조세법의 법원은 헌법부터 시작해 법률, 명령 등 다양한 모습으로 존재하고 있다. 우리나라는 조세법률주의에 따라 반드시 법률에 근거하여 조세를 부과하여야 하므로, 조세법의 법원을 이해하는 것은 매우 중요하다. 조세법의 법원은 다양하나 여기에서는 헌법, 법률, 시행령 및 시행규칙에 대해서만 구체적으로 살펴보도록 하겠다.

5.1. 헌법

앞서 **'3.1. 조세법률주의'**에서 살펴보았지만, 우리나라 헌법 제38조와 제59조는 조세법률주의에 대해 규정하고 있다. 헌법은 우리나라의 최고 법규로써, 헌법에 위반되는 법령이나 과세관청의 행위는 무효가 된다. 따라서 헌법은 최고의 권위를 가지는, 최상위에 위치해 있는 조세법의 법원이 된다.

---

6) 흔히 법원이라고 하면 재판이 열리는 '법원(法院, court)'을 생각하기 쉬운데, 여기서 말하는 '법원(法原)'과는 한자와 그 의미가 다르다.

5.2. 법률

최상위의 법원인 헌법 제59조에서는 조세의 종목과 세율은 법률로 정하도록 규정하고 있다. 법률은 조세법의 핵심이 되는 법원이다. 법률을 제정하는 주체는 국민의 대표기관인 국회가 된다. 국회는 입법기구로서, 법률의 제정·개정 및 폐지는 국회의 가장 중요하고 본질적인 권한이다.

1세목 1세법주의

하나의 세목은 모두 각자의 세법을 가지고 있다. 즉, 법인세는 법인세법에, 소득세는 소득세법에, 부가가치세는 부가가치세법에 이들 각 세목에 대한 규정을 두고 있는데, 이를 '1세목 1세법주의'라고 한다. 단, 상속세와 증여세는 상속세 및 증여세법이라는 하나의 세법에서 두 세목에 대한 규정을 두고 있는데, 이는 피상속인(사망자)이 사망하기 전에 상속인 등에게 행했던 증여가 사후 상속세에도 영향을 미치기 때문이다.

한편, 지방세는 1세목 1세법주의에 따르지 않고, '지방세법'이라는 세법 하나에 지방세 세목에 대한 규정을 모두 담고 있다.

5.3. 명령

법률이 조세법의 가장 핵심적인 법원이나, 법률에서 현실의 복잡한 모든 사물과 현상에 대해 규정할 수는 없다. 따라서 법률은 큰 틀에서만 규정을 두고, 해당 법률을 보충하거나 해당 법률의 구체적인 시행 방안에 대해서는 하위 법규에 이를 위임하고 있는데, 이러한 위임사항을 규정하고 있는 것이 시행령과 시행규칙이다.

법률은 반드시 국회의 의결을 거쳐야 하는 것이나, 시행령과 시행규칙은 국회의 의결을 거치지 않고 제정되는 행정명령이다. 대통령의 명령을 '시행령'이라고 하며,

이를 '대통령령'이라고도 한다. 각 소관부처 장관의 명령을 '시행규칙'이라고 하는데, 조세와 관련한 업무는 재정경제부에서 담당하므로 재정경제부장관의 명령이 시행규칙이 되며, 이를 '재정경제부령'이라고도 한다. 세법은 다른 법률들에 비해 상당히 전문적이고 기술적이기 때문에 시행령이나 시행규칙의 역할은 매우 중요하다.

법률이 헌법을 위반할 수 없듯이, 시행령이나 시행규칙도 상위 법원인 법률을 위반해서는 안 된다.

▌그림 1.5.1▐ 법률, 시행령 및 시행규칙의 위임관계

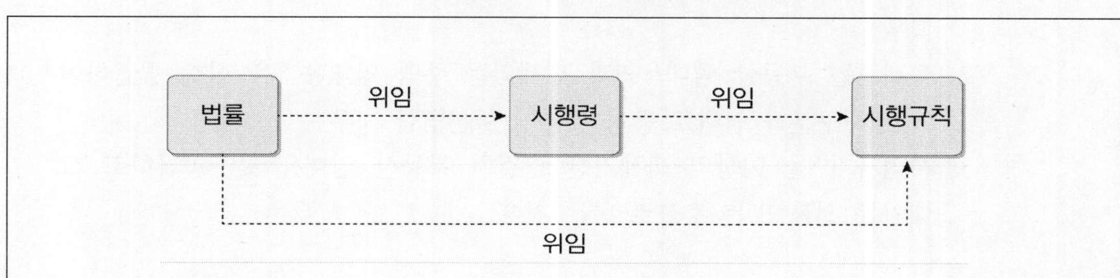

▌표 1.5.1▐ 조세법의 법원

구 분	내 용
(1) 헌법	최상위의 법원으로, 법령이 헌법에 위반되는 경우는 무효임
(2) 법률	국회(입법기구)의 의결을 거쳐 제정된 법규
(3) 명령	국회의 의결을 거치지 않고 제정된 행정부의 명령 ① 시행령(대통령령): 대통령의 명령 ② 시행규칙: 각 소관부처 장관의 명령(세법의 경우 재정경제부령)

법률 · 시행령 · 시행규칙

※ 해당 조문의 구체적인 의의나 해석에 관하여는 각 세법에서 다루게 될 것이므로, 여기에서는 위임관계만 잘 파악하기 바란다.

• 부가가치세법

부가가치세법 제29조 [과세표준] 제10항은 다음과 같이 규정되어 있다.

> ⑩ 사업자가 다음 각 호의 어느 하나에 해당하는 부동산 임대용역을 공급하는 경우의 공급가액은 대통령령으로 정하는 바에 따라 계산한 금액으로 한다.
> 1. 사업자가 부동산 임대용역을 공급하고 전세금 또는 임대보증금을 받는 경우
> 2. 과세되는 부동산 임대용역과 면세되는 주택 임대용역을 함께 공급하여 그 임대구분과 임대료 등의 구분이 불분명한 경우
> 3. 사업자가 둘 이상의 과세기간에 걸쳐 부동산 임대용역을 공급하고 그 대가를 선불 또는 후불로 받는 경우

부가가치세법에서는 부동산 임대용역을 공급하는 일정한 경우에 과세하겠다는 큰 틀에서의 규정만을 두고 있다. 구체적인 공급가액(부가가치세의 과세표준을 의미함)의 계산은 대통령령에서 정하도록 '위임'하고 있는 것이다.

• 부가가치세법 시행령

부가가치세법의 위임을 받아 부가가치세법 시행령 제65조 [부동산 임대용역의 공급가액 계산] 제1항(일부만 제시)은 다음과 같이 규정되어 있다.

> ① 법 제29조제10항제1호에 따라 전세금이나 임대보증금을 받는 경우에는 법 제29조제3항제2호에 따른 금전 외의 대가를 받는 것으로 보아 다음 계산식에 따라 계산한 금액을 공급가액으로 한다. 이 경우 국가나 지방자치단체의 소유로 귀속되는 지하도의 건설비를 전액 부담한 자가 지하도로 점용허가(1차 무상점용기간으로 한정한다)를 받아 대여하는 경우에 재정경제부령으로 정하는 건설비상당액은 전세금이나 임대보증금으로 보지 아니한다.

공급가액 =				
해당 기간의 전세금 또는 임대보증금	×	과세대상 기간의 일수	×	계약기간 1년의 정기예금이자율 (해당 예정신고기간 또는 과세기간 종료일 현재) / 365(윤년에는 366)

부가가치세법 시행령 제65조 제1항에는 전세금이나 임대보증금으로 보지 않는 건설비 상당액의 계산에 대해 이를 시행규칙(재정경제부령)에 다시 위임하고 있다.

• 부가가치세법 시행규칙

부가가치세법 시행령의 위임을 받아 부가가치세법 시행규칙 제46조 [전세금이나 임대보증금으로 보지 아니하는 건설비]는 다음과 같이 규정되어 있다.

<u>영 제65조제1항 후단에서</u> "재정경제부령으로 정하는 건설비상당액"이란 다음 계산식에 따라 계산한 금액을 말한다.

해당 기간 종료일까지의 국가 또는 지방자치단체에 기부채납된 지하도의 건설비	×	전세금 또는 임대보증금을 받고 임대한 면적 / 임대가능면적

조세법전

여러분들이 전술한 부가가치세법의 규정을 직접 확인하고 싶다면 조세와 관련한 법을 모아 편찬한 조세법전을 참고하면 된다. 하지만 최근에는 이러한 책자 형태의 조세법전보다는 웹사이트를 활용하는 경우가 대부분이다. 조세와 관련된 법령을 스스로 찾아보고자 하는 경우 다음의 웹사이트를 방문하면 된다.

① 국세법령정보시스템(taxlaw.nts.go.kr)

☞ 국세청이 구축한 웹사이트로, 국세와 관련된 법령 및 다양한 세무정보를 제공

② 국가법령정보센터(www.law.go.kr)

☞ 법제처가 구축한 웹사이트로, 국세와 관련된 법령뿐만 아니라 우리나라의 모든 법령에 대한 정보를 제공

연습문제

01 다음의 설명이 옳으면 ○, 틀리면 ×를 괄호에 기재하시오.

(1) 헌법은 국가 최고의 법규이지만, 헌법에 위반되더라도 정책적으로 정당성이 인정되는 경우 조세법규와 과세관청의 행위는 유효하다. ( )

(2) 법률은 헌법을 위반할 수 없고, 시행령이나 시행규칙도 법률을 위반해서는 안 된다. ( )

해답

(1) 헌법은 우리나라의 최고 법규로써, 헌법에 위반되는 법령이나 과세관청의 행위는 무효가 된다.
(2) 맞는 진술이다.

정답 ×, ○

02 다음은 조세법의 법원에 대한 설명이다. 빈칸을 채우시오.

(1) 최상위의 법원	
(2) 국회의 의결을 거쳐 제정된 법규	
(3) 대통령의 명령	
(4) 각 소관부처 장관의 명령(세법의 경우 재정경제부령)	

해답

정답 (1) 헌법, (2) 법률, (3) 시행령, (4) 시행규칙

제6장 과세표준과 세율

'과세표준(課稅標準, tax base)'이란 세법에 따라 직접적으로 세액산출의 기초가 되는 과세대상의 수량 또는 가액(價額)을 말하며, '세율(稅率, tax rate)'이란 세액을 산출하기 위해 과세표준에 곱하는 비율 또는 금액을 말한다.

과세표준 × 세율 = 산출세액

산출세액은 단순히 과세표준에 세율을 곱하여 계산되는 것으로, 우리가 실제로 납부해야 할 세액과는 차이가 있다. 예를 들어, 과세표준이 1억원이고 세율이 20%라면 산출세액은 2천만원(1억원 × 20% = 2천만원)이 된다. 이러한 산출세액에 세액공제 등을 차감하고 가산세 등을 가산하면 우리가 납부할 세액이 산정된다.7)

한편, 과세표준은 반드시 금액(₩)으로, 세율은 반드시 비율(%)로 표시되어야 할까? 여기에 대한 답은 "그렇지 않다"이다. 과세표준은 금액이 아닌 수량으로 표시될 수도 있다. 일반적으로 과세표준이 금액으로 표시되는 조세를 '종가세(從價稅, ad valorem tax)'라고 한다. 종가세의 경우 금액(₩)으로 표시되는 과세표준에 비율(%)로 표시되는 세율을 적용하여 세액을 산출하게 된다. 법인세, 소득세, 부가가치세 등 주요 세목들은 대부분 종가세를 채택하고 있다.

7) 이러한 세액의 계산구조에 대해서는 **'제3편 소득세법'**의 **'제3장 소득세 계산구조'**에서, 가산세에 대해서는 **'제2편 국세기본법'**의 **'8.3. 가산세'**에서 구체적으로 다루도록 하겠다.

이와 달리, 과세표준이 수량으로 표시되는 조세를 '종량세(從量稅, per unit tax 혹은 specific tax)'라고 한다. 종량세의 경우 세액을 산출하기 위해서는 비율(%)을 적용할 수 없다. 수량으로 표시된 과세표준에는 금액을 곱해야 세액이 금액으로 산출된다. 개별소비세 과세대상인 석유류(예를 들어, 휘발유의 경우 ℓ당 475원) 및 주세 과세대상인 주정(㎘당 57,000원)[8] 등에 대해서는 종량세를 채택하고 있다.

표 1.6.1 종가세와 종량세의 세액계산

구분	과세표준	세율	세액계산
(1) 종가세	금액	비율	금액 × 비율 = 세액
	₩5,000	10%	₩5,000 × 10% = ₩500
(2) 종량세	수량	금액	수량 × 금액 = 세액
	100ℓ	₩20/ℓ	100ℓ × ₩20 = ₩2,000

8) '주정(酒精)'이란 희석하여 음료로 할 수 있는 에틸알코올을 말한다. 우리가 흔히 마시는 소주가 희석식 소주인데, 희석식 소주는 주정에 물과 기타 첨가물을 넣어 묽게 희석한 것이다.

연습문제

01 다음은 조세에 관한 용어들에 대한 설명이다. 괄호를 채우시오.

(1) (   )(이)란 세법에 따라 직접 세액산출의 기초가 되는 과세대상의 수량 또는 가액을 말하며, (   )(이)란 세액을 산출하기 위해 과세표준에 곱하는 비율 또는 금액을 말한다.
(2) 과세표준이 금액으로 표시되는 조세를 (   )(이)라고 하며, 과세표준이 수량으로 표시되는 조세를 (   )(이)라고 한다.

해답

정답 (1) 과세표준, 세율, (2) 종가세, 종량세

02 과세표준과 세율이 다음과 같은 경우, 각 상황별로 산출세액을 계산하시오.

구분	과세표준	세율	산출세액
〈상황 1〉	15,000원	10%	
〈상황 2〉	100ℓ	45원/ℓ	

해답

<상황 1> 15,000원 × 10% = 1,500원
<상황 2> 100ℓ × 45원 = 4,500원

정답 <상황 1> 1,500원, <상황 2> 4,500원

03 다음은 세금 계산에 대한 설명이다. 빈칸에 들어갈 말로 채우시오.

> 세금은 과세표준에 세율을 곱하여 산출한다. 이렇게 계산된 세금을 (①)(이)라 하는데 (①)을/를 전부 과세당국에 납부해야만 하는 것은 아니다. (①)에서 공제되는 세액이 있다면 이를 차감하고, 또한 가산세액이 있다면 이를 더하여 (②) 이/가 되는 것이다.

해답

정답 ① 산출세액 ② 납부할 세액

제7장 세율의 유형

세액을 계산하기 위해서는 과세표준에 세율을 곱하면 된다는 것에 대해서는 앞에서 배웠다. 또한, 종가세인지 종량세인지에 따라 과세표준과 세율이 각각 다르게 표시될 수 있다는 것에 대해서도 배웠다. 이번 장에서는 다양한 세율의 유형에 대해 살펴보기로 하겠다.

7.1. 비례세율 · 누진세율 · 역진세율

앞서 살펴본 세액계산 사례에서는 세율을 10%로 가정하였다(종가세의 경우). 현실에서의 세율도 이런 형태일까? 즉, 과세표준에 상관없이 세율이 일정한 비율로 정해지는 것일까? 정답은 “반드시 그렇지는 않다”는 것이다. 세율은 비례세율, 누진세율, 역진세율과 같은 다양한 유형을 가진다.

7.1.1. 비례세율

가장 단순한 세율구조가 비례세율이다. ‘비례세율(比例稅率, proportional tax rate 혹은 flat tax rate)’은 과세표준의 규모와 상관없이 세율이 일정한 세율구조를 말한다. 비례세율은 다시 단일비례세율과 차등비례세율로 나누어질 수 있다.

(1) 단일비례세율

'단일비례세율'은 과세대상에 상관없이 단일한(하나의) 비례세율이 적용되는 세율구조를 말한다. 부가가치세가 대표적인 단일비례세율이 적용되는 세목이다. 예를 들어, 부가가치세의 경우에는 과세대상에 대하여 일반적으로 10%의 단일비례세율이 적용된다.[9)]

(2) 차등비례세율

'차등비례세율'은 과세대상에 따라 차등적으로(서로 다른) 비례세율이 적용되는 세율구조를 말한다. 개별소비세나 주세 등의 경우가 과세대상에 따라 차등적인 비례세율이 적용되는 대표적인 세목이다. 예를 들어, 개별소비세의 경우 보석 및 귀금속 제품에 대해서는 기준가격(500만원)을 초과하는 부분의 가격(이 초과분을 '과세가격'이라고 함)의 20%, 자동차에 대해서는 물품가격의 5%가 개별소비세로 과세되며, 주세의 경우 청주, 약주 및 과실주에 대해서는 출고가격의 30%, 위스키에 대해서는 출고가격의 72%가 주세로 부과된다.

7.1.2. 누진세율

'누진세율(累進稅率, progressive tax rate)'은 과세표준이 증가할수록 세율도 증가하는 세율구조를 말한다. 누진세율은 다시 단순누진세율과 초과누진세율로 나누어질 수 있다.

(1) 단순누진세율

'단순누진세율'은 증가된 세율을 과세표준 전체에 대해 적용하는 방법이다. 예를 들어, 아래와 같은 세율구간이 있다고 가정하자.

---

9) 부가가치세의 경우 수출 등에 대해 0%의 세율이 적용될 수 있다. 이를 '영세율'이라고 하는데, 이에 대한 구체적인 학습은 향후 부가가치세법 과정에서 다루게 될 것이다. 지금은 부가가치세가 10%의 단일비례세율을 채택하고 있다는 수준으로만 파악하고 있길 바란다.

과세표준	세율
1억원 이하	10%
1억원 초과 5억원 이하	20%
5억원 초과 10억원 이하	30%

위의 세율표를 바탕으로 단순누진세율 구조를 가정하여 세액을 계산하면, 과세표준이 1억원 경우에는 1억원 × 10% = 1천만원, 과세표준이 4억원인 경우에는 4억원 × 20% = 8천만원, 과세표준이 8억원인 경우에는 8억원 × 30% = 2억 4천만원이 된다. 이렇게 누진세율을 적용하는 경우에는 어떤 문제가 생길까? 다음과 같이 여러분들의 소득(과세표준)이 1억원인 경우와 1억 1만원인 경우를 비교하여 보면 단순누진세율의 문제점을 쉽게 파악할 수 있다.

[단순누진세율의 문제점] 과세표준이 1억원인 경우와 1억 1만원인 경우 비교

(1) 과세표준 1억원 : 1억원 × 10% = 10,000,000원

(2) 과세표준 1억 1만원 : 1억 1만원 × 20% = 20,002,000원

위에서 보는 것처럼, 단순누진세율을 적용하는 경우에는, 소득('소득 = 과세표준'이라고 가정) 1만원 증가에 대해 세금은 10,002,000원이나 증가하게 되는 문제점이 발생한다. 이를 '문턱효과(threshold effect)'라고 하는데, 일정 수준(문턱)을 넘어서는 경우 세부담이 급격히 증가하게 되는 현상을 말한다. 즉, 소득이 1억원인 것에 비해 소득이 1억원에서 1원이라도 초과되는 경우 전체 소득에 대해 10%의 세율이 아닌 20%의 세율이 적용됨으로써 소득 증가분보다 세부담 증가분이 더 커지는 비합리적인 현상이 나타나는 것을 말한다.

따라서 우리나라를 포함한 대부분의 국가에서는 단순누진세율을 채택하지 않고 있으며, 다음의 초과누진세율을 일반적으로 채택하고 있다.

(2) 초과누진세율

이러한 단순누진세율의 문제점을 보완하기 위하여 개발된 누진세율구조가 초과누진세율이다. '초과누진세율'은 구간별로 초과되는 과세표준에 대해서만 증가된 세율을 적용하는 세율구조를 말한다. 앞의 세율표를 이용하여, 단순누진세율에서 살펴보았던 사례와 동일한 사례에 초과누진세율을 적용하여 보자.

초과누진세율 구조를 가정하여 세액을 계산하면, 과세표준이 1억원 경우에는 1억원 × 10% = 1천만원, 과세표준이 4억원인 경우에는 [(1억원 × 10%) + (4억원 – 1억원) × 20%] = 7천만원, 과세표준이 8억원인 경우에는 [(1억원 × 10%) + (5억원 – 1억원) × 20% + (8억원 – 5억원) × 30%] = 1억 8천만원이 된다. 즉, 기존의 세율구간에 대해서는 기존의 세율을 그대로 적용하고 기존의 세율구간보다 초과된 과세표준에 대해서만 높은 세율을 적용하는 것이다. 이상에서 살펴본 단순누진세율과 초과누진세율을 적용한 사례를 도식화하여 보면 ‖그림 1.7.1‖과 같다. 세율은 앞에서 제시한 세율표를 그대로 이용한다.

초과누진세율은 단순누진세율에서 발생했던 문턱효과를 방지하기 때문에 보다 합리적인 누진세율구조이다. 따라서 우리나라를 포함한 대부분의 국가에서는 누진세율을 적용할 때 초과누진세율구조를 채택하고 있다.

7.1.3. 역진세율

'역진세율(逆進稅率, regressive tax rate)'은 과세표준이 증가할수록 세율이 감소하는 세율구조를 말한다. 우리나라를 포함한 대부분의 국가에서 순수하게 역진세율이 적용되는 경우는 없다.

▌그림 1.7.1▐ 단순누진세율과 초과누진세율의 비교

〈단순누진세율〉	〈초과누진세율〉
① 과세표준 1억원 1억원 × 10% = **1천만원**	① 과세표준 1억원 1억원 × 10% = **1천만원**
② 과세표준 4억원 4억원 × 20% = 8천만원	② 과세표준 4억원 3억원 × 20% = 6천만원 1억원 × 10% = 1천만원 **7천만원**
③ 과세표준 8억원 8억원 × 30% = **2억 4천만원**	③ 과세표준 8억원 3억원 × 30% = 9천만원 4억원 × 20% = 8천만원 1억원 × 10% = 1천만원 **1억 8천만원**

세액계산 사례(1)

1. 우리나라 주세법에 따르면, 주정에 대한 과세표준은 주류 제조장에서 출고한 수량으로 한다. 주정에 대한 세율은 주정 1kl당 5만 7천원이다.

(물음) 주류제조장에서 출고한 수량이 100kl인 경우 세액은 얼마인가?

해답

100kℓ × 57,000원 = 5,700,000원

2. 다음은 우리나라 소득세의 세율이다. 이를 이용하여 다음의 물음에 답하시오.

과세표준	세율
14,000,000원 이하	과세표준의 6%
14,000,000원 초과 50,000,000원 이하	840,000원 + 14,000,000원을 초과하는 금액의 15%
50,000,000원 초과 88,000,000원 이하	6,240,000원 + 50,000,000원을 초과하는 금액의 24%
88,000,000원 초과 150,000,000원 이하	15,360,000원 + 88,000,000원을 초과하는 금액의 35%
150,000,000원 초과 300,000,000원 이하	37,060,000원 + 150,000,000원을 초과하는 금액의 38%
300,000,000원 초과 500,000,000원 이하	94,060,000원 + 300,000,000원을 초과하는 금액의 40%
500,000,000원 초과 1,000,000,000원 이하	174,060,000원 + 500,000,000원을 초과하는 금액의 42%
1,000,000,000원 초과	384,060,000원 + 1,000,000,000원을 초과하는 금액의 45%

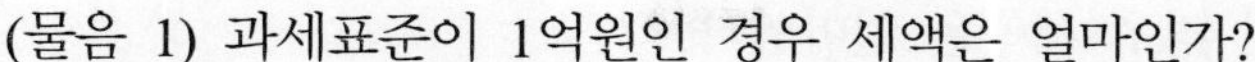

(물음 1) 과세표준이 1억원인 경우 세액은 얼마인가?

(물음 2) 과세표준이 2억원인 경우 세액은 얼마인가?

(물음 3) 과세표준이 4억원인 경우 세액은 얼마인가?

해답

(물음 1) 15,360,000원 + (1억원 − 88,000,000원) × 35% = 19,560,000원

(물음 2) 37,060,000원 + (2억원 − 1.5억원) × 38% = 56,060,000원

(물음 3) 94,060,000원 + (4억원 − 3억원) × 40% = 134,060,000원

[별해] 누진공제액 이용

위의 일반적인 세율표를 이용하면 계산기 사용이 꽤나 번거로워 진다. 따라서 실무에서는 아래의 누진공제액을 이용하여 세액계산을 하는 것이 일반적이다. 아래의 세율표(누진공제액)를 이용하여 물음에 답하시오.

과세표준	세율	누진공제액
14,000,000원 이하	6%	-
14,000,000원 초과 50,000,000원 이하	15%	1,260,000원
50,000,000원 초과 88,000,000원 이하	24%	5,760,000원
88,000,000원 초과 150,000,000원 이하	35%	15,440,000원
150,000,000원 초과 300,000,000원 이하	38%	19,940,000원
300,000,000원 초과 500,000,000원 이하	40%	25,940,000원
500,000,000원 초과 1,000,000,000원 이하	42%	35,940,000원
1,000,000,000원 초과	45%	65,940,000원

(물음 1) 과세표준이 1억원인 경우 세액은 얼마인가?

(물음 2) 과세표준이 2억원인 경우 세액은 얼마인가?

(물음 3) 과세표준이 4억원인 경우 세액은 얼마인가?

해답

누진공제액을 이용하여 앞의 사례를 풀어보면 다음과 같다.

(물음 1) 1억원 × 35% - 15,440,000원 = 19,560,000원

(물음 2) 2억원 × 38% - 19,940,000원 = 56,060,000원

(물음 3) 4억원 × 40% - 25,940,000원 = 134,060,000원

[누진공제액을 이용한 세액 계산 원리]

과세표준이 4천만원인 경우를 가정하여 누진공제액을 이용한 세액 계산의 원리를 살펴보면 다음과 같다.

일반적인 세율표를 이용하는 경우 세액은 다음과 같이 계산된다.

26,000,000원	× 15% =	3,900,000원
14,000,000원	× 6% =	840,000원
		4,740,000원

누진공제액을 이용하는 경우, 식은 다르지만 결과는 동일하게 산출된다.

40,000,000원 × 15% - 1,260,000원 = 4,740,000원

누진공제액은 다음과 같은 과정을 거쳐 결정된다.

우선 과세표준 4천만원 전체에 대해 15%를 적용한다(여기까지 보면, 단순누진세 계산과 동일해 보인다).

40,000,000원 × 15% = 6,000,000원

초과누진세율에서는 14,000,000원 이하 구간에 대해서는 6%의 세율이 적용되어야 함에도 15%의 세율이 적용되었으므로, 이 차이(15% - 6%)를 위의 산출된 세액에서 공제한다.

26,000,000원

14,000,000원 × (15% - 6%) = 1,260,000원*

* 이 금액은 위 누진공제액 세율표의 15% 세율구간의 누진공제액과 일치한다.

이렇게 되면, 과세표준 4천만원 중 14,000,000원에 대해서는 6%, 14,000,000원 초과분인 26,000,0000원에 대해서는 15%의 세율이 적용된 것과 동일하게 된다.

표 1.7.1 세율의 유형: 비례세율 · 누진세율 · 역진세율

구분		내용
(1) 비례세율	단일비례세율	과세대상에 관계없이 일정한 비례세율 *e.g.* 부가가치세 등
	차등비례세율	과세대상에 따라 차등적인 비례세율 *e.g.* 개별소비세, 주세 등
(2) 누진세율	단순누진세율	과세표준 전체에 대해 증가된 세율을 적용하는 누진세율
	초과누진세율	구간별로 초과되는 과세표준에 대해서만 증가된 세율을 적용하는 누진세율 *e.g.* 법인세, 소득세 등
(3) 역진세율		과세표준이 증가할수록 세율이 감소하는 세율구조

세액계산 사례(2)

우리나라의 법인세는 다음과 같이 4단계 초과누진세율 구조를 가지고 있다. 법인세 납세의무자인 A법인의 과세표준이 10억원인 경우, 아래의 세율표를 이용하여 다음의 물음에 답하시오.

과세표준	세율	누진공제액
2억원 이하	10%	-
2억원 초과 200억원 이하	20%	2,000만원
200억원 초과 3,000억원 이하	22%	4억 2,000만원
3,000억원 초과	25%	94억 2,000만원

(물음 1) 위 세율표의 누진공제액을 무시하고, 단순누진세율을 적용한다고 가정하는 경우 A법인의 세액은 얼마인가?

(물음 2) 위의 세율표에 따라 초과누진세율을 적용하는 경우 A법인의 세액은 얼마인가?

해답

(물음 1) 10억원 × 20% = 200,000,000원
(물음 2) 10억원 × 20% - 2천만원 = 180,000,000원

7.2. 법정세율 · 실효세율 · 평균세율 · 한계세율

지금까지 비례세율, 누진세율 및 역진세율의 세 가지 세율 유형에 대해 살펴보았다. 세율은 또 다른 유형으로도 구분할 수 있는데, 이번 절에서는 세율의 유형을 법정세율, 실효세율, 한계세율 및 평균세율로 구분하여 살펴보도록 하겠다.

아래의 공통된 자료를 바탕으로 이들 세율의 유형에 대해 설명하겠다.

소득세 납세의무자인 사업자 박태풍씨의 소득세 관련 자료는 다음과 같다.

1. 과세소득(과세표준과 동일하다고 가정): 1억원
2. 비과세소득: 1천만원
3. 소득세 세액계산은 앞서 살펴본 '**[별해] 누진공제액 이용**'에 제시된 세율표를 이용하시오.

7.2.1. 법정세율

'법정세율(法定稅率, statutory tax rate)'이란 법률에 규정되어 있는 세율을 말한다. 법정세율은 납세자가 실제로 부담하는 세율과 다를 수 있으므로 이를 '명목세율(名目稅率, nominal tax rate)'이라고도 한다. 앞서 '**7.1. 비례세율 · 누진세율 · 역진세율**'에서 우리나라 소득세 세율표를 이용하여 살펴본 사례를 통해, 우리나라의 소득세는 6%부터 45%까지 8단계 초과누진세율구조를 가지고 있다는 것을 보았다. 해당 세율표에 기재되어 있는 세율이 법정세율이다.

7.2.2. 실효세율

'실효세율(實效稅率, effective tax rate)'은 납세자가 실제로 부담한 세액을 총소득(과세소득과 비과세소득의 합계)으로 나눈 세율을 말하며, 이를 '유효세율(有效稅率)'이라고도 한다. 위의 사례에서 실효세율은 다음과 같다.

① 부담하는 세액: 1억원 × 35% - 15,440,000원 = 19,560,000원
② 총소득(과세소득 + 비과세소득): 1억원 + 1천만원 = 1억 1천만원
③ 실효세율: ① ÷ ② = 약 17.78%

즉, 명목(최고)세율은 35%이나, 총소득 대비 실제로 납세자가 부담하는 세율은 약 17.78%가 된다.

7.2.3. 평균세율

'평균세율(平均稅率, average tax rate)'은 납세자가 실제로 부담한 세액을 과세소득으로 나눈 세율을 말한다. 위의 사례에서 평균세율은 다음과 같다.

① 부담하는 세액: 1억원 × 35% - 15,440,000원 = 19,560,000원
② 과세소득: 1억원
③ 평균세율: ① ÷ ② = 19.56%

즉, 과세소득에 대해 적용되는 명목세율은 6%, 15%, 24% 및 35%이나, 과세소득에 적용된 세율의 평균은 19.56%가 된다.

7.2.4. 한계세율

'한계세율(限界稅率, marginal tax rate)'은 증가되는 과세표준에 대해 적용되는 세율을 의미한다.[10] 즉, 과세소득 증가분에 대한 세부담액 증가분의 비율을 말한다. 위의 사례에서 한계세율은 과세표준 구간이 변할 때 적용되는 세율(즉, 과세표준 증가에 따라 증가되는 세율)이 된다. 이를 구체적으로 살펴보면 다음과 같다.

(1) 동일 세율구간 내에서 과세표준이 변동되는 경우

과세표준 14,000,000원까지의 한계세율은 6%이다. 이는 과세표준이 1원 증가할 때마다 세액이 6% 증가하게 된다는 의미이다. 예를 들어, 과세표준이 10,000원일 때의 세액은 10,000원 × 6% = 600원이고, 과세표준이 100원 증가하여 10,100원이 되면 세액은 10,100원 × 6% = 606원이 된다. 이 경우 한계세율은 다음과 같다.

---

10) '한계'라는 용어는 경제학 등 사회과학에서 널리 이용되고 있는 개념인데, 여기에서 '한계' 혹은 '한계량'은 어떤 수량의 미미한 변화분을 의미한다. 조세이론에서 한계세율이라 함은 과세소득이 한 단위 변함에 따라 적용되는 세율을 의미한다. 예를 들어, 과세표준이 1억원 이하인 경우에는 10%, 1억원을 초과하는 경우에는 20%의 세율이 적용된다고 가정하자. 이 경우 1억원의 소득이 있는 납세자에게 적용되는 세율은 10%이지만, 1억원에서 1원이라도 증가하게 되면 그 증가하는 1원에 대해서는 20%의 세율이 적용하게 된다. 즉, 증가하는 소득 = 1원, 증가하는 세금 = 0.2원, 따라서 0.2원 ÷ 1원 = 20%가 한계세율이 되는 것이다.

① 세액 증가분: 606원 – 600원 = 6원
② 과세소득 증가분: 10,100원 – 10,000원 = 100원
③ 한계세율: ① ÷ ② = 6%

나머지 세율구간에 있어서도 해당 구간 내에서 금액이 변동하면 한계세율은 해당 구간에 적용되는 법정세율과 일치한다.

(2) 과세표준의 변동으로 세율구간이 변동되는 경우

구간이 변경되는 경우에는 한계세율도 증가하게 된다. 예를 들어, 과세표준이 14,000,000원일 때의 세액은 14,000,000원 × 6% = 840,000원이고, 과세표준이 100원 증가하여 14,000,100원이 되면 세액은 (14,000,000원 × 6%) + (14,000,100원 – 14,000,000원) × 15% = 840,015원이 된다. 이 경우 한계세율은 다음과 같다.

① 세액 증가분: 840,015원 – 840,000원 = 15원
② 과세소득 증가분: 14,000,100원 – 14,000,000원 = 100원
③ 한계세율: ① ÷ ② = 15%

즉, 과세표준이 증가되어 세율구간이 변동하게 되면, 변경된(새로운) 세율구간의 (증가된) 법정세율이 한계세율이 되는 것이다.

표 1.7.2 세율의 유형: 법정세율 · 실효세율 · 평균세율 · 한계세율

구분	내용
(1) 법정세율(명목세율)	법률에 규정되어 있는 세율
(2) 실효세율(유효세율)	세부담액 ÷ 총소득 (과세소득 + 비과세소득)
(3) 평균세율	세부담액 ÷ 과세소득
(4) 한계세율	세부담 증가액 ÷ 과세소득 증가액

세율 유형별 계산 사례

우리나라의 소득세는 다음과 같이 8단계 초과누진세율 구조를 가지고 있다. 소득세 납세의무자인 개인사업자 박태풍씨의 소득이 1억원이고, 이 중 과세소득('과세소득 = 과세표준'으로 가정)은 8천만원, 비과세소득은 2천만원인 경우 아래의 세율표를 이용하여 다음의 물음에 답하시오.

※ 세율이 소수로 나오는 경우 반올림하여 소수점 둘째자리(e.g. 12.34%)까지 제시하시오.

과세표준	세율	누진공제액
14,000,000원 이하	6%	-
14,000,000원 초과 50,000,000원 이하	15%	1,260,000원
50,000,000원 초과 88,000,000원 이하	24%	5,760,000원
88,000,000원 초과 150,000,000원 이하	35%	15,440,000원
150,000,000원 초과 300,000,000원 이하	38%	19,940,000원
300,000,000원 초과 500,000,000원 이하	40%	25,940,000원
500,000,000원 초과 1,000,000,000원 이하	42%	35,940,000원
1,000,000,000원 초과	45%	65,940,000원

(물음 1) 개인사업자 박태풍씨의 명목최고세율은 얼마인가?

(물음 2) 개인사업자 박태풍씨의 평균세율은 얼마인가?

(물음 3) 개인사업자 박태풍씨의 실효세율은 얼마인가?

(물음 4) 개인사업자 박태풍씨의 과세소득이 1억원에서 1억 1천만원으로 증가하는 경우 한계세율은 얼마인가?

(물음 5) 개인사업자 박태풍씨의 과세소득이 1억 5천만원에서 1억 6천만원으로 증가하는 경우 한계세율은 얼마인가?

해답

(물음 1) 24%

* 박태풍씨의 과세소득(과세표준)은 8천만원이다.

(물음 2) 13,440,000원* ÷ 80,000,000원 = 16.8%

* 80,000,000원 × 24% − 5,760,000원 = 13,440,000원

(물음 3) 13,440,000원 ÷ 100,000,000원 = 13.44%

(물음 4)

① 과세표준이 1억원인 경우의 세액: 1억원 × 35% − 15,440,000원 = 19,560,000원

② 과세표준이 1억 1천만원인 경우의 세액: 1억 1천만원 × 35% − 15,440,000원 = 23,060,000원

③ 세액 증가분: 23,060,000원 − 19,560,000원 = 3,500,000원

④ 과세표준 증가분: 1억 1천만원 − 1억원 = 10,000,000원

⑤ 한계세율: ③ ÷ ④ = 35%

* 동일 세율구간 내이므로, 직관적으로 35%로 결정해도 무방하다.

(물음 5)

① 과세표준이 1억 5천만원인 경우의 세액: 1억 5천만원 × 35% − 15,440,000원 = 37,060,000원

② 과세표준이 1억 6천만원인 경우의 세액: 1억 6천만원 × 38% − 19,940,000원 = 40,860,000원

③ 세액 증가분: 40,860,000원 − 37,060,000원 = 3,800,000원

④ 과세표준 증가분: 1억 6천만원 − 1억 5천만원 = 10,000,000원

⑤ 한계세율: ③ ÷ ④ = 38%

* 38%는 과세표준의 증가로 인해 변경된 새로운 세율구간의 법정세율이다.

연습문제

01 다음은 세율의 유형에 대한 설명이다. 빈칸을 채우시오.

(1) 법률에 규정되어 있는 세율	
(2) 세부담액 ÷ 총소득(과세소득 + 비과세소득)	
(3) 세부담액 ÷ 과세소득	
(4) 세부담 증가액 ÷ 과세소득 증가액	

해답

정답 (1) 법정세율, (2) 실효세율, (3) 평균세율, (4) 한계세율

02 다음 세율표를 참고하여 각 물음에 답하시오. 단, 과세표준과 과세소득은 일치하는 것으로 가정한다.

〈세율표〉

과세표준	세율	누진공제액
14,000,000원 이하	6%	-
14,000,000원 초과 50,000,000원 이하	15%	1,260,000원
50,000,000원 초과 88,000,000원 이하	24%	5,760,000원
88,000,000원 초과 150,000,000원 이하	35%	15,440,000원
150,000,000원 초과 300,000,000원 이하	38%	19,940,000원
300,000,000원 초과 500,000,000원 이하	40%	25,940,000원
500,000,000원 초과 1,000,000,000원 이하	42%	35,940,000원
1,000,000,000원 초과	45%	65,940,000원

(물음 1) 개인사업자 A씨의 종합소득세 과세표준이 800,000,000원인 경우 산출세액은 얼마인가?

(물음 2) 개인사업자 A씨의 종합소득세 과세표준이 100,000,000원인 경우 평균세율은 몇 %인가?

해답

(물음 1) 800,000,000원 × 42% − 35,940,000원 = 300,060,000원

(물음 2) 19,560,000원* ÷ 100,000,000원 = 19.56%

* 세부담액(산출세액) = 100,000,000원 × 35% − 15,440,000원 = 19,560,000원

정답 (물음 1) 300,060,000원, (물음 2) 19.56%

03 다음은 세율에 대한 설명이다. 빈칸을 채우시오.

(①)은/는 과세표준이 증가함에 따라 세율이 감소하는 세율을 말하고, (②)은/는 과세표준의 전 구간에 걸쳐서 적용되는 세율이 동일한 세율을 말하며, (③)은/는 과세표준이 증가됨에 따라 세율이 증가하는 세율을 말한다. 한편, (④)은/는 과세표준의 증가와 함께 변경된 세율을 과세표준 전체에 대하여 적용시키는 방법이다. 예를 들어, 과세표준과 세율이 0원 초과 30만원 이하는 20%, 30만원 초과는 30%인 경우에, 과세표준이 20만원이라면 세액은 (⑤)원이고, 과세표준이 40만원이라면 세액은 (⑥)원이 되는 방법이다. 반면, (⑦)은/는 각 단계마다 초과하는 부분에 대하여만 변경된 세율(한계세율)을 적용하는 방법이다. 예를 들어, 과세표준과 세율이 0원 초과 30만원 이하는 20%, 30만원 초과는 30%인 경우에, 과세표준이 40만원이라면 세액은 (⑧)원 된다. 이 경우 과세표준이 30만원에서 31만원이 되는 경우 한계세율은 (⑨)%이다.

해답

⑤ 200,000원 × 20% = 40,000원
⑥ 400,000원 × 30% = 120,000원
⑧ (300,000원 × 20%) + (100,000원 ×30%) = 90,000원

정답 ① 역진세율, ② 비례세율, ③ 누진세율, ④ 단순누진세, ⑤ 40,000, ⑥ 120,000, ⑦ 초과누진세, ⑧ 90,000, ⑨ 30%

04 다음은 조세에 관한 용어들에 대한 설명이다. 괄호를 채우시오.

(1) (   )은/는 과세대상에 상관없이 하나의 비례세율이 적용되는 세율구조를 말한다.
(2) (   )은/는 과세대상에 따라 서로 다른 비례세율이 적용되는 세율구조를 말한다.

해답

정답 (1) 단일비례세율, (2) 차등비례세율

제 2 편

국세기본법

- 제1장. 국세기본법의 의의
- 제2장. 기간과 기한
- 제3장. 서류의 송달
- 제4장. 국세징수절차
- 제5장. 특수관계인
- 제6장. 국세부과의 원칙과 세법적용의 원칙
- 제7장. 납세의무의 성립 · 확정 · 소멸
- 제8장. 과세와 환급
- 제9장. 조세쟁송

제1장 국세기본법의 의의

국세기본법은 국세에 관한 기본적이고 공통적인 사항과 납세자의 권리 · 의무 및 권리구제에 관한 사항을 규정함으로써 국세에 관한 법률관계를 명확하게 하고, 과세(課稅)를 공정하게 하며, 국민의 납세의무의 원활한 이행에 이바지함을 목적으로 한다(국기법 §1).

따라서 국세기본법은 다음과 같은 성격을 가진다.

① 국세에 관한 기본적이고 공통적인 사항을 규정하는 '총칙법'으로서의 성격
② 납세자의 권리 · 의무 및 권리구제에 관한 사항을 규정하는 '불복절차법'[주] 으로서의 성격

주) '불복(不服)'이란 사전적으로 명령이나 결정 등에 복종하지 않는다는 의미이다. 조세법에서 불복이란, 과세관청의 부과처분 등에 이의를 제기하여 부과처분 등의 적부(適否, 적절한지 아닌지)를 다툰다는 것으로, 국세기본법에는 이의신청, 심사청구 및 심판청구 등의 불복절차가 규정되어 있다. 이에 대해서는 **'제9장 조세쟁송'**에서 자세히 살펴보겠다.

국세기본법은 다음과 같은 10개의 장으로 구성되어 있다.

제1장 총칙
제2장 국세 부과와 세법 적용
제3장 납세의무
제4장 국세와 일반채권의 관계
제5장 과세
제6장 국세환급금과 국세환급가산금
제7장 심사와 심판

제7장의 2 납세자의 권리
제8장 보칙
제9장 벌칙

국세기본법은 국세에 관한 기본적이고 공통적인 사항을 담고 있는 총칙법으로서의 성격이 있으나, 각 세목들에 대한 이해가 선행되어야 제대로 이해할 수 있는 부분이 상당히 많으며, 그 용어도 난해한 편이다. 따라서 아무런 사전지식 없이 국세기본법의 모든 내용을 다루게 되면, 오히려 세법에 대한 흥미를 떨어뜨릴 수 있다. 따라서 본 교재에서는 국세기본법 중 기본적이고 핵심적인 내용만 다루도록 하겠다.

우선, 국세기본법에서 말하는 '국세'란 무엇일까? 이에 대해 국세기본법 제2조 제1호에는 다음과 같이 국세를 정의하고 있다.

'국세(國稅)'란 국가가 부과하는 조세 중 다음의 것을 말한다(국기법 §2 (1)).
① 소득세
② 법인세
③ 상속세와 증여세
④ 종합부동산세
⑤ 부가가치세
⑥ 개별소비세
⑦ 교통 · 에너지 · 환경세
⑧ 주세(酒稅)
⑨ 인지세(印紙稅)
⑩ 증권거래세
⑪ 교육세
⑫ 농어촌특별세

위 각 세목들이 무엇에 대해 과세하는 것인지에 대해 간략하게 소개하면 다음과 같다.

구분	내용
① 소득세	개인의 소득에 대해 부과하는 조세
② 법인세	법인의 소득에 대해 부과하는 조세
③ 상속세와 증여세	㉠ 상속세: 피상속인(부모 등)이 사망하여 상속인(자녀 등)이 재산을 물려받는 경우 부과하는 조세 ㉡ 증여세: 증여자(부모 등)가 수증자(자녀 등)에게 재산을 무상으로 이전하는 경우 부과하는 조세
④ 종합부동산세	고액의 부동산 보유자에 대하여 부과하는 조세 ➲ **재산의 보유에 대해 과세하는 보유세이며, 부동산의 양도에 대하여는 소득세(양도소득세)가 과세됨**
⑤ 부가가치세	재화 또는 용역의 공급 등에 대해 부과하는 조세(일반소비세)
⑥ 개별소비세	특정 물품 및 특정 행위에 대해 부과하는 조세(특정소비세)
⑦ 교통 · 에너지 · 환경세	휘발유 및 경유에 대해 부과하는 조세[주)] * 목적세: 도로 · 도시철도 등 교통시설의 확충 및 대중교통 육성을 위한 사업, 에너지 및 자원 관련 사업, 환경의 보전과 개선을 위한 사업에 필요한 재원 확보 목적
⑧ 주세(酒稅)	주류에 대해 부과하는 조세
⑨ 인지세(印紙稅)	재산에 관한 권리 등의 창설 · 이전 또는 변경에 관한 계약서 등을 작성하는 경우 부과하는 조세
⑩ 증권거래세	주권 등의 양도에 대해 부과하는 조세
⑪ 교육세	금융 · 보험업자, 개별소비세 및 주세 등의 납세의무자에게 부과하는 조세 * 목적세: 교육의 질적 향상을 도모하기 위하여 필요한 교육재정의 확충에 드는 재원 확보 목적 * 부가세: 개별소비세 및 주세 등의 납세의무자에게 부과되는 교육세 * 금융 · 보험업자: 수익금액의 0.5%를 교육세로 부과
⑫ 농어촌특별세	소득세 · 법인세의 감면을 받은 자 등에 대해 부과하는 조세 * 목적세: 농어업의 경쟁력강화와 농어촌산업기반시설의 확충 및 농어촌지역 개발사업을 위하여 필요한 재원 확보 목적

주) 본래 휘발유와 경유는 개별소비세 과세대상이다. 하지만 2027년 12월 31일까지 한시적으로 휘발유와 경유에 대해 목적세인 교통 · 에너지 · 환경세가 과세되고 있다. 따라서 현재 휘발유와 경유에 대해 개별소비세는 과세되고 있지 않다.

또한, 국세기본법에서 말하는 '세법'이란 다음과 같은 국세의 종목과 세율을 정하고 있는 법률과 「국세징수법」, 「조세특례제한법」, 「국제조세조정에 관한 법률」, 「조세범 처벌법」 및 「조세범 처벌절차법」을 말한다(국기법 §2 (2)).

구분	내용
① 국세의 종목과 세율을 정하고 있는 법률	소득세법, 법인세법 및 부가가치세법 등 국세의 종목과 세율을 정하고 있는 법률
② 국세징수법	국세의 징수에 필요한 사항을 규정하여 국세수입을 확보함을 목적으로 제정된 법률
③ 조세특례제한법	조세의 감면 또는 중과(重課, 무겁게 과세함) 등 조세특례와 이의 제한에 관한 사항을 규정하여 과세의 공평을 기하고 조세정책을 효율적으로 수행함으로써 국민경제의 건전한 발전에 이바지함을 목적으로 제정된 법률
④ 국제조세조정에 관한 법률	국제거래에 관한 조세의 조정 및 국가 간의 조세행정 협조에 관한 사항을 규정함으로써 국가 간의 이중과세 및 조세 회피를 방지하고 원활한 조세협력을 도모함을 목적으로 제정된 법률
⑤ 조세범 처벌법	세법을 위반한 자에 대한 형벌 및 과태료 등에 관한 사항을 규정하여 세법의 실효성을 높이고 국민의 건전한 납세의식을 확립함을 목적으로 제정된 법률
⑥ 조세범 처벌절차법	조세범칙사건(犯則事件)을 공정하고 효율적으로 처리하기 위하여 조세범칙사건의 조사 및 그 처분에 관한 사항을 정함을 목적으로 제정된 법률

이 외에도 국세기본법에서는 다양한 용어의 정의에 대해 규정하고 있으나, 전술하였다시피 각 조세법에 대한 이해 없이 이들을 이해하는 것은 쉽지 않으므로, 각 용어들은 해당 용어의 정의가 필요한 부분에서 구체적으로 설명하도록 하겠다.

타 법률과의 관계

만약 각 세법의 규정이 국세기본법의 규정과 상이한 경우 어떤 규정을 우선 적용해야 할까?

예를 들어, 국세기본법에서는 국세부과의 원칙 중 하나로 '실질과세원칙'을 규정하고 있으나, 상속세 및 증여세법에는 다음과 같이 '명의신탁재산의 증여 의제' 라는 실질과세원칙에 위배되는 규정이 존재한다.

• 상속세 및 증여세법

상속세 및 증여세법 제45조의 2(명의신탁재산의 증여 의제) 제1항은 다음과 같이 규정되어 있다.

> ① 권리의 이전이나 그 행사에 등기등이 필요한 재산(토지와 건물은 제외한다. 이하 이 조에서 같다)의 실제소유자와 명의자가 다른 경우에는 「국세기본법」 제14조(실질과세)에도 불구하고 그 명의자로 등기 등을 한 날(그 재산이 명의개서를 하여야 하는 재산인 경우에는 소유권취득일이 속하는 해의 다음 해 말일의 다음 날을 말한다)에 그 재산의 가액(그 재산이 명의개서를 하여야 하는 재산인 경우에는 소유권취득일을 기준으로 평가한 가액을 말한다)을 실제소유자가 명의자에게 증여한 것으로 본다.

주) '명의신탁'이란 위탁자(실소유자)가 소유하고 있는 재산의 명의를 실소유자가 아닌 수탁자(외관상 소유자) 명의로 이전하는 행위를 말한다.

이에 대해 국세기본법은 다음과 같은 규정을 두고 있다.

• **국세기본법**

국세기본법 제3조(세법 등과의 관계) 제1항은 다음과 같이 규정되어 있다.

> ① 국세에 관하여 세법에 별도의 규정이 있는 경우를 제외하고는 이 법에서 정하는 바에 따른다.

즉, 각 세법에 별도의 특례규정이 있으면 그에 따르고(해당 규정이 국세기본법에 반하더라도), 없으면 국세기본법에 따르면 되는 것이다.

따라서 상속세 및 증여세법 상 '명의신탁재산의 증여 의제' 규정은 국세기본법 상의 '실질과세원칙'보다 우선하여 적용되는 것이다.

연습문제

01 국세기본법 제1조에 규정된 국세기본법의 목적에 대해 약술하시오.

해답

국세기본법은 국세에 관한 기본적이고 공통적인 사항과 납세자의 권리 · 의무 및 권리구제에 관한 사항을 규정함으로써 국세에 관한 법률관계를 명확하게 하고, 과세(課稅)를 공정하게 하며, 국민의 납세의무의 원활한 이행에 이바지함을 목적으로 한다(국기법 §1).

02 다음은 국세기본법의 성격에 대한 설명이다. 빈칸을 채우시오.

(1) 국세에 관한 기본적이고 공통적인 사항을 규정하는 (　　　　)(으)로서의 성격
(2) 납세자의 권리 · 의무 및 권리구제에 관한 사항을 규정하는 (　　　　)(으)로서의 성격

해답

정답 (1) 총칙법, (2) 불복절차법

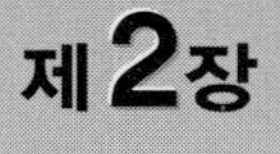

제2장 기간과 기한

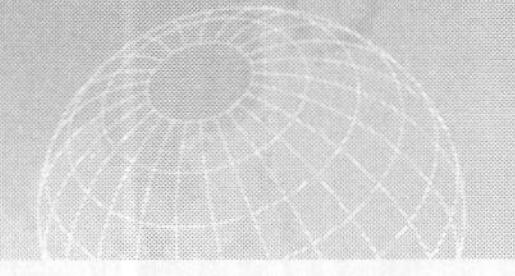

2.1. 기간

‘기간(期間)’이란 어느 일정시점에서 다른 일정시점까지의 계속된 시간을 말한다. 즉, 우리가 흔히 ‘언제부터 언제까지’라고 말할 때 그 사이의 연속되는 시간의 길이가 기간이다. 국세기본법 또는 세법에서 규정하는 기간의 계산은 국세기본법 또는 그 세법에 특별한 규정이 있는 것을 제외하고는 「민법」에 따른다(국기법 §4).

국세기본법에는 기간의 계산에 대한 구체적인 계산 규정을 두고 있지 않기 때문에 「민법」의 규정을 살펴보도록 하겠다.

[민법 제6장 기간]

제155조 (본장의 적용범위)
기간의 계산은 법령, 재판상의 처분 또는 법률행위에 다른 정한 바가 없으면 본장의 규정에 의한다.

제156조 (기간의 기산점)
기간을 시, 분, 초로 정한 때에는 즉시로부터 기산한다.

제157조 (기간의 기산점)
기간을 일, 주, 월 또는 연으로 정한 때에는 기간의 초일은 산입하지 아니한다. 그러나 그 기간이 오전 영시로부터 시작하는 때에는 그러하지 아니하다.

제158조 (나이의 계산과 표시)
나이는 출생일을 산입하여 만(滿) 나이로 계산하고, 연수(年數)로 표시한다. 다만, 1세에 이르지 아니한 경우에는 월수(月數)로 표시할 수 있다.

제159조 (기간의 만료점)
기간을 일, 주, 월 또는 연으로 정한 때에는 기간말일의 종료로 기간이 만료한다.

제160조 (역에 의한 계산)
① 기간을 주, 월 또는 연으로 정한 때에는 역에 의하여 계산한다.
② 주, 월 또는 연의 처음으로부터 기간을 기산하지 아니하는 때에는 최후의 주, 월 또는 연에서 그 기산일에 해당한 날의 전일로 기간이 만료한다.
③ 월 또는 연으로 정한 경우에 최종의 월에 해당일이 없는 때에는 그 월의 말일로 기간이 만료한다.

제161조 (공휴일 등과 기간의 만료점)
기간의 말일이 토요일 또는 공휴일에 해당한 때에는 기간은 그 익일로 만료한다.

이하 위 민법의 규정 중 우리가 앞으로 세법을 배워나가는데 있어 필요한 개념들 위주로 살펴보도록 하겠다.

2.1.1. 기간의 기산점[10)]

(1) 자연적 계산법

기간을 시, 분, 초로 정한 때에는 즉시로부터 기산한다. 기간을 일(日)단위보다 작은 단위로 하는 경우에는 그 시작점을 '즉시(卽時, 바로 그 때)'로 하겠다는 것으로, 이는 '자연적 계산법'[11)]을 사용하겠다는 의미이다.

예를 들어, 3시에 "지금부터 1시간 동안 시험을 보겠습니다."라고 한다면, 기간은 3시 정각부터 '즉시' 시작하겠다는 의미이다. 따라서 이 경우 기간은 3시를 기산점으로 하여 4시를 만료점으로 하게 된다.[12)] 만약 3시 15분에 "지금부터 30분 동안 시

---

10) '기산(起算)'이란 일정한 시점을 기준으로 계산을 시작한다는 것이다. 따라서 '기산점(起算點)'이란 기간의 계산이 시작되는 그 시점을 의미한다.

11) '자연적 계산법'이란 자연적인 시간의 흐름에 따라 순간에서 순간까지 정밀하게 계산하는 방법을 말한다.

12) 기간을 시, 분, 초로 정한 경우 만료점에 대해서는 규정이 없지만, 정해진 시, 분, 초가 종료되는 시점을 기간의 만료점으로 보는 것이 일반적이다. 자연적 계산법을 적용하는 경우의 기간 계산방

험을 보겠습니다."라고 한다면, 시험은 3시 15분(기산점, 즉시)에 시작해 3시 45분(만료점)에 끝나게 된다. 또 다른 예를 들면, 오전 10시에 "지금부터 5시간 내에 이 작업을 완료하세요."라고 한다면, 기간의 기산점은 오전 10시가 되고, 기간의 만료점은 오후 3시가 된다. 자연적 계산법은 세법에서 거의 필요로 하지 않는 부분이므로 이 정도만 살펴보겠다.

(2) 역법적 계산법

기간을 주, 월 또는 연으로 정한 때에는 역[13]에 의하여 계산하는데, 이를 '역법적 계산법'이라 한다. 이 경우에는 기간의 초일은 산입하지 아니한다(초일불산입의 원칙). 예를 들어, 3월 2일 수업시간에 교수가 학생들에게 "1일 내에 이 과제를 제출하도록 하세요."라고 했다면 여러분들은 언제까지 과제를 제출해야 할까? 1일 내에 제출하라고 했으니, 오늘까지 제출해야 하는 것인지, 아니면 오늘은 빼고 계산해서 내일까지 제출하라는 것인지를 결정해야 한다. 민법에서는 오늘부터 1일 이내에 제출하라고 하는 경우, 오늘(3월 2일)은 계산에서 제외하고 내일(3월 3일)까지 과제를 제출하면 되는 것으로 규정하고 있다. 이를 '초일불산입의 원칙'이라고 한다.

초일불산입을 원칙으로 하고 있는 이유를 살펴보자. 만약 3월 2일 수업에서 과제를 1일 내에 제출하라고 했다면 오늘은 온전한 하루가 아니다. 즉, 오늘 수업 시간부터 자정까지 계산하더라도 온전하게 24시간이 되지 않는다는 것이다. 그렇다면, 기간 계산에 있어 오늘을 포함할 것인지 아닌지 여부를 결정해야 한다. 민법에서는 온전하지 않은 하루는 빼고 다음날부터 기간 계산을 시작하는 것으로 규정하고 있다. 따라서 이 경우 기간의 기산점은 3월 3일 오전 0시가 되며, 만료점은 3월 3일 오후 24시가 되는 것이다.

한편, 그 기간이 오전 0시부터 시작하는 경우에는 오늘 자정까지가 온전한 24시간이기 때문에 초일을 산입해야 한다.

법은 여러분들이 지금까지 일반적으로 알고 있던 방법에 따르면 된다.

13) 여기에서 '역(曆)'이란 '달력'을 의미한다. 따라서 역에 의하여 계산한다는 것은 달력을 기준으로 계산을 한다는 의미이다.

2.1.2. 기간의 만료점

(1) 기간을 일, 주, 월 또는 연으로 정한 때

기간을 일, 주, 월 또는 연으로 정한 때에는 기간말일의 종료로 기간이 만료한다. 즉, 기간이 끝나는 날의 자정(24시)이 되면 기간이 만료된다는 것이다. 이에 대해서는 앞선 사례에서 살펴보았는데, 3월 2일(초일) 수업에서 과제를 1일 내에 제출하라고 하는 경우 기간의 기산점은 3월 3일 오전 0시이고, 기간의 만료점은 3월 3일 오후 24시가 된다.

(2) 주, 월 또는 연의 처음으로부터 기간을 기산하지 아니하는 때[14)]

주, 월 또는 연의 처음으로부터 기간을 기산하지 아니하는 때에는 최후의 주, 월 또는 연에서 그 기산일에 해당한 날의 전일로 기간이 만료한다. 예를 들어, '12월 31일부터 3개월'이라고 하는 경우 기간의 기산점은 1월 1일이 되며(초일불산입), 여기에 3개월을 더하면 4월 1일 된다. 하지만 기간의 만료점은 기산일(1일)에 해당하는 날의 전일로 하므로, 이 경우 기간의 만료점은 3월 31일이 되는 것이다. 즉, '12월 31일부터 3개월'이라고 하는 경우 기간의 기산점은 1월 1일, 기간의 만료점은 3월 31일이 된다.

(3) 월 또는 연으로 정한 경우에 최종의 월에 해당일이 없는 때

월 또는 연으로 정한 경우에 최종의 월에 해당일이 없는 때에는 그 월의 말일로 기간이 만료한다. 달력[15)]에 따르면, 1월, 3월, 5월, 7월, 8월, 10월 및 12월의 경우에는 그 말일이 31일이고, 4월, 6월, 9월 및 11월의 경우에는 그 말일이 30일이다. 2월의 경우에는 그 말일이 28일 혹은 29일(윤년[16)]의 경우)이 될 수 있다. 만약 '12월 30일

---

14) 주, 월 또는 연의 처음으로부터 기간을 기산하는 경우의 만료점에 대해서는 민법에 별도의 규정이 없다. 이는 별도의 규정 없이도 기간 계산을 당연히 할 수 있을 것으로 보기 때문이다. 예를 들어, 월요일 오전 0시부터(즉, 주의 처음) 1주일을 계산하면 일요일 오후 24시가 기간의 만료점이 될 것이다. 또한, 3월 1일 0시부터(즉, 월의 처음) 1개월을 계산하면 3월 31일 오후 24시가 기간의 만료점이 될 것이다.

15) 여기서 '달력'은 '태양력(太陽曆, solar calendar)'을 말한다.

16) 윤년은 4년마다 한 번씩 돌아오는데, 2020년, 2024년, 2028년이 윤년이다.

부터 2개월'이라고 기간을 정한 경우, 기산일은 12월 31일이 되고, 기간의 만료점은 기산일에 해당한 날의 전일(30일)이므로 2월 30일이 되어야 할 것이나, 2월은 28일로 종료(윤년이 아닌 것으로 가정)하기 때문에 2월의 말일인 2월 28일이 기간의 만료점이 된다.

(4) 기간의 말일이 토요일 또는 공휴일에 해당한 때

기간의 말일이 토요일 또는 공휴일에 해당한 때에는 기간은 그 익일[17]로 만료한다. 예를 들어, '9월 25일부터 3개월'로 기간을 정한 경우, 기간의 만료점은 12월 25일이 되는데, 12월 25일은 공휴일이므로 기간의 만료점은 12월 26일이 된다. 만약 12월 26일이 토요일이라면, 기간의 만료점은 12월 28일 월요일이 된다(12월 27일은 공휴일인 일요일).

다음의 사례를 통해 기간의 계산에 대해 연습해 보자.

기간의 계산 사례(1)

사업연도가 2026년 1월 1일 ~ 2026년 12월 31일인 경우를 가정하여 다음의 각 물음별로 기간의 만료점을 계산하시오.

(물음 1) 사업연도 종료일부터 30일

(물음 2) 사업연도 종료일부터 90일

(물음 3) 사업연도 종료일부터 1개월

(물음 4) 사업연도 종료일부터 3개월

(물음 5) 사업연도 종료일부터 1년

(물음 6) 사업연도 종료일부터 3년

17) '익일(翌日, next day)'이란 '다음 날'을 의미한다. 이 표현은 민법에서 사용하고 있는데, 가능하면 '다음 날'로 순화하여 사용하는 것이 바람직하다.

해답

기산점은 2027년 1월 1일이다.

(물음 1) 2027년 1월 30일

(물음 2) 2027년 3월 31일 [90일 = 31일(1월) + 28일(2월) + 31일(3월)]

(물음 3) 2027년 1월 31일

(물음 4) 2027년 3월 31일

(물음 5) 2027년 12월 31일

(물음 6) 2029년 12월 31일

기간의 계산 사례(2)

사례	기산일	만료일	비고
① 1월 5일부터 10일	1월 6일	1월 15일	일로 계산
② 1월 31일로부터 1월	2월 1일	2월 말일	기간의 처음부터 기산
③ 1월 5일부터 2월	1월 6일	3월 5일	기산일에 해당하는 날의 전일
④ 8월 30일부터 6월	8월 31일	다음해 2월 말일	기산일에 해당하는 날의 전일이 없는 경우
⑤ 1월 1일부터 2월	1월 2일	3월 2일	기간 말일이 공휴일인 경우

자료 출처: 국세기본법 집행기준 4-0-3, 국세청

2.2. 기한

'기한(期限)'이란 일정시점의 도래로 인하여 법률효과가 발생·소멸하거나 또는 일정한 시점까지의 의무를 이행하여야 하는 경우에 그 시점을 말한다.

2.2.1. 기한의 특례

(1) 기한이 공휴일 · 토요일 또는 근로자의 날에 해당하는 경우

국세기본법 또는 세법에서 규정하는 신고, 신청, 청구, 그 밖에 서류의 제출, 통지, 납부 또는 징수에 관한 기한이 다음 중 어느 하나에 해당하는 경우에는 그 다음날을 기한으로 한다(국기법 §5 ①).[18]

① 토요일 및 일요일
② 「공휴일에 관한 법률」에 따른 공휴일 및 대체공휴일
③ 「근로자의 날 제정에 관한 법률」에 따른 근로자의 날

(2) 국세정보통신망에 장애가 발생한 경우

국세기본법 또는 세법에서 규정하는 신고기한 만료일이나 납부기한 만료일에 국세정보통신망[19]이 정전, 통신상의 장애, 프로그램의 오류 및 그 밖의 부득이한 사유 등의 장애로 가동이 정지되어 전자신고나 전자납부를 할 수 없는 경우에는 그 장애가 복구되어 신고 또는 납부할 수 있게 된 날의 다음날을 기한으로 한다(국기법 §5 ③).

18) '공휴일' 및 '대체공휴일'이라 함은 「공휴일에 관한 법률」에 의하여 규정된 공휴일 및 대체공휴일을 말한다. 우리가 흔히 빨간 날(법정 공휴일)이라고 하는 것이 이 법에 근거한 것이다. 단, 근로자의 날은 「공휴일에 관한 법률」이 아닌 「근로자의 날 제정에 관한 법률」에 따라 휴일로 제정된 것이 때문에, 조문에서는 이들을 별도로 규정하고 있는 것이다.

19) '정보통신망'이란 「전기통신기본법」의 규정에 따른 전기통신설비를 활용하거나 전기통신설비와 컴퓨터 및 컴퓨터의 이용기술을 활용하여 정보를 수집, 가공, 저장, 검색, 송신 또는 수신하는 정보통신체계를 말하는데(국기법 §2 (18)), 간단하게 인터넷망을 생각하면 된다. '국세정보통신망'이란 세금을 전자적으로 신고 및 납부할 수 있도록 국세청이 구축한 사이트로, 국세청 홈택스(www.hometax.go.kr)를 말한다.

2.2.2. 우편신고 및 전자신고

우편으로 과세표준신고서, 과세표준수정신고서, 경정청구서 또는 과세표준신고 · 과세표준수정신고 · 경정청구와 관련된 서류[20]를 제출한 경우 「우편법」에 따른 우편날짜도장[21]이 찍힌 날(우편날짜도장이 찍히지 아니하였거나 분명하지 아니한 경우에는 통상 걸리는 배송일수를 기준으로 발송한 날로 인정되는 날)에 신고되거나 청구된 것으로 본다(발신주의, 국기법 §5의 2 ①).

이 경우 해당 신고서 등 서류의 효력발생시기는 언제일까? 해당 서류를 우편으로 발신하였을 때를 효력발생시기로 인정하는 것이 '발신주의(發信主義)'이고, 해당 서류가 세무서에 도달할 때를 효력발생시기로 인정하는 것이 '도달주의(到達主義)'이다.

예를 들어, 7월 25일이 신고기한이라고 하고, 관련 신고서를 우편으로 보낸다고 가정해 보자(현실적으로는 거의 전자신고를 한다). 여러분들은 해당 신고서를 7월 25일까지 발송만 하면 되는 것인지, 아니면 해당 신고서가 7월 25일까지 세무서에 도착해야 하는 것인지를 판단해야 한다. 국세기본법에서는 우편날짜도장(우체국 소인)이 찍힌 날에 신고된 것으로 보므로, 발신주의를 채택하고 있다.

한편, 위의 사례에서 우체국 소인이 잘못 찍혀 발송 날짜가 불명확한 경우에는 어떻게 될까? 이 경우 우편이 통상적으로 배송되는 기간을 고려해서 발송했을 것으로 추정되는 날을 발송일로 인정해 준다. 즉, 세무서에 신고서가 27일에 도착했는데, 우편물에 찍힌 도장의 날짜를 식별할 수 없는 경우, 통상적으로 우편 배송에 소요되는 일수가 2~3일 정도라고 한다면 해당 우편물은 7월 24일이나 7월 25일에 발송된 것으로 볼 수 있으므로, 해당 신고서는 기한 내 적법하게 제출된 것으로 본다.

---

20) 수정신고 및 경정청구 등에 대해서는 '**8.2. 수정신고 · 경정청구 · 기한 후 신고**'에서 살펴볼 것이다. 여기서는 그냥 신고 관련서류 정도로 이해하고 넘어가기 바란다.

21) 우편을 보낼 때 우표 위에 찍는 우체국 소인(지우는 표시로 찍는 도장)을 말한다.

한편, 위의 신고서 등을 국세정보통신망(홈택스)을 이용하여 제출하는 경우에는 해당 신고서 등이 국세청장에게 전송된 때에 신고되거나 청구된 것으로 본다(국기법 §5의 2 ②).[22)]

▮ 표 2.2.1 ▮ 기간과 기한

구분	내용
(1) 기간	• 어느 일정시점에서 다른 일정시점까지의 계속된 시간(언제부터~언제까지) • 세법상 기간의 계산: 법률에 특별한 규정이 있는 것을 제외하고는 「민법」에 따름 ➲ **초일불산입 원칙: 기간을 일, 주, 월 또는 연으로 정한 때에는 초일은 산입하지 아니한다.**
(2) 기한	일정시점의 도래로 인하여 법률효과가 발생·소멸하거나 또는 일정한 시점까지의 의무를 이행하여야 하는 경우에 그 시점[주1), 주2)]

주1) 기한의 특례

구분	내용
① 기한이 토요일·일요일·(대체)공휴일 또는 근로자의 날에 해당하는 경우	토요일·일요일·(대체)공휴일 또는 근로자의 날의 다음날
② 국세정보통신망의 장애로 전자신고 등을 할 수 없게 되는 경우	그 장애가 복구되어 신고나 납부할 수 있게 된 날의 다음날

주2) 서류제출기한의 특례

구분	내용
① 우편신고	세법에 따른 각종 신고서는 우편날짜도장이 찍힌 날에 신고된 것으로 본다. 다만, 우편날짜도장이 찍히지 아니하였거나 분명하지 아니한 경우에는 통상 걸리는 배송일수를 감안하여 발송한 날로 인정되는 시점으로 한다. ➲ **발신주의**
② 전자신고	해당 신고서 등이 국세청장에게 전송된 때에 신고된 것으로 본다.

22) 홈택스로 세금 관련 신고를 하는 경우 마지막에 '전송' 버튼을 눌러 이를 국세청장에게 제출하게 된다.

세목별 신고 · 납부기한

다음은 주요 세목별 신고기한에 관한 규정이다. 물음에 답하시오. 단, 기한이 공휴일 등에 해당하는 경우는 아닌 것으로 가정한다.

• 소득세법

소득세법 제70조 [종합소득과세표준 확정신고] 제1항은 다음과 같이 규정되어 있다.

> ① 해당 과세기간의 종합소득금액이 있는 거주자(종합소득과세표준이 없거나 결손금이 있는 거주자를 포함한다)는 그 종합소득 과세표준을 그 과세기간의 다음 연도 5월 1일부터 5월 31일까지 대통령령으로 정하는 바에 따라 납세지 관할세무서장에게 신고하여야 한다.

(물음 1) 소득세 과세기간이 2026년 1월 1일 ~ 2026년 12월 31일인 경우 소득세 과세표준 신고기한은?

• 법인세법

법인세법 제60조 [과세표준 등의 신고] 제1항은 다음과 같이 규정되어 있다.

> ① 납세의무가 있는 내국법인은 각 사업연도의 종료일이 속하는 달의 말일부터 3개월 이내에 대통령령으로 정하는 바에 따라 그 사업연도의 소득에 대한 법인세의 과세표준과 세액을 납세지 관할세무서장에게 신고하여야 한다.

(물음 2) 법인의 사업연도가 2026년 1월 1일 ~ 2026년 12월 31일인 경우 법인세 과세표준 신고기한은?

• 상속세 및 증여세법

상속세 및 증여세법 제67조 [상속세 과세표준신고] 제1항은 다음과 같이 규정되어 있다.

> ① 제3조의2에 따라 상속세 납부의무가 있는 상속인 또는 수유자는 상속개시일이 속하는 달의 말일부터 6개월 이내에 제13조와 제25조제1항에 따른 상속세의 과세가액 및 과세표준을 대통령령으로 정하는 바에 따라 납세지 관할세무서장에게 신고하여야 한다.

상속세 및 증여세법 제68조 [증여세 과세표준신고] 제1항은 다음과 같이 규정되어 있다.

> ① 제4조의2에 따라 증여세 납부의무가 있는 자는 증여받은 날이 속하는 달의 말일부터 3개월 이내에 제47조와 제55조제1항에 따른 증여세의 과세가액 및 과세표준을 대통령령으로 정하는 바에 따라 납세지 관할세무서장에게 신고하여야 한다.

(물음 3) 상속개시일(피상속인의 사망일)이 2026년 3월 28일인 경우 상속세 과세표준 신고기한은?

(물음 4) 증여받은 날이 2026년 4월 4일인 경우 증여세 과세표준 신고기한은?

• 부가가치세법

부가가치세법 제49조 [확정신고와 납부] 제1항은 다음과 같이 규정되어 있다.

> ① 사업자는 각 과세기간에 대한 과세표준과 납부세액 또는 환급세액을 그 과세기간이 끝난 후 25일(폐업하는 경우 제5조제3항에 따른 폐업일이 속한 달의 다음 달 25일) 이내에 대통령령으로 정하는 바에 따라 납세지 관할세무서장에게 신고하여야 한다.

(물음 5) 부가가치세 제1기 과세기간이 2026년 1월 1일 ~ 2026년 6월 30일이고, 제2기 과세기간이 2026년 7월 1일 ~ 2026년 12월 31일인 경우 제1기 및 제2기에 대한 부가가치세 과세표준 신고기한은? 단, 폐업하는 경우에는 해당하지 아니한다. ※ 부가가치세 과세기간은 1년에 두 번이다.

해답

(물음 1) 2027년 5월 31일 (신고기한: 과세기간의 다음 연도 5월 1일부터 5월 31일까지)

(물음 2) 2027년 3월 31일 (신고기한: 각 사업연도의 종료일이 속하는 달의 말일부터 3개월 이내)

(물음 3) 2026년 9월 30일 (신고기한: 상속개시일이 속하는 달의 말일부터 6개월 이내)

(물음 4) 2026년 7월 31일 (신고기한: 증여받은 날이 속하는 달의 말일부터 3개월 이내)

(물음 5) 제1기 과세기간: 2026년 7월 25일, 제2기 과세기간: 2027년 1월 25일 (신고기한: 그 과세기간이 끝난 후 25일 이내)

연습문제

01 다음의 설명이 옳으면 ○, 틀리면 ×를 괄호에 기재하시오.

(1) 기간이란 일정시점의 도래로 인하여 법률효과가 발생 · 소멸하거나 또는 일정한 시점까지의 의무를 이행하여야 하는 경우에 그 시점을 말한다. (　　)

(2) 국세기본법은 신고서 등 서류가 세무서에 도달할 때를 효력발생시기로 인정하는 도달주의를 채택하고 있다. (　　)

(3) 전자신고를 하는 경우 해당 신고서 등이 국세정보통신망에 입력된 때에 신고된 것으로 본다. (　　)

(4) 국세정보통신망이 정전, 통신상의 장애, 프로그램의 오류 및 그 밖의 부득이한 사유로 가동이 정지되어 전자신고 또는 전자납부를 할 수 없게 되는 경우 그 기한은 그 장애가 복구된 날로 한다. (　　)

해답

(1) 기한에 대한 설명이다.
(2) 국세기본법은 발신주의를 채택하고 있다.
(3) 전송된 때에 신고된 것으로 본다.
(4) 그 장애가 복구된 날의 다음 날을 기한으로 한다.

정답 ×, ×, ×, ×

02 과세기간이 다음과 같은 경우 부가가치세법에서 정한 법정신고기한을 기재하시오.

※ 단, 기한이 공휴일 등에 해당하는 경우는 아닌 것으로 가정하며, 연, 월, 일을 모두 기재하시오.

[부가가치세] 그 과세기간이 끝난 후 25일 이내에 납세지 관할세무서장에게 신고하여야 한다.

부가가치세 과세기간	법정신고기한
(1) 제1기 : 2026년 1월 1일 ~ 2026년 6월 30일	
(2) 제2기 : 2026년 7월 1일 ~ 2026년 12월 31일	

해답

정답 (1) 2026년 7월 25일, (2) 2027년 1월 25일

03 상속개시일과 증여받은 날이 다음과 같은 경우 상속세및증여세법에서 정하는 법정신고기한을 기재하시오.

※ 단, 기한이 공휴일 등에 해당하는 경우는 아닌 것으로 가정하며, 연, 월, 일을 모두 기재하시오.

[상속세] 상속개시일이 속하는 달의 말일부터 6개월 이내에 납세지 관할세무서장에게 신고하여야 한다.

[증여세] 증여받은 날이 속하는 달의 말일부터 3개월 이내에 납세지 관할세무서장에게 신고하여야 한다.

상속개시일/증여받은 날	법정신고기한
(1) 상속개시일 : 2026년 4월 20일	
(2) 증여받은 날 : 2026년 11월 20일	

해답

정답 (1) 2026년 10월 31일, (2) 2027년 2월 28일

04 사업연도가 2026년 1월 1일 ~ 2026년 12월 31일인 경우 다음 각 상황별 신고기한을 기재하시오.

※ 단, 기한이 공휴일 등에 해당하는 경우는 아닌 것으로 가정하며, 연, 월, 일을 모두 기재하시오.

상황	신고기한
〈상황 1〉 사업연도 종료일로부터 30일 이내 신고	
〈상황 2〉 사업연도 종료일로부터 2개월 이내 신고	
〈상황 3〉 사업연도 종료일로부터 1년 이내 신고	

해답

정답 <상황 1> 2027년 1월 30일, <상황 2> 2027년 2월 28일,
<상황 3> 2027년 12월 31일

05 다음 중 국세기본법상 기한연장의 특례에 해당하는 날이 아닌 것은?

(제119회 세무회계 2급)

① 토요일
② 대체공휴일
③ 납세자의 날
④ 근로자의 날

해답

기한이 토요일, 일요일, 공휴일, 대체공휴일 및 근로자의 날에 해당하는 경우에는 그 다음날을 기한으로 한다(기한의 특례). 납세자의 날(매년 3월 3일)은 이에 해당하지 않는다.

정답 ③

06 다음 중 국세기본법상 기간과 기한 및 효력발생시기에 대한 설명으로 잘못된 것은? (제74회 세무회계 2급 수정)

① 기간은 어느 일정시점에서 다른 일정시점까지의 계속된 시간을 말하며, 기한은 일정한 시점의 도래로 인하여 법률효과가 발생, 소멸하거나 또는 일정한 시점까지 의무를 이행하여야 하는 경우에 그 시점을 말한다.
② 기간을 일, 주, 월 또는 연으로 정한 때에는 기간의 초일은 산입하지 아니한다. 그러나 그 기간이 오전 영시부터 시작하는 때에는 초일을 산입한다.
③ 신고기한이 공휴일, 토요일에 해당하는 때에는 공휴일, 토요일 다음 날을 기한으로 한다.
④ 일반적으로 서류제출이나 서류송달의 효력은 우편법에 따른 우편날짜도장이 찍힌 날에 효력이 발생한다.

해답

서류의 제출(납세자 → 과세관청)은 발신주의에 따르나, 서류의 송달(과세관청 → 납세자)은 도달주의에 따른다. 서류의 송달에 대해서는 다음 장에서 살펴볼 것이다.

정답 ④

07 다음 중 기간과 기한에 관한 설명으로 가장 올바르지 않은 것은?

(2021년 1월 재경관리사)

① 기간을 일 · 주 · 월 · 연으로 정한 때에는 기간의 초일은 기간 계산시 산입하는 것을 원칙으로 한다.
② 기한이란 일정한 시점의 도래로 인하여 법률효과가 발생 · 소멸하거나 또는 일정한 시점까지 의무를 이행하여야 하는 경우에 그 시점을 말한다.
③ 기간의 계산은 국세기본법 또는 그 세법에 특별한 규정이 있는 것을 제외하고는 민법을 따른다.
④ 국세기본법에서 규정하는 서류의 제출에 관한 기한이 공휴일 · 토요일 또는 근로자의 날인 경우에는 그 공휴일 등의 다음날을 기한으로 한다.

해답

기간을 일, 주, 월 또는 연으로 정한 때에는 초일은 산입하지 아니한다(초일불산입 원칙).

정답 ①

08 다음 중 국세기본법상 기간과 기한에 관한 설명으로 옳지 않은 것은?

(2023년 3월 재경관리사)

① 과세표준신고서를 국세정보통신망을 이용하여 제출하는 경우 해당 신고서 등이 국세청장에게 전송된 때에 신고한 것으로 본다.
② 국세의 납부에 관한 기한이 근로자의 날일 때에는 그 전일을 기한으로 본다.
③ 기간을 일 · 주 · 월 · 연으로 정한 때에는 기간의 초일은 기간 계산시 산입하지 않는다.
④ 기간의 계산은 국세기본법 또는 그 세법에 특별한 규정이 있는 것을 제외하고는 민법에 따른다.

해답

신고 및 납부기한이 근로자의 날에 해당하는 경우에는 그 다음날을 기한으로 한다.

정답 ②

09 다음 중 세법상 기간과 기한에 관한 설명으로 가장 올바르지 않은 것은?

(2022년 12월 재경관리사)

① 기간이란 어느 일정시점에서 다른 일정시점까지의 계속된 시간을 말한다.
② 기간의 계산은 세법에 특별한 규정이 있는 경우를 제외하고는 민법의 역법적 계산방법에 따른다.
③ 우편으로 과세표준신고서를 제출한 경우에는 도착한 날에 신고된 것으로 본다.
④ 기간말일이 공휴일에 해당하는 때에는 그 익일로 기간이 만료된다.

해답

서류의 제출은 발신주의에 따른다.

정답 ③

10 다음 중 세법상 기간과 기한의 규정에 관한 설명으로 옳은 것은?

(2024년 1월 재경관리사)

① 기간을 일 · 주 · 월 · 연으로 정한 때에는 기간 계산시 기간의 초일을 산입한다.
② 기간의 계산은 민법에 규정이 있는 것을 제외하고는 국세기본법 또는 세법에 따른다.
③ 2026년 12월 31일로 사업연도가 종료하는 법인은 2027년 3월 31일까지 법인세를 신고 · 납부하여야 하는데 공교롭게도 2027년 3월 31일이 일요일인 경우에는 금요일인 2027년 3월 29일까지 법인세를 신고 · 납부하여야 한다.
④ 신고서 등을 국세정보통신망을 이용하여 제출하는 경우에는 해당 신고서 등이 국세청장에게 전송된 때에 신고되거나 청구된 것으로 본다.

해답

① 기간을 일·주·월·연으로 정한 때에는 기간 기간의 초일은 기간 계산시 산입하지 아니한다(초일불산입 원칙).
② 기간의 계산은 국세기본법 또는 그 세법에 특별한 규정이 있는 것을 제외하고는 민법에 따른다.
③ 신고 및 납부기한이 토요일, 일요일 및 공휴일 등에 해당하는 경우에는 그 다음날을 기한으로 한다.

정답 ④

11 다음 중 국세기본법상 기간과 기한에 관련된 설명으로 옳지 않은 것은?

(2024년 12월 재경관리사)

① 국세기본법 또는 세법에서 규정하는 기간의 계산은 국세기본법 또는 그 세법에 특별한 규정이 있는 것을 제외하고는 민법에 따른다.

② 기한은 일정시점의 도래로 인하여 법률효과가 발생·소멸하거나 또는 일정한 시점까지의 의무를 이행하여야 하는 경우에 그 시점을 말한다.

③ 주, 월 또는 연의 처음으로부터 기간을 기산하지 아니하는 때에는 최후의 주, 월 또는 연에서 그 기산일에 해당한 날의 다음 날로 기간이 만료한다.

④ 월 또는 연으로 기간을 정한 경우에 최종의 월에 해당일이 없는 때에는 그 월의 말일로 기간이 만료한다.

해답

주, 월 또는 연의 처음으로부터 기간을 기산하지 아니하는 때에는 최후의 주, 월 또는 연에서 그 기산일에 해당한 날의 전일로 기간이 만료한다.

정답 ③

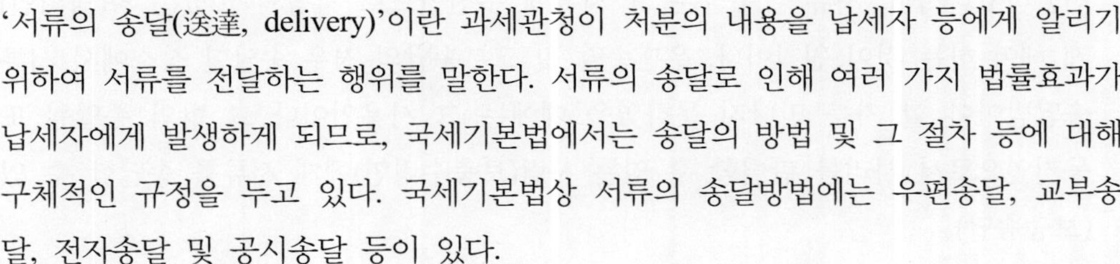

'서류의 송달(送達, delivery)'이란 과세관청이 처분의 내용을 납세자 등에게 알리기 위하여 서류를 전달하는 행위를 말한다. 서류의 송달로 인해 여러 가지 법률효과가 납세자에게 발생하게 되므로, 국세기본법에서는 송달의 방법 및 그 절차 등에 대해 구체적인 규정을 두고 있다. 국세기본법상 서류의 송달방법에는 우편송달, 교부송달, 전자송달 및 공시송달 등이 있다.

3.1. 송달의 요건

송달은 '송달할 장소(장소 요건)'에서 '송달받아야 할 자(인적 요건)'에게 해야 하는 것이 원칙이다. 이하 이에 대해 구체적으로 살펴보도록 하겠다.

3.1.1. 장소 요건

국세기본법 또는 세법에서 규정하는 서류는 그 명의인(그 서류에 수신인으로 지정되어 있는 자)의 주소, 거소(居所)[23], 영업소 또는 사무소에 송달한다(국기법 §8 ①).[24] 예를 들어, 과세관청이 국내에 주소를 두고 있는 납세의무자인 박태풍씨에게 납부고지서[25]를 송달하는 경우, 송달받아야 할 자는 박태풍씨이며, 송달할 장소는 박태풍씨의 주소가 되는 것이다.

23) 거소(居所, residence)란, 주소 외에 일정기간 거주하는 장소로서 주소와 같이 밀접한 일반적 생활관계가 발생하지 아니하는 장소를 말하는 것으로, 주소를 알 수 없는 때와 국내에 주소가 없는 경우에는 거소를 주소로 한다. 예를 들어 국내 주소가 없는 외국인이 국내에 일정 기간 일정 장소에 체류하는 경우 그 체류하는 장소가 거소가 될 수 있다.

24) [송달받을 장소의 신고] 서류의 송달을 받을 자가 주소 또는 영업소 중에서 송달받을 장소를 정부에 신고한 경우에는 그 신고된 장소에 송달하여야 한다. 이를 변경한 경우에도 또한 같다.

25) '납부고지서'는 과세관청이 일정한 납부기한까지 납세자로부터 세금을 징수하기 위해 발부하는 고지서를 말한다.

한편, 정보통신망을 이용한 송달(전자송달)인 경우에는 명의인의 전자우편주소(e-mail 주소)로 송달하면 된다.

3.1.2. 인적 요건

전술하였다시피, 서류의 송달은 그 서류에 수신인으로 지정되어 있는 자(명의인)에게 해야 하는 것이 원칙이나, 우편송달 및 교부송달의 경우 송달할 장소에서 서류를 송달받아야 할 자를 만나지 못하였을 때에는 그 사용인이나 그 밖의 종업원 또는 동거인으로서 사리를 판별할 수 있는 사람(보충수령인)에게 서류를 송달할 수 있다(보충송달).

3.2. 송달의 방법

서류의 송달은 교부, 우편 또는 전자송달의 방법으로 한다. 단, 교부 · 우편 또는 전자송달이 불가능한 경우에는 예외적으로 공시송달도 가능하다.

3.3. 송달의 효력발생시기

송달하는 서류는 송달받아야 할 자에게 도달한 때부터 효력이 발생한다(도달주의). 다만, 전자송달의 경우에는 송달받을 자가 지정한 전자우편주소에 입력된 때(국세정보통신망에 저장하는 경우에는 저장된 때)에 그 송달을 받아야 할 자에게 도달한 것으로 본다(국기법 §12 ①). 한편, 공시송달의 경우에는 서류의 주요 내용을 공고한 날부터 14일이 지나면 서류 송달이 된 것으로 본다.

발신주의 vs. 도달주의

납세자가 과세관청에 서류를 우편으로 제출하는 경우에는 우편날짜도장이 찍힌 날(우편날짜도장이 찍히지 아니하였거나 분명하지 아니한 경우에는 통상 걸리는 배송일수를 기준으로 발송한 날로 인정되는 날)에 신고된 것으로 보는 '발신주의'를 채택하고 있다.

반면, 과세관청이 납세자에게 서류를 송달하는 경우에는 해당 서류가 송달받아야 할 자에게 도달한 때부터 효력이 발생하는 '도달주의'를 채택하고 있다.

☞ 납세자가 과세관청에 서류를 제출할 때에는 보내기만 하면 그 시점에 효력이 발생하는 반면, 과세관청은 서류를 보내는 것만으로는 효력이 발생하지 않고 납세자가 그 서류를 받아보는 시점에 효력이 발생하는 것이다. 이는 납세자에게 유리한 규정으로, 조세채권 · 채무 관계에서 우위에 있는 과세관청보다는 납세자의 권익을 우선 보호할 필요가 있기 때문이다.

구분	효력발생시기
① 납세자가 우편으로 서류를 발송하는 경우	우편날짜도장이 찍힌 날에 신고된 것으로 봄 ➲ **발신주의**
② 과세관청이 우편송달 및 교부송달을 하는 경우	서류가 송달받아야 할 자에게 도달한 때부터 효력이 발생 ➲ **도달주의**

표 2.3.1 송달의 방법과 효력발생시기

<table>
<tr><th>구 분</th><th>내 용</th><th>효력발생</th></tr>
<tr><td>(1) 우편송달[주1)]</td><td>· 체신기관을 통해 집배원이 직접 서류를 송달하는 것으로서 일반우편 및 등기우편에 의한다.
➲ 단, 납부의 고지 · 독촉 · 강제징수 등[주2)]과 관계되는 서류의 송달을 우편으로 할 때에는 등기우편으로 하여야 한다.</td><td rowspan="2">송달받아야 할 자에게 도달한 때
☞ 도달주의</td></tr>
<tr><td>(2) 교부송달[주1)]</td><td>· 해당 행정기관의 소속 공무원이 송달할 장소에서 송달받아야 할 자에게 서류를 교부하는 방법이다.
· 서류를 교부하였을 때에는 송달서에 수령인이 서명 또는 날인하게 하여야 한다. 이 경우 수령인이 서명 또는 날인을 거부하면 그 사실을 송달서에 적어야 한다.
➲ 다만, 송달을 받아야 할 자가 송달받기를 거부하지 아니하면 다른 장소에서 교부할 수 있다.
주의 송달받아야 할 사람이라도 다른 장소에서 송달받기를 거부하면 교부할 수 없다.</td></tr>
<tr><td>(3) 전자송달</td><td>· 송달받을 자의 신청에 의한 경우에 한하여 전자송달할 수 있다.
➲ 국세정보통신망의 장애 등으로 전자송달이 불가능한 경우에는 우편 또는 교부송달이 가능하다.</td><td>송달받을 자가 지정한 전자우편주소에 입력된 때</td></tr>
<tr><td>(4) 공시송달[주3)]</td><td>· 교부 · 우편 또는 전자송달이 불가능한 경우 송달할 서류를 게시판 등에 부착하여 송달에 갈음하는 절차를 말한다.
· 공시송달은 공고(公告, 널리 알림)의 방법을 통해 한다. 공고는 관보 또는 일간신문 등(국세정보통신망, 세무서 게시판 및 해당 서류의 송달 장소를 관할하는 시 · 군 · 구 등의 홈페이지 · 게시판 등)에 게시하거나 게재하는 방법으로 이루어진다.
➲ 단, 국세정보통신망을 이용하여 공시송달할 때에는 다른 공시송달방법과 함께 하여야 한다.</td><td>공고일로부터 14일이 지나면 서류 송달이 된 것으로 봄</td></tr>
</table>

주1) 우편송달과 교부송달의 경우 **'송달할 장소'**에서 **'송달받아야 할 자'**를 만나지 못하였을 때에는 그 사용인이나 그 밖의 종업원 또는 동거인으로서 사리를 판별할 수 있는 사람(**보충수령인**)에게 서류를 송달할 수 있으며(**보충송달**), 서류를 송달받아야 할 자 또는 그 사용인이나 그 밖의 종업원 또는 동거인으로서 사리를 판별할 수 있는 사람이 정당한 사유 없이 서류 수령을 거부할 때에는 송달할 장소에 서류를 둘 수 있다(**유치송달**).

주2) 다만, 소득세 중간예납세액 및 부가가치세 예정고지세액 등에 해당하는 납부고지서로서 그 고지금액이 100만원 미만인 납부고지서는 일반우편으로 송달할 수 있다. 한편, 고지, 독촉 및 강제징수와 관련하여서는 **'제4장 국세징수절차'** 부분을 참고하기 바란다.

주3) 공시송달은 납세자의 권리를 과도하게 침해할 우려가 있는 송달방법이다. 따라서 공시송달이 남용되는 것을 방지하기 위하여 국세기본법에서는 다음과 같이 공시송달의 요건을 엄격하게 규정하고 있다.

① 주소 또는 영업소가 국외에 있고 그 송달이 곤란한 경우

② 주소 또는 영업소가 분명하지 않은 경우

③ 서류를 등기우편으로 송달하였으나 수취인이 부재중(不在中)인 것으로 확인되어 반송됨으로써 **납부기한 내 송달이 곤란하다고 인정되는 경우**

④ 세무공무원이 **'2회 이상'** 납세자를 방문[처음 방문한 날과 마지막 방문한 날 사이의 기간이 3일(기간을 계산할 때 공휴일 및 토요일은 산입하지 않는다) 이상이어야 한다]해 서류를 교부하려고 하였으나 수취인이 부재중인 것으로 확인되어 **납부기한까지 송달이 곤란하다고 인정되는 경우**

‖ 표 2.3.2 ‖ 교부송달의 효력발생

송달할 장소 [장소 요건]	송달받아야 할 자 [인적요건]	효력발생 여부	비고
○	○	효력 ○	가장 원칙적인 경우에 해당함
× (다른 장소)	○	효력 ○	단, 송달받아야 할 사람이 다른 장소에서 송달받기를 거부하는 경우 ➲ 효력 ×
○	× (보충수령인)	효력 ○	송달받아야 할 자 또는 보충수령인이 정당한 사유 없이 서류 수령을 거부할 때에는 송달할 장소에 서류를 둘 수 있음(유치송달) ➲ 효력 ○
×	×	효력 ×	

서류송달 사례

[적법한 송달로 본 경우]

1. 가사도우미에게 송달한 경우(조심2010서0421, 2010.3.30.)

과세처분의 상대방인 납세의무자 등 서류의 송달을 받을 자가 다른 사람에게 우편물을 기타 서류의 수령 권한을 명시적 또는 묵시적으로 위임한 경우에는 그 수임자가 해당 서류를 수령함으로써 그 송달받을 자 본인에게 해당 서류가 적법하게 송달된 것으로 보아야 하고, 청구인과 같이 등기우편물을 가사도우미에게 송달하였다면 그 거주자에게 전달하는 것이 일반적으로서 이는 등기우편물의 수령 권한을 묵시적으로 위임한 것으로 볼 수 있다.

2. 아파트 경비원을 통해 납부고지서를 송달한 경우(대법원98두3679, 1998.5.15.)

납세의무자가 거주하던 아파트에서는 통상 일반 우편물은 집배원이 아파트 경비실 부근에 설치되어 있는 세대별 우편함에 넣으면 아파트 거주자들이 이를 위 우편함에서 수거하여 가고, 등기우편물 등 특수우편물의 경우에는 집배원이 아파트 경비원에게 주면 아파트 경비원이 이를 거주자에게 전달하여 왔으며, 위 아파트의 주민들은 이러한 우편물 배달방법에 관하여 별다른 이의를 제기하지 아니하여 왔다면, 위 납세의무자 및 아파트의 주민들은 등기우편물 등의 수령권한을 아파트의 경비원에게 묵시적으로 위임한 것이라고 볼 것이므로, 아파트의 경비원이 납부고지서를 수령한 날, 납부고지서가 적법하게 납세의무자에게 송달되었다고 할 것이다.

[적법한 송달로 보지 않은 경우]

1. 납세의무자가 고의로 납부고지서의 수령을 회피한 경우(대법원96누5094, 1997.5.23.)

납세의무자가 부과처분 제척기간이 임박하자 납부고지서의 수령을 회피하기 위하여 고지서 수령 약속을 어기고 일부러 집을 비워두어서 세무공무원이 부득이 납세자의 아파트 문틈으로 납부고지서를 투입하였다하여 신의성실의 원칙을 들어서 그 고지서가 송달되었다고 볼 수는 없다.

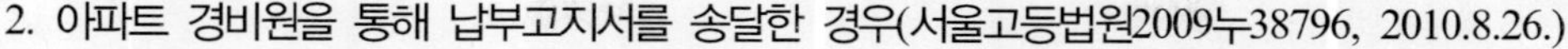
2. 아파트 경비원을 통해 납부고지서를 송달한 경우(서울고등법원2009누38796, 2010.8.26.)

해외에 장기간 체류하는 상황에서 납부고지서 등 중요한 등기우편물의 수령권한을 아파트 경비원에게 위임하였다고 하려면 그럴만한 특별한 사정이 있어야 할 것인데 이를 인정할 증거가 없으므로, 이러한 경우에는 납부고지서가 아파트 경비원에게 교부된 시점에 원고에게도 도달된 것으로 추정할 수는 없다.

☞ 아파트 경비원을 통해 송달하는 경우에는 다음과 같이 종합적인 사실판단에 따라 해당 송달이 적법한지 여부를 판단한다.

① 적법한 송달로 보는 경우: 납세의무자가 거주하는 아파트에서 일반우편물이나 등기우편물 등 특수우편물이 배달되는 경우 관례적으로 아파트 경비원이 이를 수령하여 거주자에게 전달하여 왔고, 이에 대하여 납세의무자를 비롯한 아파트 주민들이 평소 이러한 특수우편물 배달 방법에 관하여 아무런 이의도 제기한 바 없었다면, 납세의무자가 거주하는 아파트의 주민들은 등기우편물 등의 수령권한을 아파트 경비원에게 묵시적으로 위임한 것이라고 볼 것이다.

② 적법한 송달로 보지 않는 경우: 아파트 경비원의 등기우편물 수령 당시 납세의무자가 국내에 거주하지 아니하고 장기간 해외에 체류하고 있고, 아파트 경비원도 납세의무자의 해외 주소지나 전화번호 등을 알 수 없어 그에게 연락하는 것이 사실상 불가능하였다는 등 특별한 사정이 있다면, 그와 같은 경우까지도 등기우편물의 수령권한을 아파트 경비원에게 위임하였다고 보기는 어려울 것이다. 따라서 이 경우는 납세의무자가 국내에 입국한 이후 비로소 납부고지서를 송달받았다고 보아야 할 것이다.

연습문제

01 다음은 서류의 송달에 대한 설명이다. 빈칸을 채우시오.

(1) 납부의 고지 · 독촉 · 강제징수 등과 관계되는 서류의 송달을 우편으로 할 때에는 (　　　　)(으)로 하여야 한다.

(2) 우편송달과 교부송달은 송달받아야 할 자에게 (　　　　)한 때, 전자송달의 경우 송달받을 자가 지정한 전자우편주소에 (　　　　)된 때, 공시송달의 경우 공고일로부터 (　　　　)일이 지나면 서류 송달의 효력이 발생한다.

(3) 우편송달과 교부송달의 경우 송달할 장소에서 송달받아야 할 자를 만나지 못하였을 때에는 그 사용인이나 그 밖의 종업원 또는 동거인으로서 사리를 판별할 수 있는 사람에게 서류를 송달할 수 있는데, 이를 (　　　　)(이)라고 하며, 서류를 송달받아야 할 자 또는 그 사용인이나 그 밖의 종업원 또는 동거인으로서 사리를 판별할 수 있는 사람이 정당한 사유 없이 서류 수령을 거부할 때에는 송달할 장소에 서류를 둘 수 있는데, 이를 (　　　　)(이)라고 한다.

해답

정답 (1) 등기우편, (2) 도달, 입력, 14, (3) 보충송달, 유치송달

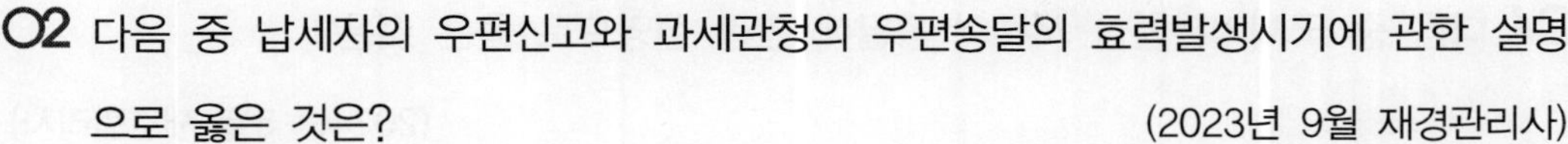

02 다음 중 납세자의 우편신고와 과세관청의 우편송달의 효력발생시기에 관한 설명으로 옳은 것은? (2023년 9월 재경관리사)

① 모두 도달주의에 의한다.
② 모두 발신주의에 의한다.
③ 납세자의 우편신고는 도달주의, 과세관청의 우편송달은 발신주의에 의한다.
④ 납세자의 우편신고는 발신주의, 과세관청의 우편송달은 도달주의에 의한다.

해답

서류의 제출(납세자 → 과세관청)은 발신주의에 따르나, 서류의 송달(과세관청 → 납세자)은 도달주의에 따른다.

정답 ④

03 다음 중 국세기본법상 서류의 송달에 관한 설명으로 가장 옳은 것은? (2016 재경관리사)

① 서류의 송달에 대한 효력은 원칙적으로 발송주의에 의한다.
② 소득세 납부고지서의 송달을 우편으로 할 때는 일반우편으로 하여야 한다.
③ 정보통신망의 장애로 납부고지서의 전자송달이 불가능한 경우에는 교부에 의해서만 송달할 수 있다.
④ 납부고지서를 송달받아야 할 자의 주소를 주민등록표에 의해 확인할 수 없는 경우, 서류의 주요 내용을 공고한 날부터 14일이 지나면 서류 송달이 된 것으로 본다.

해답

① 서류의 송달은 도달주의에 따른다.
② 납부고지, 독촉 및 강제징수 등과 관련된 경우에는 등기우편에 의하여야 한다.
③ 국세정보통신망의 장애로 전자송달을 할 수 없는 경우에는 교부 또는 우편의 방법으로 송달할 수 있다.

정답 ④

04 다음 중 국세기본법상 서류의 송달에 관한 설명으로 옳은 것은?

(2024년 5월 재경관리사)

① 교부 또는 우편에 따라 송달하는 서류는 송달받아야 할 자에게 도달한 때부터 효력이 발생한다.
② 국세기본법 또는 세법에 규정하는 서류는 그 명의인의 주소에만 송달하여야 한다.
③ 정보통신망의 장애로 납세고지서의 전자송달이 불가능한 경우에는 교부에 의해서만 송달할 수 있다.
④ 납세고지서를 공시송달하는 경우 서류의 주요 내용을 공고한 날부터 10일이 지나면 서류 송달이 된 것으로 본다.

해답

② 송달을 받아야 할 자가 송달받기를 거부하지 아니하면 다른 장소에서 교부할 수 있다.
③ 국세정보통신망의 장애로 전자송달을 할 수 없는 경우에는 교부 또는 우편의 방법으로 송달할 수 있다.
③ 납세고지서를 공시송달하는 경우 서류의 주요 내용을 공고한 날부터 14일이 지나면 서류 송달이 된 것으로 본다.

정답 ①

05 다음의 국세기본법상 서류의 신고와 송달에 대한 설명 중 가장 올바르지 않은 것은?

(2021년 7월 재경관리사)

① 전자신고의 경우에 해당 신고서 등을 국세정보통신망에 입력된 때에 신고된 것으로 보지만, 전자송달의 경우에는 송달받을 자가 지정한 전자우편주소에 입력된 후 수신확인이 되었을 때 도달된 것으로 본다.
② 공시송달의 경우 서류의 주요 내용을 공고한 날부터 14일이 경과하면 송달된 것으로 본다.
③ 교부 · 우편송달은 그 송달을 받아야 할 자에게 도달한 때로부터 효력이 발생한다.
④ 서류의 송달은 도달주의를, 우편신고의 경우에는 발신주의를 원칙으로 한다.

해답

전자신고의 경우 해당 신고서가 국세청장에게 전송된 때에 신고된 것으로 보며, 전자송달의 경우에는 송달받을 자가 지정한 전자우편주소에 입력된 때 도달된 것으로 본다.

정답 ①

06 다음 중 국세기본법상 서류의 송달에 관한 설명으로 옳지 않은 것은?
(2023년 5월 재경관리사)

① 공시송달의 경우에는 서류의 주요 내용을 공고한 날부터 30일이 지나면 서류 송달이 된 것으로 본다.
② 서류는 교부, 우편 또는 전자송달에 의하여 송달함을 원칙으로 한다. 다만, 주소불명 등의 사유로 송달할 수 없는 경우에는 공시송달에 의한다.
③ 서류의 송달에 대한 효력은 원칙적으로 도달주의에 의하나, 공시송달 등의 경우는 특례규정을 두고 있다.
④ 국세기본법 또는 세법에 규정하는 서류는 그 명의인의 주소 · 거소 · 영업소 또는 사무소에 송달하는 것을 원칙으로 한다.

해답

공시송달의 경우 서류의 주요 내용을 공고한 날부터 14일이 지나면 서류 송달이 된 것으로 본다.

정답 ①

07 다음 중 국세기본법상 서류를 송달하는 경우 송달의 효력 발생 시점으로 옳지 않은 것은? (제116회 세무회계 2급 수정)

① 교부송달 : 송달받아야 할 자에게 도달한 때
② 우편송달 : 우편날짜도장이 찍힌 날
③ 공시송달 : 공고한 날부터 14일이 경과한 때
④ 전자송달 : 송달받을 자가 지정한 전자우편주소에 입력된 때

해답

우편송달 및 교부송달의 경우 송달하는 서류는 송달받아야 할 자에게 도달한 때부터 효력이 발생한다(도달주의).

정답 ②

08 다음 중 국세기본법상 공시송달의 사유에 해당하지 않는 것은?

(제74회 세무회계 2급)

① 주소 또는 영업소가 국외에 있고 그 송달이 곤란한 경우
② 송달받을 자가 정당한 이유 없이 서류 수령을 거부할 경우
③ 주소 또는 영업소가 분명하지 않은 경우
④ 세무공무원이 2회 이상 납세자를 방문하여 서류를 교부하고자 하였으나 부재중인 것으로 확인되어 납부기한 내 송달이 곤란하다고 인정되는 경우

해답

송달받을 자가 정당한 이유 없이 서류 수령을 거부할 경우에는 유치송달이 가능하다.

정답 ②

09 다음 중 국세기본법상 공시송달 사유가 아닌 것은? (제119회 세무회계 2급)

① 주소 또는 영업소가 국외에 있고 송달하기 곤란한 경우
② 주소 또는 영업소가 분명하지 아니한 경우
③ 납세자가 3회 연속하여 전자송달된 서류를 열람하지 아니하는 경우
④ 서류를 등기우편으로 송달하였으나 수취인이 부재중인 것으로 확인되어 반송됨으로써 납부기한 내에 송달이 곤란하다고 인정되는 경우

해답

납세자가 전자송달된 서류를 열람하지 않는 것은 공시송달 사유에 해당하지 않는다. 참고로 납세자가 3회 연속하여 전자송달된 서류를 일정 기한까지 열람하지 아니하는 경우에는 전자송달을 철회한 것으로 본다.

정답 ③

10 다음 중 국세기본법상 공시송달을 하는 경우 반드시 다른 공시송달 방법과 함께 하여야 하는 것은? (제117회 세무회계 2급)

① 국세정보통신망
② 세무서의 게시판이나 그 밖의 적절한 장소
③ 해당 서류의 송달 장소를 관할하는 특별자치시 · 특별자치도 · 시 · 군 · 구의 홈페이지, 게시판이나 그 밖의 적절한 장소
④ 관보 또는 일간신문

해답

국세정보통신망을 이용하여 공시송달할 때에는 다른 공시송달방법과 함께 하여야 한다.

정답 ①

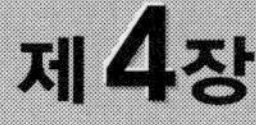

제 4장 국세징수절차

납세자가 국세를 체납하는 경우, 조세채권 확보를 위하여 과세관청은 「국세징수법」에 따라 고지, 독촉 및 강제징수 등의 절차를 수행하게 된다. 「국세징수법」상 징수절차는 고지 및 독촉 등의 '임의적 징수절차'와 압류, 매각 및 청산 등의 '강제적 징수절차'[26)]가 있다.

이하 이에 대해 구체적으로 살펴보도록 하겠다.[27)]

4.1. 임의적 징수절차

4.1.1. 납부고지

관할세무서장은 납세자로부터 국세를 징수하려는 경우 국세의 과세기간, 세목, 세액, 산출 근거, 납부하여야 할 기한(납부고지를 하는 날부터 30일 이내) 및 납부장소를 적은 납부고지서를 납세자에게 발급하여야 한다(국징법 §6 ①).

예를 들어, 2026년 과세기간에 대한 소득세는 다음연도 5월 31일까지 신고 및 납부하여야 하는데, 만약 여러분들이 소득세 신고는 했지만 납부를 하지 않았거나 혹은 소득세 신고 및 납부를 모두 이행하지 않은 경우에는, 세무서로부터 2026년 과세기간에 대한 소득세 얼마(계산근거도 제시)를 언제까지(납부기한, 납기) 어디에(납부장소) 내라는 고지서를 받게 된다.[28)]

26) 「국세징수법」에서는 이러한 강제적 징수절차를 '체납처분'이라고 규정하였으나, 납세자의 이해도 제고를 위한 조세법령 새로 쓰기 사업의 일환으로 2020년 말 세법개정을 통해 '체납처분'이라는 용어를 '강제징수'라는 용어로 대체하였다.

27) 「국세징수법」의 규정은 국세기본법의 이해를 위해 필요한 부분만 요약하여 제시하겠다.

4.1.2. 독촉

관할세무서장은 납세자가 국세를 지정납부기한까지 완납하지 아니한 경우 지정납부기한이 지난 후 10일 이내에 체납된 국세에 대한 독촉장을 발급하여야 한다(국징법 §10 ①).

위의 사례에서, 여러분들이 납부고지서를 받고서도 고지서에 기재된 납부기한(납기)까지 세액을 납부하지 않는 경우에는 세무서로부터 독촉장을 받게 되는 것이다.

4.2. 강제적 징수절차

4.2.1. 압류

관할세무서장은 납세자가 독촉을 받고 독촉장에서 정한 기한까지 국세를 완납하지 아니한 경우 등에는 납세자의 재산을 압류한다(국징법 §31 ①). '압류(押留)'란, 체납자의 특정재산의 처분을 제한하여 과세관청이 해당 재산을 매각하여 환가(換價, 돈으로 바꿈)할 수 있는 상태에 두는 것을 말한다.

앞서 살펴본 사례에서, 여러분들이 독촉장을 받고 나서도 그 독촉 받은 조세를 독촉장에 의해서 지정된 날까지 완납하지 않는 경우에는 여러분들의 재산에 대해 압류가 행해질 수 있는 것이다.

4.2.2. 압류재산의 매각

관할세무서장은 압류한 부동산, 동산, 유가증권 등을 일정한 방법에 따라 공매한다(국징법 §66 ①). '공매(公賣, public auction)'란, 과세관청이 강제징수절차에 따라 압류한 재산을 환가 처분하는 것으로, 매각재산에 대하여 불특정다수인의 매수희망

---

28) 여기에는 가산세도 함께 고지가 된다. 일반적으로 신고불성실의 경우 무신고는 20%, 과소신고는 10%의 가산세가 부과되고, 납부지연의 경우에는 일 0.022%씩 가산세가 부과된다. 가산세에 대해서는 '**8.3. 가산세**'에서 보다 구체적으로 살펴보도록 하겠다.

자로 하여금 자유경쟁을 통하여 형성되는 최고 가격을 매각가격으로 정하여 매수인이 될 자를 결정하는 매각절차를 말한다.

앞서 살펴본 사례에서, 과세관청은 여러분들로부터 압류한 재산을 매각(공매)하여 이를 돈으로 바꾸어야(환가) 이를 세금에 충당(체납된 세금을 채워서 메움)할 수 있는 것이다.

4.2.3. 청산

관할세무서장은 배분금전(압류한 금전 및 압류재산의 매각대금 등)을 체납액 등에 배분하고 남은 금액이 있는 경우 이를 체납자에게 지급한다(국징법 §94, §96 ①, ③).

앞서 살펴본 사례에서, 여러분들이 체납한 소득세가 1억원이고, 압류재산을 매각하여 환가한 금액이 1억 5천만원이라면, 과세관청은 매각대금 1억 5천만원 중 1억원은 체납된 국세에 충당하고 나머지 5천만원을 여러분들에게 돌려주게 된다.[29)]

‖ 그림 2.4.1 ‖ 국세징수절차

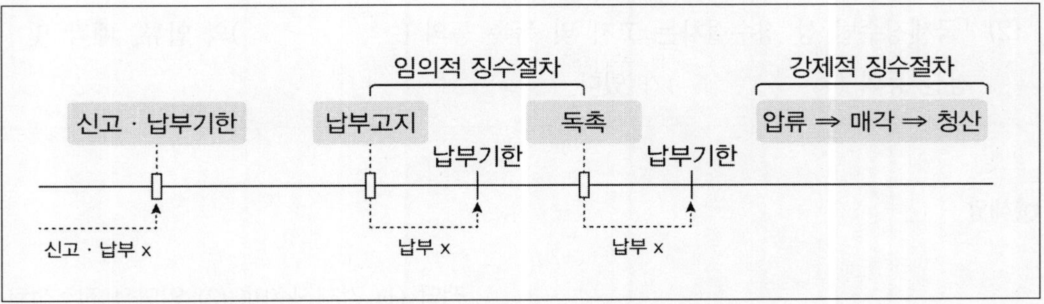

29) 물론, 현실적으로 남은 금액 중 강제징수에 소요되는 압류비용, 보관비용, 운반비용 및 매각대행에 따른 수수료 등 매각비용(이를 '강제징수비'라고 한다)은 제외하고 체납자에게 돌려준다. 「국세징수법」상 체납액은 체납된 국세뿐만 아니라 이러한 강제징수비도 포함되어 정의되어 있다(국징법 §2 ① (4)).

연습문제

01 국세징수법상 징수절차 5가지를 순서대로 쓰시오.

해답

정답 납부고지 → 독촉 → 압류 → 매각 → 청산

02 다음은 조세에 관한 다양한 용어들에 대한 설명이다. 괄호를 채우시오.

(1) (   )은/는 국세징수법상 강제징수에 관한 규정에 따른 재산의 압류, 보관, 운반과 매각에 소요된 비용을 말한다.
(2) 「국세징수법」상 징수절차는 고지 및 독촉 등의 (   )와 압류, 매각 및 청산 등의 (   )가 있다.

해답

정답 (1) 강제징수비, (2) 임의적 징수절차, 강제적 징수절차

제5장 특수관계인

세법을 적용함에 있어 거래 당사자가 서로 독립적인 관계에 있는 경우에는 별 다른 문제가 발생하지 않겠지만, 만약 거래당사자가 특수한 관계에 놓여 있다면 세법을 적용하는데 문제가 발생할 수 있다.

예를 들어, 1억원에 취득한 토지를 시가인 5억원에 양도하는 경우, 일반적으로 4억원의 양도차익을 기준으로 양도소득세를 부과하면 된다. 하지만 아버지가 아들에게 해당 토지(시가 5억원)를 2억원에 팔았다면 문제가 된다. 4억원이던 양도차익이 1억원으로 줄어들기 때문이다. 이에 대해 세법이 아무런 규정을 두고 있지 않다면 특수한 관계에 있는 많은 사람들이 이런 방식을 악용해 세금을 탈루하고자 할 것이다. 따라서 세법은 특수관계자 간의 거래를 재구성[30]하기 위해 다양한 규정을 두고 있다.

이러한 다양한 규정들에 대해서는 각 세목들을 공부할 때 다루게 될 것이므로, 이번 장에서는 과연 특수관계자의 범위를 국세기본법은 어떻게 규정하고 있는지에 대해 살펴보겠다.[31]

국세기본법상 특수관계인의 범위는 다음과 같다.

---

30) 거래를 '재구성'한다는 의미는 과세관청이 (위의 사례에서) 아버지가 아들에게 '2억원'에 양도한 거래를 부인하고, 이를 '5억원'에 양도한 거래로 보아 양도차익을 다시 계산하겠다는 것이다. 이를 '부당행위계산의 부인'이라고 한다. 부당행위계산의 부인에 대한 구체적인 내용은 향후 각 세목들을 학습하는 과정에서 다루게 될 것이다. 각 세법에서는 부당행위계산의 부인 외에도 특수관계자 간의 부당한 거래를 규제하기 위해 다양한 규정을 두고 있다.

31) 세부적인 특수관계인의 범위는 난해한 영역이므로, 대략적인 특수관계자의 범위에 대해서만 파악하고 다음 장으로 넘어가길 바란다.

5.1. 혈족 · 인척 등 친족관계

① 4촌 이내의 혈족[주1)]

② 3촌 이내의 인척[주1)]

③ 배우자(사실상의 혼인관계에 있는 자를 포함한다)

④ 친생자로서 다른 사람에게 친양자 입양된 자 및 그 배우자 · 직계비속[주2), 주3)]

⑤ 본인이 「민법」에 따라 인지한 혼인 외 출생자의 생부나 생모[주4)]

주1) '혈족(血族)'이란 혈연관계 있는 사람, 즉 피를 나눈 부모, 자녀 및 형제 · 자매 등을 생각하면 된다. 반면, '인척(姻戚)'이란 혼인으로 맺어진 관계를 말한다. 촌수의 계산에 대해서는 법학개론 등 과정에서 학습할 주제이므로, 본 교재에서는 다루지 않도록 하겠다.

주2) '친생자(親生子)'란 부모에게 태어난 자녀를 말하며, '친양자(親養者)'는 입양된 자로서 양부모와 법률적인 친생자관계를 형성하는 자녀를 말한다.

주3) '직계비속(直系尊屬)'이란 본인 아래 직계로 내려가는 자녀, 손자녀, 증손자녀 등을 말하며, '직계존속(直系尊屬)'이란 본인 위로 올라가는 부모, 조부모 및 증조부모 등을 말하는 것이다. '직계(直系)'는 것은 영어로 'lineal'이라 하는데, 즉 자기를 기준으로 '직선'으로 위 · 아래를 생각하면 된다.

주4) 본인의 금전이나 그 밖의 재산으로 생계를 유지하는 사람 또는 생계를 함께하는 사람으로 한정한다.

5.2. 임원 · 사용인 등 경제적 연관관계

① 임원과 그 밖의 사용인

② 본인의 금전이나 그 밖의 재산으로 생계를 유지하는 자

③ 위 '①' 및 '②'의 자와 생계를 함께하는 친족

주) '사용인(使用人, employee)'은 종업원을 말하며, '사용자(使用者, employer)'는 고용주, 즉 사장이나 회사를 의미한다고 보면 된다.

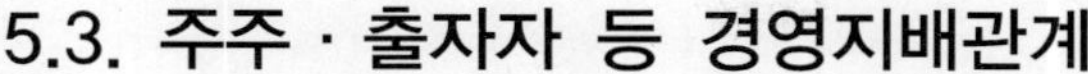

5.3. 주주 · 출자자 등 경영지배관계

5.3.1. 본인이 개인인 경우

① 본인이 직접 또는 그와 친족관계 또는 경제적 연관관계에 있는 자를 통하여 법인의 경영에 대하여 지배적인 영향력을 행사하고 있는 경우 그 법인
② 본인이 직접 또는 그와 친족관계, 경제적 연관관계 또는 위 '①'의 관계에 있는 자를 통하여 법인의 경영에 대하여 지배적인 영향력을 행사하고 있는 경우 그 법인

5.3.2. 본인이 법인인 경우

① 개인 또는 법인이 직접 또는 그와 친족관계 또는 경제적 연관관계에 있는 자를 통하여 본인인 법인의 경영에 대하여 지배적인 영향력을 행사하고 있는 경우 그 개인 또는 법인
② 본인이 직접 또는 그와 경제적 연관관계 또는 위 '①'의 관계에 있는 자를 통하여 어느 법인의 경영에 대하여 지배적인 영향력을 행사하고 있는 경우 그 법인
③ 본인이 직접 또는 그와 경제적 연관관계, 위 '①' 또는 '②'의 관계에 있는 자를 통하여 어느 법인의 경영에 대하여 지배적인 영향력을 행사하고 있는 그 법인
④ 본인이 「독점규제 및 공정거래에 관한 법률」에 따른 기업집단[주)]에 속하는 경우 그 기업집단에 속하는 다른 계열회사 및 그 임원

주) '「독점규제 및 공정거래에 관한 법률」에 따른 기업집단'은 재벌대기업 정도로 알고 있으면 된다.

지배적인 영향력

주주·출자자 등 경영지배관계에서 다음의 구분에 따른 요건에 해당하는 경우 해당 법인의 경영에 대하여 '지배적인 영향력'을 행사하고 있는 것으로 본다.

구분	내용
(1) 영리법인인 경우	① 법인의 발행주식총수 또는 출자총액의 30% 이상을 출자한 경우 ② 임원의 임면권의 행사, 사업방침의 결정 등 법인의 경영에 대하여 사실상 영향력을 행사하고 있다고 인정되는 경우
(2) 비영리법인인 경우	① 법인의 이사의 과반수를 차지하는 경우 ② 법인의 출연재산(설립을 위한 출연재산만 해당한다)의 30% 이상을 출연하고 그 중 1인이 설립자인 경우

한편, 국세기본법 및 세법을 적용할 때 본인도 그 특수관계인의 특수관계인으로 본다(쌍방관계). 예를 들어, 본인이 30% 이상을 소유하고 있는 법인의 경우, 그 법인도 본인의 특수관계자이고, 본인도 그 법인의 특수관계자가 된다는 의미이다.

연습문제

01 다음은 국세기본법에 규정된 특수관계인에 대한 설명이다. 빈칸을 채우시오.

특수관계인이란 본인과 다음 중 어느 하나에 해당하는 관계에 있는 자를 말한다. 이 경우 이 법 및 세법을 적용할 때 본인도 그 특수관계인의 (   )이/가 된다.

[친족관계]
① 4촌 이내의 (   )
② 3촌 이내의 (   )
③ 배우자 등

[경제적 연관관계]
① (   )와/과 그 밖의 (   ) 등

해답

정답 특수관계인, 혈족, 인척, 임원, 사용인

02 다음은 특수관계인에 대한 설명이다. 빈칸을 채우시오.

[경영지배관계]
주주·출자자 등 경영지배관계에서 해당 법인의 경영에 대하여 (   ) 을/를 행사하고 있는 경우에는 일반적으로 특수관계가 있는 것으로 본다.

해답

정답 지배적인 영향력

03 다음 중 국세기본법상 특수관계인에 관한 설명으로 가장 올바르지 않은 것은?

(2015 재경관리사)

① 본인이 법인인 경우 해당 법인의 임원은 특수관계인에 해당한다.
② 본인이 법인인 경우 해당 법인에 지배적인영향력을 행사하는 주주는 특수관계인에 해당한다.
③ 본인이 개인인 경우 해당 개인의 8촌 이내의 인척은 특수관계인에 해당한다.
④ 본인이 법인인 경우 해당 법인의 임원과 생계를 같이 하는 친족은 특수관계인에 해당한다.

해답

4촌 이내의 혈족과 3촌 이내의 인척이 특수관계인에 해당한다.

정답 ③

04 다음 중 세법상 특수관계인에 관한 설명으로 가장 올바르지 않은 것은?

(2020 재경관리사)

① 개인의 3촌 이내의 인척은 특수관계인에 해당한다.
② 특수관계자인 배우자는 사실혼 관계에 있는 자를 제외한다.
③ 법인과 경제적 연관관계가 있는 임원은 특수관계인에 해당한다.
④ 법인과 경영지배관계에 있는 주주는 특수관계인에 해당한다.

해답

사실상 혼인관계에 있는 배우자도 특수관계인의 범위에 포함된다.

정답 ②

05 다음 중 세법상 특수관계인에 대한 설명으로 가장 올바르지 않은 것은?

(2021년 9월 재경관리사)

① 어느 일방을 기준으로 특수관계에 해당하더라도 상대방의 특수관계인 여부에는 직접 영향을 미치지 않는 일방관계가 적용된다.
② 특수관계자인 배우자는 사실혼 관계에 있는 자를 포함한다.
③ 법인과 경제적 연관관계가 있는 임원은 특수관계인에 해당한다.
④ 법인과 경영지배관계에 있는 주주는 특수관계인에 해당한다.

해답

국세기본법 및 세법을 적용할 때 본인도 그 특수관계인의 특수관계인으로 본다(쌍방관계).

정답 ①

06 다음 중 국세기본법상 특수관계인에 관한 설명으로 옳지 않은 것은?

(2023년 7월 재경관리사)

① 본인이 법인인 경우 해당 법인의 임원은 특수관계인에 해당한다.
② 본인이 법인인 경우 해당 법인에 지배적인 영향력을 행사하는 주주는 특수관계인에 해당한다.
③ 본인이 개인인 경우 해당 개인의 8촌 이내의 혈족은 특수관계인에 해당한다.
④ 본인이 개인인 경우 해당 개인의 배우자는 특수관계인에 해당한다.

해답

4촌 이내의 혈족과 3촌 이내의 인척이 특수관계인에 해당한다.

정답 ③

07 다음 중 국세기본법상 특수관계인의 범위에 해당하지 않는 것은?

(제120회 세무회계 2급)

① 배우자(사실상의 혼인관계에 있는 자 포함)
② 4촌 이내의 혈족
③ 6촌 이내의 인척
④ 친생자로서 다른 사람에게 친양자 입양된 자 및 그 배우자

해답

3촌 이내의 인척이 특수관계인에 해당한다.

정답 ③

08 다음 중 국세기본법상 특수관계인에 관한 설명으로 옳지 않은 것은?

(2024년 3월 재경관리사)

① 본인을 기준으로 특수관계에 해당하는 경우 본인도 그 특수관계인의 특수관계인으로 본다.
② 배우자에는 사실상의 혼인 관계에 있는 자를 포함한다.
③ 친생자로서 다른 사람에게 친양자 입양된 자 및 그 배우자 · 직계비속은 특수관계인에 해당한다.
④ 법인과 그 법인의 임원은 특수관계인에 해당하나 그 밖의 사용인은 그 법인과 특수관계에 해당하지 아니한다.

해답

법인과 그 법인의 임원 및 사용인은 특수관계인에 해당한다.

정답 ④

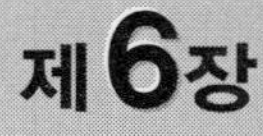

제6장 국세부과의 원칙과 세법적용의 원칙

6.1. 국세부과의 원칙

'국세부과(國稅賦課)의 원칙'이란 과세관청이 과세권을 행사함에 있어 준수되어야 할 원칙을 말한다. 과세관청과 납세자의 관계에 있어 과세관청이 그 우위에 있음으로 인해 납세자의 재산권이 부당하게 침해될 수 있다. 따라서 국세기본법에서는 과세관청이 과세권을 행사함에 있어 준수하여야 할 다음과 같은 원칙을 규정하고 있다.

① 실질과세의 원칙
② 신의성실의 원칙
③ 근거과세의 원칙
④ 조세감면의 사후관리

이하 이에 대해 구체적으로 살펴보겠다.

6.1.1. 실질과세의 원칙

'실질과세의 원칙'이란 세법을 해석·적용함에 있어서 법적 형식 혹은 외관에 관계없이 그 실질에 따라 과세하여야 한다는 원칙이다. 실질과세 원칙에 대해서는 **'제1편 조세총론'** 중 **'4.1. 실질과세원칙'**에서 살펴보았다.

6.1.2. 신의성실의 원칙

'신의성실의 원칙'이란 납세자가 그 의무를 이행할 때 또는 세무공무원이 직무를 수행할 때에는 신의에 따라 성실하게 하여야 한다는 원칙을 말한다. 신의성실의 원칙에 대해서는 '**제1편 조세총론**' 중 '**4.2. 신의성실의 원칙**'에서 살펴보았다.

6.1.3. 근거과세의 원칙

'근거과세의 원칙'이란 납세의무자가 세법에 따라 장부를 갖추어 기록하고 있는 경우에는 해당 국세 과세표준의 조사와 결정은 그 장부와 이에 관계되는 증거자료에 의하여야 한다(즉, 장부 및 증거자료에 '근거'하여야 한다)는 원칙이다.

만약 국세를 조사·결정할 때 장부의 기록 내용이 사실과 다르거나 장부의 기록에 누락된 것이 있을 때에는 '그 부분에 대해서만' 정부가 조사한 사실에 따라 결정할 수 있다.[32)]

근거과세의 원칙은 납세자의 권리를 보호하는 규정으로, 세무공무원이 자의적(마음대로)으로 국세를 부과함으로써 납세자의 재산권이 부당하게 침해되지 않아야 한다는 원칙이다.

6.1.4. 조세감면의 사후관리

정부는 국세를 감면한 경우에 그 감면의 취지를 성취하거나 국가정책을 수행하기 위하여 필요하다고 인정되면 세법에서 정하는 바에 따라 감면한 세액에 상당하는 자금 또는 자산의 운용 범위를 정할 수 있다. 만약, 정해진 운용 범위를 벗어난 자금 또는 자산에 상당하는 감면세액은 세법에서 정하는 바에 따라 감면을 취소하고 징수할 수 있다.

---

32) 정부는 이에 따라 장부의 기록 내용과 다른 사실 또는 장부 기록에 누락된 것을 조사하여 결정하였을 때에는 정부가 조사한 사실과 결정의 근거를 결정서에 적어야 한다. 한편, 행정기관의 장은 해당 납세의무자 또는 그 대리인이 요구하면 결정서를 열람 또는 복사하게 하거나 그 등본 또는 초본이 원본과 일치함을 확인하여야 한다.

조세감면의 사후관리

「조세특례제한법」 제24조 [통합투자세액공제]에는 다음과 같은 규정을 두고 있다(일부 발췌).

> 일정한 내국인이 기계장치 등 사업용 유형자산에 투자하는 경우에는 기본공제 금액과 추가공제 금액을 합한 금액을 해당 투자가 이루어지는 과세연도의 소득세 또는 법인세에서 공제한다.

하지만 「조세특례제한법」 제146조 [감면세액의 추징]에 따르면, 통합투자세액공제를 받은 회사가 자산의 운용 범위를 벗어나는 경우 해당 감면세액을 추징하도록 다음과 같이 규정하고 있다.

> 통합투자세액공제 규정에 따라 소득세 또는 법인세를 공제받은 자가 투자완료일부터 2년(건물과 구축물의 경우에는 5년)이 지나기 전에 해당 자산을 처분한 경우(임대하는 경우를 포함)에는 처분한 날이 속하는 과세연도의 과세표준신고를 할 때 해당 자산에 대한 세액공제액 상당액에 이자 상당 가산액을 가산하여 소득세 또는 법인세로 납부하여야 한다.

6.2. 세법적용의 원칙

'세법적용(稅法適用)의 원칙'이란 과세관청이 세법을 해석하고 이를 적용하는 과정에서 준수되어야 할 원칙을 말한다. 과세관청이 세법을 자의적으로 해석하고 적용하는 경우에는 납세자의 재산권이 부당하게 침해될 수 있다. 따라서 국세기본법에서는 과세관청이 세법을 해석하고 적용함에 있어 준수하여야 할 다음과 같은 원칙을 규정하고 있다.

① 세법해석의 기준(재산권 부당침해금지)
② 소급과세금지의 원칙
③ 세무공무원 재량의 한계
④ 기업회계존중의 원칙

이하 이에 대해 구체적으로 살펴보겠다.

6.2.1. 세법해석의 기준(재산권 부당침해금지)

'세법해석의 기준(재산권 부당침해금지)'은 세법을 해석·적용할 때에는 과세의 형평(衡平)과 해당 조항의 합목적성[33]에 비추어 납세자의 재산권이 부당하게 침해되지 아니하도록 하여야 한다는 원칙이다.

6.2.2. 소급과세금지의 원칙

'소급과세금지의 원칙'이란, 국세를 납부할 의무가 성립한 소득, 수익, 재산, 행위 또는 거래에 대해서는 그 성립 후의 새로운 세법에 따라 소급하여 과세하지 아니한다는 원칙(입법상 소급과세금지 원칙)이다. 소급과세금지의 원칙에 대해서는 '**제1편 조세총론**' 중 '**3.1.3. 소급과세의 금지**'에서 살펴보았다.

한편, 세법의 해석이나 국세행정의 관행이 일반적으로 납세자에게 받아들여진 후에는 그 해석이나 관행에 의한 행위 또는 계산은 정당한 것으로 보며, 새로운 해석이나 관행에 의하여 소급하여 과세되지 아니한다(행정상 소급과세금지 원칙).[34]

---

33) '합목적성(合目的性)'이란 어떠한 목적에 들어맞는(부합하는, 적합한) 성질을 말한다. 여기에서는 해당 세법 규정의 제정 취지 등에 부합하도록 세법을 해석해야 함을 의미한다.

34) 전술한 '입법상 소급과세금지 원칙'이란 이미 종결된 과세요건 사실에 대해 새로운 세법의 제정 또는 개정 등에 따라 소급하여 과세하지 아니함을 의미하는 반면, '행정상 소급과세금지 원칙'이란 기존 과세관청의 행정처분 선례 등으로 세법의 해석 및 관행이 명백하게 존재하는 경우에는 새로운 해석이나 관행(입법 여부에 관계없이)에 따라 소급하여 과세하지 아니함을 의미한다. 참고로 후자의 경우를 '비과세관행'이라고도 하며, 신의성실의 원칙이 구체화된 사례로 볼 수 있다.

6.2.3. 세무공무원 재량의 한계

'세무공무원 재량의 한계'는 세무공무원이 재량[35]으로 직무를 수행할 때에는 과세의 형평과 해당 세법의 목적에 비추어 일반적으로 적당하다고 인정되는 한계를 엄수하여야 한다는 원칙이다.

6.2.4. 기업회계존중의 원칙

'기업회계존중의 원칙'은 세무공무원이 국세의 과세표준을 조사·결정할 때에는 해당 납세의무자가 계속하여 적용하고 있는 기업회계의 기준 또는 관행으로서 일반적으로 공정·타당하다고 인정되는 것은 존중하여야 한다는 원칙이다. 다만, 세법에 특별한 규정이 있는 것은 그러하지 아니하다.

개인이나 법인의 사업소득에 대한 소득세 및 법인세는 기본적으로 회사가 기업회계기준에 따라 작성한 장부에 근거하여 이를 조정하는 방식으로 계산된다. 기업회계의 모든 사항을 세법에 담을 수 없으므로 세법은 일반적으로 인정되는 회계기준을 존중하여 받아들이고 있다.

하지만 세법에서 기업회계기준과 다른 규정을 두고 있는 경우에는 세법을 우선한다. 예를 들면, 특정 유가증권의 경우 기업회계에서는 이를 연말에 공정가치(공정한 시가 개념)로 평가하도록 하고 있으나, 세법에서는 유가증권에 대해서는 시가평가를 허용하지 않고 있다. 이 경우에는 당연히 세법을 따라야 하는 것이다.

35) '재량(裁量)'이란 법규가 허용하는 범위 내에서 세무공무원이 본인의 생각과 판단에 따라 일을 처리한다는 의미이다.

연습문제

01 국세부과의 원칙 네 가지를 쓰시오.

해답

정답 실질과세의 원칙, 신의성실의 원칙,
근거과세의 원칙, 조세감면의 사후관리

02 세법적용의 원칙 네 가지를 쓰시오.

해답

정답 세법해석의 기준(재산권 부당침해금지), 소급과세금지의 원칙,
세무공무원 재량의 한계, 기업회계존중의 원칙

03 다음 중 국세부과의 원칙에 해당하는 것으로 옳지 않은 것은?
(2023년 7월 재경관리사)

① 실질과세의 원칙 ② 소급과세 금지의 원칙
③ 근거과세의 원칙 ④ 조세감면 사후관리의 원칙

해답

소급과세 금지의 원칙은 세법적용의 원칙에 해당한다.

정답 ②

04 다음 중 국세기본법상 근거과세의 원칙에 관한 설명으로 가장 올바르지 않은 것은? (2022년 7월 재경관리사)

① 근거과세의 원칙이란 장부 등 직접적인 자료에 입각하여 납세의무를 확정하여야 한다는 원칙이다.
② 국세를 조사 · 결정할 때 장부의 기록 내용이 사실과 다르거나 장부의 기록에 누락된 것이 있을 때에는 장부 전체에 대하여 정부가 조사한 사실에 따라 결정할 수 있다.
③ 정부는 장부의 기록 내용과 다른 사실 또는 장부 기록에 누락된 것을 조사하여 결정하였을 때에는 정부가 조사한 사실과 결정의 근거를 결정서에 적어야 한다.
④ 행정기관의 장은 해당 납세의무자 또는 그 대리인이 요구하면, 결정서를 열람 또는 복사하게 하거나 그 등본 또는 초본이 원본과 일치함을 확인하여야 한다.

해답

국세를 조사 · 결정할 때 장부의 기록 내용이 사실과 다르거나 장부의 기록에 누락된 것이 있을 때에는 그 부분에 대해서만 정부가 조사한 사실에 따라 결정할 수 있다.

정답 ②

05 다음 중 국세기본법상 국세부과의 원칙이 아닌 것은? (제75회 세무회계 2급)

① 조세를 부과함에 있어서 형식과 실질이 다른 경우에는 실질에 따라 과세하여야 한다.
② 세무공무원이 직무를 수행할 때에는 신의에 따라 성실하게 하여야 한다.
③ 정부는 국세를 감면한 경우에 필요하다고 인정하면 세법이 정하는 바에 따라 감면한 세액에 상당하는 자금의 운용범위를 정할 수 있다.
④ 국세의 과세표준을 조사 · 결정하는 경우에 당해 납세의무자가 계속하여 적용하고 있는 기업회계의 기준 또는 관행으로서 일반적으로 공정 · 타당하다고 인정되는 것은 이를 존중하여야 한다. 다만, 세법에 특별한 규정이 있는 것은 그러하지 아니하다.

해답

①은 실질과세의 원칙, ②는 신의성실의 원칙, ③은 조세감면의 사후관리에 관한 내용이다. ④는 기업회계존중의 원칙에 대한 설명으로, 이는 세법적용의 원칙에 해당한다.

정답 ④

06 다음 중 국세기본법상 국세부과의 원칙에 관한 설명으로 가장 올바르지 않은 것은? (2021년 12월 재경관리사)

① 납세자가 그 의무를 이행할 때에는 신의에 따라 성실하게 하여야 한다. 세무공무원이 그 직무를 수행할 때에도 또한 같다.
② 세무서장이 종합소득 과세표준과 세액을 경정하는 경우 거주자가 추계 신고한 경우에도 소득금액을 계산할 수 있는 장부 기타 증빙서류를 비치, 기장하고 있는 때에는 그 장부 기타 증빙서류에 근거하여 실지조사 결정하여야 한다.
③ 세무공무원이 재량으로 직무를 수행할 때에는 과세의 형평과 해당 세법의 목적에 비추어 일반적으로 적당하다고 인정되는 한계를 엄수하여야 한다.
④ 명의신탁부동산을 매각처분한 경우에는 양도의 주체 및 납세의무자는 원칙적으로 명의수탁자가 아니고 명의신탁자이다.

해답

'③'은 세무공무원 재량의 한계에 대한 설명으로 이는 세법적용의 원칙에 해당한다.

정답 ③

07 다음 중 국세부과의 원칙에 관한 설명으로 옳지 않은 것은?

(2024년 3월 재경관리사)

① 신의성실의 원칙이란 납세자가 그 의무를 이행할 때 또는 세무공무원이 직무를 수행할 때 신의에 따라 성실하게 하여야 한다는 원칙이다.

② 근거과세의 원칙이란 장부 등 직접적인 자료에 입각하여 납세의무를 확정해야 한다는 원칙이다.

③ 조세감면 사후관리란 세법이 정하는 바에 따라 감면한 세액에 상당하는 자금 또는 자산의 운용범위를 정할 수 있는 원칙이다.

④ 실질과세의 원칙은 조세법률주의를 구체화한 국세부과의 원칙이다.

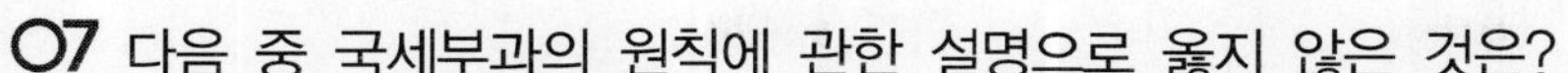

해답

실질과세의 원칙은 조세평등주의를 구체화한 국세부과의 원칙이다.

정답 ④

08 다음 중 국세기본법상 국세부과의 원칙 및 세법적용의 원칙에 대한 설명으로 옳지 않은 것은?

(2023년 6월 재경관리사)

① 실질과세의 원칙은 조세평등주의를 구체화한 세법적용의 원칙이다.

② 소급과세금지의 원칙이란 세법의 해석이나 국세행정의 관행이 일반적으로 납세자에게 받아들여진 후에는 새로운 해석이나 관행에 의하여 소급하여 과세하지 아니하는 것을 말한다.

③ 세무공무원이 그 의무를 이행할 때 신의에 따라 성실하게 할 것을 요구하는 신의성실의 원칙은 납세자에게도 적용된다.

④ 근거과세의 원칙에 의해 국세를 조사·결정할 때, 장부의 기록내용이 사실과 다르거나 장부의 기록에 누락된 것이 있을 때에는 그 부분에 대해서만 과세관청이 조사한 사실에 따라 결정할 수 있다.

해답

실질과세의 원칙은 국세부과의 원칙에 해당한다.

정답 ①

09 다음 중 국세기본법상 국세부과의 원칙 및 세법적용의 원칙에 대한 설명으로 가장 올바르지 않은 것은? (2021년 7월 재경관리사)

① 세무공무원이 그 의무를 이행할 때 신의에 따라 성실하게 할 것을 요구하는 신의성실의 원칙은 납세자에게는 적용되지 않는다.
② 소급과세금지의 원칙이란 세법의 해석이나 국세행정의 관행이 일반적으로 납세자에게 받아들여진 후에는 새로운 해석이나 관행에 의하여 소급하여 과세하지 아니하는 것을 말한다.
③ 실질과세의 원칙은 조세평등주의를 구체화한 국세부과의 원칙이다.
④ 근거과세의 원칙이란 장부 등 직접적인 자료에 입각하여 납세의무를 확정하여야 한다는 원칙이다.

해답

신의성실의 원칙은 납세자와 세무공무원 모두에게 적용되는 원칙이다.

정답 ①

10 다음 중 국세기본법상 세법적용의 원칙에 관한 설명으로 가장 올바르지 않은 것은? (2021년 9월 재경관리사)

① 세법을 해석 · 적용할 때에는 과세의 형평과 해당 조항의 합목적성에 비추어 납세자의 재산권이 부당하게 침해되지 않도록 하여야 한다.
② 세법을 개정하면서, 해당 세목의 납세의무가 성립하기 전에 종전의 세율보다 낮게 개정한 경우 해당 개정은 과세의 형평을 해지치 아니하는 경우에만 효력이 있다.
③ 법인세와 같은 기간세에 속하는 조세에 있어서 사업연도 종료 이전에 법령을 개정하면서 사업연도 개시일부터 소급하여 적용한다고 하더라도 소급과세의 원칙에 위반되지 아니한다.
④ 근거과세의 원칙은 국세기본법상 세법적용 원칙의 하부원칙이다.

해답

근거과세의 원칙은 국세기본법상 국세부과 원칙의 하부원칙이다.

정답 ④

11 다음 중 소급과세금지에 관한 내용으로 가장 올바르지 않은 것은?

(2021년 1월 재경관리사)

① 납세의무가 이미 성립한 경우에는 새로운 세법을 적용하는 것을 금지한다.
② 유리한 소급효는 인정된다는 것이 통설이다.
③ 과세기간 중에 법률개정이나 해석의 변경이 있는 경우에도 이미 진행한 과세기간분에 대해 소급과세하는 부진정소급효는 허용되지 않는다.
④ 세법의 해석이나 국세행정의 관행이 일반적으로 납세자에게 받아 들여진 후에는 그 해석이나 관행에 의한 행위 또는 계산은 정당한 것으로 보며, 새로운 해석이나 관행에 의하여 소급하여 과세되지 아니한다.

해답

진정소급은 소급과세금지 원칙에 반하는 것으로 보나, 부진정소급은 일반적으로 소급과세금지 원칙에 반하지 않는 것으로 본다.

정답 ③

12 다음 중 소급과세금지에 관한 내용으로 옳지 않은 것은? (2023년 9월 재경관리사)

① 국세를 납부할 의무가 성립한 소득 · 수익 · 재산 · 행위 또는 거래에 대해서는 그 성립 후의 새로운 세법에 따라 소급하여 과세하지 아니한다.
② 법인세, 소득세, 부가가치세와 같이 과세기간 단위로 과세하는 세목의 경우 과세기간 진행 중에 세법을 개정하여 과세기간 개시일부터 개정 세법을 적용하는 것은 허용될 수 있다.
③ 유리한 소급효도 인정되지 않는 것이 통설이다.
④ 세법의 해석이나 국세행정의 관행이 일반적으로 납세자에게 받아 들여진 후에는 그 해석이나 관행에 의한 행위 또는 계산은 정당한 것으로 보며, 새로운 해석이나 관행에 의하여 소급하여 과세되지 아니한다.

해답

일반적으로 납세자에게 유리한 소급효는 인정된다고 본다.

정답 ③

13 다음 중 국세기본법상 세법적용의 원칙에 관한 설명으로 가장 올바르지 않은 것은? (2022년 3월 재경관리사)

① 세법을 해석 · 적용할 때에는 과세의 형평과 해당 조항의 합목적성에 비추어 납세자의 재산권이 부당하게 침해되지 않도록 하여야 한다.
② 세법에 특별한 규정이 있는 경우를 제외하고는 과세표준을 조사 · 결정함에 있어서 해당 납세의무자가 계속하여 적용하고 있는 기업회계의 기준이나 관행으로서 일반적으로 공정 · 타당하다고 인정되는 것은 이를 존중하여야 한다.
③ 세무공무원이 재량으로 직무를 수행할 때에는 과세의 형평과 해당 세법의 목적에 비추어 일반적으로 적당하다고 인정되는 한계를 엄수하여야 한다.
④ 소급과세금지의 원칙에서는 소급 적용하는 것이 납세자에게 더 유리한 경우라고 할지라도 소급과세는 불가능하다고 규정하고 있다.

해답

일반적으로 납세자에게 유리한 소급효는 인정된다고 본다.

정답 ④

14 다음 중 국세기본법에 대한 설명으로 틀린 것은? (제77회 세무회계 2급)

① 세법을 해석, 적용할 때에는 과세의 형평과 해당조항의 합목적성에 비추어 납세자의 재산권이 부당하게 침해되지 않도록 해야 한다.
② 송달 받아야 할 자의 주소 또는 영업소가 국외에 있고, 송달이 곤란한 경우 공시송달이 가능하다.
③ 세법의 해석이나 국세행정의 관행이 일반적으로 납세자에게 받아들여진 후라도 그 해석이나 관행이 부당하면 소급하여 과세할 수 있다.
④ 서류를 등기우편으로 송달하였으나 수취인 부재중인 것으로 확인되어 반송됨으로써 납부기한 내에 송달이 곤란하다고 인정되는 경우 공시송달이 가능하다.

해답

소급하여 과세하는 것은 원칙적으로 금지된다.

정답 ③

15 다음 중 조세법의 기본원칙에 관한 설명으로 옳지 않은 것은?

(2023년 12월 재경관리사)

① 조세평등주의란 조세법의 입법과 조세의 부과 및 징수과정에서 모든 납세의무자는 평등하게 취급되어야 한다는 원칙을 말한다.
② 국세기본법에서 규정하고 있는 실질과세의 원칙에 반하는 규정을 다른 세법에서 규정하고 있는 경우 국세기본법에서 규정하고 있는 실질과세의 원칙을 우선하여 적용한다.
③ 신의성실의 원칙이란 납세자가 그 의무를 이행하거나 세무공무원이 그 직무를 수행함에 있어서 신의에 따라 성실히 하여야 한다는 원칙을 말한다.
④ 납세의무자가 세법에 따라 장부를 갖추어 기록하고 있는 경우에는 해당 국세 과세표준의 조사와 결정은 그 장부와 이에 관계되는 증거자료에 의하여야 한다.

해답

국세에 관하여 세법에 별도의 특례규정이 있는 경우 해당 국세기본법에도 불구하고 해당 규정이 우선 적용된다.

정답 ②

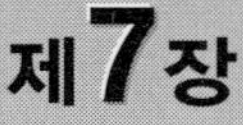

납세의무의 성립·확정·소멸

지금까지 다양한 주제들에서 '납세의무'라는 용어가 많이 언급되었다. 그러면 이 납세의무의 생애(生涯, life)는 어떻게 될까? 이번 장에서는 납세의무가 태어나서 소멸되는 과정에 대해 살펴볼 것이다. 납세의무의 성립 · 확정 · 소멸이라는 주제 역시 추상적이고 난해한 것이므로, 향후 세법을 공부해 나가는데 기본이 될 만한 주제에 대해서만 다루도록 하겠다.

납세의무는 다음과 같이 추상적으로 '성립'되었다가 구체적으로 '확정'되고 납부 등을 통해 '소멸'하게 된다.

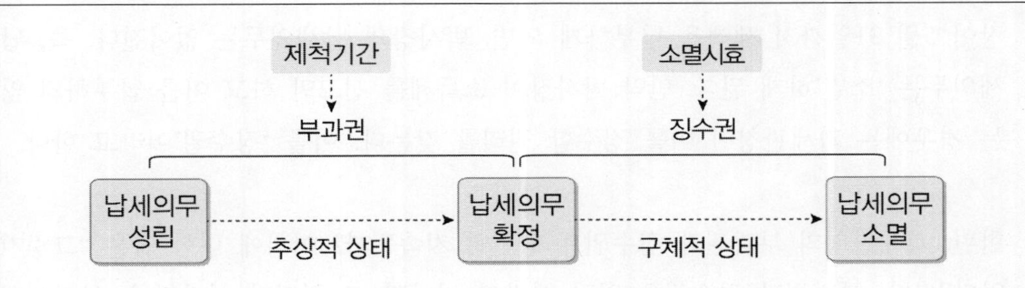

※ 용어의 정의

① 국세부과권: 추상적으로 성립한 조세채무에 관하여 과세권자가 그 충족사실을 확인하여 조세채권 · 채무관계를 확정하는 권리

② 국세징수권: 과세권자가 확정된 납세의무에 관하여 이행을 청구하고 강제시킬 수 있는 권리

③ 제척기간: 일정한 권리에 대해 법으로 정하는 존속기간을 의미 ➲ **권리관계를 조속히 확정시키기 위한 것임**

④ 소멸시효: 일정기간 권리를 행사하지 않은 경우 권리를 소멸시키는 제도

소득세 과세기간은 원칙적으로 1월 1일부터 12월 31일까지이다. 편의점을 운영하고 있는 박사장은 12월 31일이 되면 '이제 1년 동안의 세금을 내야되겠구나'라고 생각을 하게 된다. 이는 본인에게 납세의무가 '성립'되었음을 알고 있다는 것이다. 하지만 구체적으로 세금이 얼마인지는 모르므로, 이 시점의 납세의무는 '추상적'인 상태이다.

소득세는 다음 연도 5월 31일까지 신고해야 한다. 박사장은 본인이 직접 혹은 세무대리인을 통해 세금을 계산할 것이고 5월 31일까지 신고함으로써 납세의무가 '확정'된다. 즉, 추상적인 납세의무가 구체적인 세액으로 확정되었다. 박사장이 소득세를 신고하는 경우에는 별 다른 문제가 없겠지만, 만약 박사장이 신고를 하지 않으면 과세관청이 소득세를 부과하게 된다. 즉, 납세의무가 성립되면 과세관청의 '부과권'도 발생하게 된다. 물론, 박사장이 적법하게 세금 신고를 하는 경우에는 과세관청의 부과권은 의미가 없어진다.

이렇게 확정된 납세의무는 박사장이 해당 세액을 납부함으로써 소멸한다. 소득세의 경우 다음 연도 5월 31일까지 신고와 함께 납부도 하도록 규정하고 있다. 박사장이 5월 31일까지 세액을 납부하게 되면, 박사장의 납세의무는 없어진다. 즉, 납세의무는 '소멸'하게 된다. 만약 박사장이 소득세를 신고만 하고 이를 납부하지 않는 경우에는 과세관청이 이를 징수할 권리를 갖는다. 이를 '징수권'이라고 한다.

한편, 과세관청의 부과권과 징수권은 영원히 지속될까? 여기에 대한 답은 "그렇지 않다"이다. 부과권과 징수권은 일정 기간이 지나면 그 권리가 사라진다. 부과권의 존속기간을 '제척기간'이라 부르는데, 법에서 정한 일정한 기간이 지나면 제척기간은 '만료'되어 그 권리는 사라지게 된다(제척기간의 만료). 징수권 역시 해당 권리를 행사하지 않는 상태가 일정 기간 계속되면 사라지게 되는데, 이를 '소멸시효'라고 부른다(소멸시효의 완성). 즉, 일정한 기간이 지나면 제척기간은 만료되고, 소멸시효는 완성됨으로써 그 권리는 사라지게 되는 것이다.[36)]

---

36) 실무에서 단순하고 기술적인 세무업무만 수행하는 경우에는 이러한 규정들이 사실상 무의미하다. 하지만 세무를 전공한 사람으로서 이들 용어에 대해서는 '예전에 배웠는데...' 정도의 기억은 가지고 있을 필요가 있다. 언젠가 본인이 이들 지식을 활용할 수 있는 기회가 올 수도 있기 때문이다.

7.1. 납세의무의 성립

'납세의무의 성립'이란 과세요건의 충족으로 조세채무가 추상적으로 성립되는 것을 의미한다. 납세의무는 국세기본법 및 세법이 정하는 과세요건의 충족, 즉 특정 시기에 특정 사실 또는 상태가 존재하여 과세대상(물건 또는 행위)이 납세의무자에게 귀속됨으로써 세법이 정하는 바에 따라 과세표준의 산정 및 세율의 적용이 가능하게 되는 때에 성립한다.

하지만 소득을 과세대상으로 하는 소득세 및 법인세의 경우와 소비(재화 또는 용역의 공급)를 과세대상으로 하는 부가가치세의 경우, 매일매일 소득이나 소비가 있을 때마다 납세의무가 발생된다면 그 납세절차가 너무 번거롭게 된다. 따라서 현실적인 편의를 고려하여 이들 세목의 경우에는 일정한 기간을 정해두고 그 기간이 끝나는 때를 납세의무 성립시기로 보고 있다.[37)]

주요 세목별 납세의무 성립시기는 다음과 같다.

구분	세목	납세의무 성립시기
(1) 기간과세	법인세 · 소득세 · 부가가치세	과세기간이 끝나는 때
(2) 특정행위	① 상속세	상속이 개시되는 때
	② 증여세	증여에 의하여 재산을 취득하는 때
(3) 재산보유	종합부동산세	과세기준일 (매년 6월 1일) * 재산세(지방세)의 과세기준일과 동일

37) 이와 같이 과세기간을 정해두고 있는 조세를 '기간세(期間稅)'라고 부른다.

과세기간

'과세기간'이란 세법에 따라 국세의 과세표준 계산의 기초가 되는 기간을 말한다(국기법 §2 (13)). 주요 세목별 과세기간 및 신고·납부기한을 살펴보면 다음과 같다.

※ 각 세법에서는 과세기간에 대한 다양한 특례규정을 두고 있다. 따라서 여기에서는 원칙적인 과세기간에 대해서만 살펴보도록 하겠다.

구분	과세기간	신고·납부기한
(1) 소득세	1월 1일부터 12월 31일까지(1년)	과세기간의 다음 연도 5월 1일부터 5월 31일까지 신고·납부
(2) 법인세	1년을 초과하지 않는 범위 내에서 법인이 정한 1회계기간(사업연도) * 대부분이 사업연도를 1/1 ~ 12/31로 하는 12월말 법인이다.	각 사업연도의 종료일이 속하는 달의 말일부터 3개월 이내에 신고·납부 * 12월말 법인의 경우에는 다음 연도 3/31이 된다.
(3) 부가가치세	① 제1기 과세기간: 1/1 ~ 6/30 ② 제2기 과세기간: 7/1 ~ 12/31	과세기간이 끝난 후 25일 이내에 신고·납부 * 제1기는 7/25, 제2기는 다음 연도 1/25이 된다.

7.2. 납세의무의 확정

'납세의무의 확정'이란 추상적으로 성립된 납세의무의 납부 또는 징수를 위하여 납세의무자나 과세관청의 일정한 행위나 절차를 통하여 그 세액을 구체적으로 확정하는 절차를 말한다. 국세는 국세기본법 및 세법의 절차에 따라 그 세액이 확정된다.

납세의무 확정의 방식에는 두 가지가 있다. 하나는 납세의무자의 신고에 의해 과세표준과 세액을 확정하는 것(이를 '신고납세제도'라고 한다)이고, 다른 하나는 과세관청의 처분(결정고지)에 의해 과세표준과 세액이 확정되는 것(이를 '정부부과과세제도'라고 한다)이다.[38)]

신고납세제도와 정부부과과세제도 대해 구체적으로 살펴보면 다음과 같다.

구분	신고납세제도	정부부과과세제도
(1) 개념	납세의무자의 신고에 의해 세액 확정	과세관청의 처분(결정고지)에 의해 세액 확정
(2) 적용세목	법인세, 소득세, 부가가치세 등	상속세 · 증여세, 종합부동산세 ➲ **종합부동산세의 경우 신고납부 선택 가능**
(3) 확정권자	① 납세의무자 ② 무신고 및 신고한 세액에 오류나 내용이 누락된 경우에는 과세관청 ➲ **이를 결정(무신고의 경우) 또는 경정(신고 내용이 잘못된 경우) 이라고 한다.**[주)]	과세관청

주) ① 여기에서 '결정'이란 과세관청이 과세표준과 세액을 확정하는 절차를 말하는 것으로, 정부부과과세제도를 택하고 있는 세목의 경우에는 과세표준과 세액을 과세관청이 '결정'한다. 단, 신고납세제도를 채택하고 있는 세목의 경우에도 납세의무자가 과세표준과 세액을 신고하지 아니한 경우에는 과세관청이 과세표준과 세액을 조사에 의하여 구체적으로 확정(즉, '결정') 하게 된다.

② 한편, '경정결정(혹은 경정)'이란 납세의무자가 신고한 내용 또는 과세관청이 결정한 내용에 오류 또는 내용이 누락된 경우 과세관청이 이를 적법하고 진실 되게 바로잡는 행위로서 이미 확정된 납세의무의 내용을 변경하는 처분을 말한다. 우리가 흔히 '세무조사'라고 하는 것이 세무공무원이 과세표준과 세액을 결정 또는 경정하기 위하여 수행하는 조사 등을 의미한다.

38) 신고납세제도는 과세표준과 세액을 스스로 확정하는 것이므로(따라서 이를 '자기부과과세제도'라고도 한다), 과세과청과 납세자의 상호신뢰가 전제되는 보다 민주적이고 이상적인 제도이다. 현행 주요 세목 대부분은 신고납세제도를 채택하고 있다.

정부부과과세 세목

• 상속세 및 증여세

상속세의 경우 상속개시일(피상속인의 사망일)이 속하는 달의 말일부터 6개월 이내에 상속세의 과세가액 및 과세표준을 신고·납부하여야 한다. 증여세의 경우에도 증여받은 날이 속하는 달의 말일부터 3개월 이내에 증여세의 과세가액 및 과세표준을 신고·납부하여야 한다.

하지만 이와 같이 납세자가 행하는 신고는 정보신고(information return)에 불과하며 확정력이 없다. 따라서 과세관청이 해당 과세표준과 세액을 결정하게 된다. 신고를 받은 관할세무서장은 상속세의 경우 상속세과세표준 신고기한부터 9개월, 증여세의 경우 증여세과세표준 신고기한부터 6개월 이내에 과세표준과 세액을 결정하여야 한다.

☞ 상속세와 증여세가 정부부과과세제도를 채택하고 있는 이유는 과세관청 입장에서 상속재산의 현황을 정밀하게 파악하기 힘들기 때문이다. 예를 들어, 만약 상속재산에 서화나 골동품이 있는 경우, 과세관청 입장에서는 피상속(사망자)이 이러한 재산을 보유하고 있었다는 사실을 파악하기란 쉽지 않다. 따라서 상속인이 제출한 신고서상의 재산 내역과 과세관청이 파악하고 있는 재산의 현황을 비교하여 누락이 있는지 여부 등을 검토한 후 상속세나 증여세를 결정하는 것이다.

• 종합부동산세

종합부동산세의 경우에는 정부부과세제도를 원칙적으로 채택하고 있지만, 역시 과세관청이 과세대상 재산의 현황을 완벽하게 파악하기 힘들므로, 납세자가 이를 선택적으로 신고 및 납부를 할 수 있도록 하고 있는 것이다(신고납세제도 선택 가능).

7.3. 납세의무의 소멸

확정된 납세의무는 납부 등으로 실현되면서 소멸되기도 하고, 부과취소 등의 사유로 미실현인 상태로 소멸하기도 한다.

납세의무는 다음 중 어느 하나에 해당하는 사유로 소멸된다.

구분	소멸사유	내용
(1) 실현	① 납부	세액을 국고에 납입하는 것
	② 충당[주1)]	① 납부할 세액과 환급세액을 상계하는 것 ② 공매대금으로 체납액 충당
(2) 미실현	① 부과취소[주2)]	유효하게 행하여진 부과처분의 성립에 흠결이 있는 경우에 그 처분의 효력을 상실시키는 것
	② 국세부과 제척기간만료	국세부과 제척기간 동안 국세가 부과되지 아니한 경우 그 기간이 끝날 때 납세의무를 소멸시키는 것
	③ 국세징수권 소멸시효완성	국세징수권을 일정기간 행사하지 않는 경우 그 기간이 끝날 때 납세의무를 소멸시키는 것

주1) '충당'이라 함은 국세환급금을 해당 납세의무자가 납부할 국세 및 강제징수비 상당액과 상계시키는 것을 말한다. 즉, 내야할 세금을 돌려받을 세금과 맞바꾸는(속된 말로, 퉁치는) 것이다.

주2) '부과취소'란 당초 과세처분은 유효하게 성립되었으나, 불복이나 소송 등으로 인해 당초 과세처분의 내용이나 절차에 하자가 있는 것으로 결정되어 취소되는 경우를 말한다. 이 경우 당초 부과한 날에 소급하여 취소의 효력 발생하게 된다.

7.3.1. 국세부과 제척기간의 만료

앞서 살펴보았지만, 추상적으로 성립한 조세채무에 관하여 과세권자가 그 충족사실을 확인하여 조세채권 · 채무관계를 확정하는 권리를 '국세부과권'이라 한다. 하지만 국가가 기간의 제한 없이 부과권을 행사할 수 있다면 조세법률관계가 불안정해 질 수 있으므로, 부과권의 존속기간을 국세기본법에서 정하고 있다. 즉, 법률관계의 안정성을 위하여 법에 권리(부과권)의 존속기간을 정하고 있는데, 이를 '제척기간'이라고 한다.[39)]

(1) 일반적인 경우

국세부과 체적기간은 '국세를 부과할 수 있는 날부터' 일정기간이 지나면 '만료'하게 되는데, 이를 구체적으로 살펴보면 다음과 같다.

구분	상속 · 증여세	기타 국세
(1) 납세자가 사기나 그 밖의 부정행위[주1)]로 국세를 포탈하거나 환급 · 공제받은 경우	15년	10년[주2)]
(2) 신고서를 제출한 자가 거짓신고 또는 누락신고한 경우[주3)]	15년	N/A
(3) 부정행위로 계산서 · 세금계산서 불성실가산세 부과대상이 되는 경우 해당 가산세[주4)]	N/A	10년
(4) 신고서를 제출하지 않은 경우 ➲ **무신고**	15년	7년[주2)]
(5) 그 밖의 경우 ➲ **일반적인 과소신고 등의 경우**	10년	5년[주2)]

주1) 여기에서 '사기나 그 밖의 부정행위'란 다음 중 어느 하나에 해당하는 행위로서 조세의 부과와 징수를 불가능하게 하거나 현저히 곤란하게 하는 적극적 행위를 말한다.
① 이중장부의 작성 등 장부의 거짓 기장
② 거짓 증빙 또는 거짓 문서의 작성 및 수취
③ 장부와 기록의 파기
④ 재산의 은닉, 소득 · 수익 · 행위 · 거래의 조작 또는 은폐
⑤ 고의적으로 장부를 작성하지 아니하거나 비치하지 아니하는 행위 또는 계산서, 세금계산서 또는 계산서합계표, 세금계산서합계표의 조작
⑥ 전사적 기업자원관리설비(ERP)의 조작 또는 전자세금계산서의 조작
⑦ 그 밖에 위계(僞計)에 의한 행위 또는 부정한 행위

주2) 역외거래(국제거래 등)의 경우는 10년→15년, 7년→10년 및 5년→7년으로 한다.

주3) 여기서 말하는 거짓신고 또는 누락신고는 다음의 경우를 말한다.
① 상속재산가액 또는 증여재산가액에서 가공(架空)의 채무를 빼고 신고한 경우
② 권리의 이전이나 그 행사에 등기 등이 필요한 재산(예를 들어, 부동산의 소유권 이전에는 소유권이전등기를 해야 한다)을 상속인 또는 수증자의 명의로 등기 등을 하지 아니한 경우로서 그 재산을 상속재산 또는 증여재산의 신고에서 누락한 경우
③ 예금, 주식, 채권, 보험금, 그 밖의 금융자산을 상속재산 또는 증여재산의 신고에서 누락한 경우

39) 제척기간은 「형사소송법상」의 공소시효와 유사한 개념이다. '공소시효'란 일정 기간이 지나면 공소의 제기를 할 수 없는 제도를 말한다. 즉, 일정기간이 지나면 수사기관이 법원에 더 이상 재판을 청구할 수 없다는 것이다. 공소시효를 두고 있는 취지는 시간의 경과로 인하여 증거판단이 곤란하다는 점, 범인이 장기간의 도피 생활을 통해 형사처벌을 받는 것에 상당하는 고통을 받았을 것이라는 점 등에 있다. 사형에 해당하는 범죄의 경우 공소시효는 25년이다. 즉, 사람을 죽여도 25년 동안 숨어다니면 더 이상 처벌을 할 수가 없다는 것이다. 참고로, 2015년 7월 24일에 살인죄의 공소시효를 폐지하는 내용이 담긴 형사소송법 개정안(일명 '태완이법')이 통과됐다.

주4) 이는 계산서 또는 세금계산서 관련 가산세 중 각 세법에서 고율의 가산세가 적용되는 경우를 말한다. 구체적으로, 계산서 등의 미발급, 가공발급·수취(없는 거래를 만들어 계산서 등을 주고받는 경우) 및 위장발급·수취(공급자나 공급받는 자의 명의를 다른 사람으로 하는 경우) 등을 말하는데, 과세자료의 가장 근거가 되는 계산서 또는 세금계산서를 적법하게 주고받지 않은 경우에 불이익을 주겠다는 의미이다.

(2) 상속세 · 증여세를 포탈한 경우의 제척기간 특례

납세자가 부정행위로 상속세 · 증여세를 포탈하는 경우로서 다음 중 어느 하나에 해당하는 경우에는 일반적인 제척기간 규정에도 불구하고 해당 재산의 상속 또는 증여가 있음을 안 날부터 1년 이내[40]에 상속세 및 증여세를 부과할 수 있다. 다만, 상속인이나 증여자 및 수증자(受贈者)가 사망한 경우와 포탈세액 산출의 기준이 되는 재산가액(다음 중 어느 하나에 해당하는 재산의 가액을 합친 것을 말한다)이 50억 원 이하인 경우에는 그러하지 아니하다.

① 제3자의 명의로 되어 있는 피상속인 또는 증여자의 재산을 상속인이나 수증자가 취득한 경우
② 계약에 따라 피상속인이 취득할 재산이 계약이행기간에 상속이 개시됨으로써 등기 · 등록 또는 명의개서가 이루어지지 아니하고 상속인이 취득한 경우
③ 국외에 있는 상속재산이나 증여재산을 상속인이나 수증자가 취득한 경우
④ 등기 · 등록 또는 명의개서가 필요하지 아니한 유가증권, 서화(書畫), 골동품 등 상속재산 또는 증여재산을 상속인이나 수증자가 취득한 경우
⑤ 수증자의 명의로 되어 있는 증여자의 「금융실명거래 및 비밀보장에 관한 법률」에 따른 금융자산을 수증자가 보유하고 있거나 사용 · 수익한 경우
⑥ 비거주자인 피상속인의 국내재산을 상속인이 취득한 경우
⑦ 「상속세 및 증여세법」에 따른 명의신탁재산의 증여의제에 해당하는 경우
⑧ 상속재산 또는 증여재산인 「특정 금융거래정보의 보고 및 이용 등에 관한 법률」에 따른 가상자산을 같은 법에 따른 가상자산사업자(같은 법에 따라 신고가 수리된 자로 한정)를 통하지 아니하고 상속인이나 수증자가 취득한 경우

40) 이는 사실상 제척기간을 '무제한(indefinite)'으로 하겠다는 것이다.

7.3.2. 국세징수권 소멸시효의 완성

앞서 살펴보았지만, 과세권자가 확정된 납세의무에 관하여 이행을 청구하고 강제시킬 수 있는 권리를 '국세징수권'이라고 한다. 국세징수권은 일정기간 그 권리를 행사하지 않으면 그 권리가 소멸되는데, 이를 '소멸시효'라고 하며, 소멸시효가 경과된 경우 소멸시효가 '완성'되었다는 표현을 쓴다.[41]

국세의 징수를 목적으로 하는 국가의 권리는 '이를 행사할 수 있는 때부터' 다음의 구분에 따른 기간 동안 행사하지 아니하면 소멸시효가 완성된다. 이 경우 다음 국세의 금액은 가산세를 제외한 금액으로 한다.

① 5억원 이상의 국세: 10년
② 그 외의 국세: 5년

한편, 소멸시효의 경우에는 제척기간과 달리 '중단'과 '정지'라는 제도가 존재한다. 소멸시효는 기본적으로 권리의 불행사 상태가 일정기간 계속되는 경우(즉, 권리 위에 잠자는 자는 보호하지 않겠다는 법리) 해당 권리를 소멸하는 제도이므로, 채권자가 무언가 행동을 하게 되면 시효가 연장될 수도 있다는 것이다.

'시효의 중단(時效의 中斷, interruption of prescription)'이란 일정 사유가 발생하는 경우 이미 진행한 시효기간은 전부 효력을 잃고, 그 후부터 '새로이' 소멸시효가 진행하게 되는 제도를 말하며, '시효의 정지(時效의 停止, suspension of prescription)'란 일정 사유가 발생하는 경우 이미 진행된 기간은 유효하며, 정지사유가 종료된 후 '나머지 기간'만을 진행함으로써 시효가 완성되는 제도를 말한다.[42]

---

41) 민법의 일반원칙도 채권의 소멸시효를 10년으로 하고 있다. 즉, 여러분들이 친구에게 돈을 빌려주고 10년 동안 채권회수를 위한 아무런 노력도 하지 않는 경우 소멸시효가 완성되어 여러분들의 채권이 소멸하게 된다(권리 위에 잠자는 자 보호하지 않는다).

42) 여러분들이 뮤직 플레이어 등을 가지고 있다면 중단과 정지의 차이를 이해하기가 쉬울 것이다. '중단'은 플레이어의 'stop(멈춤, ■)' 버튼을 생각하면 되고, '정지'는 플레이어의 'pause(일시정지, II)' 버튼을 생각하면 된다.

(1) 시효의 중단 사유

소멸시효는 다음의 각 사유로 중단된다.[43)]

① 납부고지
② 독촉
③ 교부청구
④ 압류(일정한 사유[주)]로 압류를 즉시 해제하는 경우는 제외)

주) 압류금지재산을 압류한 경우 또는 제3자의 재산을 압류한 경우를 말한다.

중단된 소멸시효는 다음의 각 기간이 지난 때부터 '새로 진행'한다.

① 고지한 납부기간
② 독촉에 의한 납부기간
③ 교부청구 중의 기간
④ 압류해제까지의 기간

(2) 시효의 정지 사유

소멸시효는 다음 중 어느 하나에 해당하는 기간에는 진행되지 아니한다.[44)]

① 세법에 따른 분납기간
② 세법에 따른 납부고지의 유예, 지정납부기한 · 독촉장에서 정하는 기한의 연장, 징수 유예기간
③ 세법에 따른 압류 · 매각의 유예기간
④ 세법에 따른 연부연납(年賦延納)기간
⑤ 세무공무원이 「국세징수법」의 규정에 따른 사해행위(詐害行爲) 취소소송이나 「민법」의 규정에 따른 채권자대위 소송을 제기하여 그 소송이 진행 중인 기간
⑥ 체납자가 국외에 6개월 이상 계속 체류하는 경우 해당 국외 체류 기간

---

43) 지금 단계에서는 중단 사유 중 '고지, 독촉 및 압류' 정도만 숙지하면 된다. 나머지는 「국세징수법」에서 해당 용어의 개념에 대해 배우고 나서 학습하길 바란다.
44) 시효의 정지 사유 대부분은 「국세징수법」에서 다룰 내용이므로, 여기에서는 분납, 연부연납 및 국외 체류 기간 정도만 정리하길 바란다.

분납 및 연부연납

본래 세금은 일시에 모두 납부하는 것이 원칙이나, 세액이 일정 금액을 초과하는 경우 이를 분할하여 납부할 수 있는데, 이를 '분납(分納, 분할납부)' 또는 '연부연납(年賦延納, 여러 해에 걸쳐 분할납부)'이라고 한다.

☞ (분납) 소득세의 경우 납부할 세액이 1천만원을 초과하는 경우 그 납부할 세액의 일부를 납부기한이 지난 후 2개월 이내에 분납할 수 있다.
  * 법인세 및 상속세·증여세 등의 경우에도 분납이 가능하다.

☞ (연부연납) 상속세나 증여세 납부세액이 2천만원을 초과하는 경우 납세지 관할세무서장은 연부연납을 허가할 수 있다. 상속세의 경우 가업상속 등의 경우를 제외하고는 일반적으로 연부연납허가일부터 10년, 증여세의 경우 연부연납허가일부터 5년의 범위에서 납세의무자가 신청한 기간을 연부연납의 기간으로 한다.

표 2.7.1. 소멸시효의 중단과 정지

구분	소멸시효의 중단	소멸시효의 정지
(1) 개념	일정 사유가 발생하는 경우 이미 진행한 시효기간은 전부 효력을 잃고, 그 후부터 새로이 소멸시효가 진행하게 되는 제도	일정 사유가 발생하는 경우 이미 진행된 기간은 유효하며, 정지사유가 종료된 후 나머지 기간만을 진행함으로써 시효가 완성되는 제도
(2) 사유	① 납부고지 ② 독촉 ③ 압류 등	① 세법에 따른 분납기간 ② 세법에 따른 연부연납기간 ③ 체납자가 국외에 6개월 이상 계속 체류하는 경우 해당 국외 체류 기간 등

제척기간 · 소멸시효 기산일

[국세부과 제척기간의 기산일]

국세부과의 제척기간은 국세를 부과할 수 있는 날부터 기산한다. 여기에서 '국세를 부과할 수 있는 날'은 상황별로 다르게 규정되어 있는데, 가장 일반적 경우에 대해서만 살펴보겠다.

☞ 과세표준과 세액을 신고하는 국세[주)]의 경우 국세를 부과할 수 있는 날(제척기간의 기산일)은 과세표준신고기한의 다음 날이다.

예를 들어, 소득세 납세의무자가 5월 31일까지 소득세를 신고하지 않은 경우 다음 날인 6월 1일부터 과세관청의 부과권이 발생한다고 보는 것이다.

주) '과세표준과 세액을 신고하는 국세'에는 소득세, 법인세 및 부가가치세 등의 신고납세제도를 채택하고 있는 세목뿐만 아니라, 과세표준과 세액을 신고하여야 하는 상속세 및 증여세도 포함된다.

[국세징수권 소멸시효의 기산일]

국세징수권의 소멸시효는 국세징수권을 행사할 수 있는 날부터 기산한다. 여기에서 '국세징수권을 행사할 수 있는 날'은 일반적으로 다음과 같다.

☞ ① 과세표준과 세액의 신고에 의하여 납세의무가 확정되는 국세의 경우 신고한 세액: 그 법정신고납부기한의 다음 날
② 과세표준과 세액을 정부가 결정 또는 경정하는 경우 납부고지한 세액: 그 고지에 따른 납부기한의 다음 날

예를 들어, 소득세의 경우 납세의무자가 법정신고납부기한인 5월 31일까지 소득세를 납부하지 않은 경우(신고는 하였음) 다음 날인 6월 1일부터 과세관청의 징수권이 발생한다고 보는 것이다.

한편, 소득세를 신고하지 않은 경우에는 과세표준과 세액이 확정되지 않았으므로 정부가 과세표준과 세액을 '결정'하게 된다. 따라서 이 경우 과세관청이 결정 고지한 납부고지서상의 납부기한이 11월 15일이라면 다음 날인 11월 16일부터 과세관청의 징수권이 발생하게 된다.

제척기간 등 기산일 사례

편의점을 운영하고 있는 박태풍씨는 2026년 1월 1일부터 2026년 12월 31일까지(소득세 과세기간)의 소득에 대한 과세표준과 세액을 신고·납부할 의무가 있는 납세의무자이다. 다음 물음에 답하시오. 단, 공휴일 등은 없는 것으로 가정한다.

(물음 1) 박태풍씨의 2026년 귀속 소득세의 신고·납부기한은 언제인가?

(물음 2) 박태풍씨의 2026년 귀속 소득세에 대한 납세의무 성립일은 언제인가?

(물음 3) 박태풍씨가 2026년 귀속 소득세를 신고하지 않은 경우 국세부과 제척기간의 기산일은 언제인가?

(물음 4) 박태풍씨가 2026년 귀속 소득세를 2027년 5월 15일에 신고한 경우 납세의무 확정일은 언제인가?

(물음 5) 박태풍씨가 2026년 귀속 소득세를 2027년 5월 15일에 신고하였으나, 납부하지 않은 경우 국세징수권 소멸시효의 기산일은 언제인가?

해답

(물음 1) 2027년 5월 31일

(물음 2) 2026년 12월 31일 (과세기간이 끝나는 때)

(물음 3) 2027년 6월 1일 (과세표준신고기한의 다음 날)

(물음 4) 2027년 5월 15일 (신고하는 때)

(물음 5) 2027년 6월 1일 (법정신고납부기한의 다음 날)

연습문제

01 다음은 국세기본법상 납세의무에 대한 설명이다. 빈칸을 채우시오.

> 납세의무의 (①)이란 과세요건의 충족으로 조세채무가 추상적으로 (①)되는 것을 의미한다. 납세의무의 (②)이란 추상적으로 (①)된 납세의무의 납부 또는 징수를 위하여 납세의무자나 과세관청의 일정한 행위나 절차를 통하여 그 세액을 구체적으로 (②)하는 절차를 말한다. (②)된 납세의무는 납부 등으로 실현되면서 (③)되기도 하고, 부과취소 등의 사유로 미실현인 상태로 (③)하기도 한다.

해답

정답 ① 성립, ② 확정, ③ 소멸

02 다음 중 국세기본법상 납세의무가 미실현 상태에서 소멸하는 것이 아닌 것은?
(제74회 세무회계 2급)

① 부과취소　　② 제척기간의 만료
③ 소멸시효의 완성　　④ 납부

해답

납부는 납세의무가 실현되면서 소멸하는 것이다.

정답 ④

03 다음 중 국세기본법상 납세의무 성립시기로 가장 틀린 것은?

(제76회 세무회계 2급 수정)

① 상속세 : 사망 신고한 때
② 증여세 : 증여에 의해 재산을 취득하는 때
③ 종합부동산세 : 과세기준일
④ 소득세 : 과세기간이 끝나는 때

해답

상속세의 납세의무는 상속이 개시되는 때(사망일)이다.

정답 ①

04 다음 중 국세기본법상 납세의무의 확정에 관한 설명으로 옳지 않은 것은?

(제78회 세무회계 2급 수정)

① 납세의무의 확정이라 함은 조세의 납부 또는 징수를 위하여 세법이 정하는 바에 따라 납부할 세액을 납세의무자 또는 세무관청의 일정한 행위나 절차를 거쳐서 구체적으로 확정하는 것을 말한다.
② 부과과세방식의 세목은 납세의무자의 신고가 있더라도 바로 조세채무가 확정되는 것이 아니고, 과세관청이 부과처분을 하는 때에 조세채무가 확정된다.
③ 결정이란 과세관청이 과세표준과 세액을 확정하는 절차를 말하며, 경정결정(혹은 경정)이란 납세의무자가 신고한 내용 또는 과세관청이 결정한 내용에 오류 또는 내용이 누락된 경우 과세관청이 이를 적법하고 진실 되게 바로잡는 행위를 말한다.
④ 신고납세방식의 세목은 납세의무자가 과세표준과 세액의 신고를 하지 아니하거나 신고한 과세표준과 세액이 세법이 정하는 바에 맞지 아니한 경우에도 신고에 의해 납세의무가 확정된다.

해답

신고납세제도를 채택하고 있는 세목의 경우라 하더라도, 납세의무자가 과세표준과 세액의 신고를 하지 아니하거나 신고한 과세표준과 세액에 오류가 있는 경우에는 정부가 과세표준과 세액을 결정하거나 경정하는 때에 그 결정 또는 경정에 따라 확정된다.

정답 ④

05 다음은 국세기본법상 국세 부과의 제척기간에 대한 설명이다. (　　)에 알맞은 말은? (제77회 세무회계 2급)

> 납세자가 부정행위로 상속세 · 증여세를 포탈하거나 환급 · 공제받은 경우, 국세부과의 제척기간은 (　　)년으로 한다.

해답

정답 15

06 다음은 납세의무의 확정에 대한 설명이다. 무엇에 관한 설명인지를 쓰고 해당되는 세목을 한 가지만 제시하시오.

(1) 과세관청의 처분에 의해 과세표준과 세액을 확정하는 제도	
(2) 납세의무자의 신고에 의해 과세표준과 세액을 확정하는 제도	

해답

정답 (1) 정부부과과세제도, 상속세·증여세, 종합부동산세(신고납부 가능) 등,
(2) 신고납세제도, 법인세, 소득세, 부가가치세 등

07 다음 중 국세기본법상 납세의무자의 신고로 과세표준과 세액이 확정되는 세목에 해당하지 않는 것은? (제120회 세무회계 2급)

① 법인세　　② 부가가치세
③ 증권거래세　　④ 증여세

해답

증여세의 경우 정부부과과세제도가 적용되는 세목에 해당한다.

정답 ④

08 다음은 국세기본법의 규정에 대한 설명이다. 빈칸을 채우시오.

(1) 종합부동산세의 납세의무 성립시기는 과세기준일인데, 종합부동산세의 과세기준일은 매년 (월 일)이다.

(2) 국세징수권의 소멸시효는 기산일로부터 ( )년이나, ( )억원 이상의 국세채권에 대해서는 ( )년이다.

(3) 역외거래에서 발생한 부정행위로 국세를 포탈하거나 환급 · 공제받은 경우에는 ( )년의 기간이 끝난 날 후에는 국세를 부과할 수 없다.

(4) 납세자가 부정행위로 상속세 · 증여세를 포탈하는 경우로서 제3자의 명의로 되어 있는 피상속인 또는 증여자의 재산을 상속인이나 수증자가 보유하고 있는 경우에는 해당 재산의 상속 또는 증여가 있음을 안 날부터 ( )년 이내에 상속세 및 증여세를 부과할 수 있다. 다만, 상속인이나 증여자 및 수증자가 사망한 경우와 포탈세액 산출의 기준이 되는 재산가액이 ( )원 이하인 경우에는 그러하지 아니하다.

해답

정답 (1) 6, 1, (2) 5, 5, 10, (3) 15, (4) 1, 50억

09 다음 중 국세기본법상 국세부과의 제척기간과 국세징수권의 소멸시효에 관한 설명으로 잘못된 것은? (제74회 세무회계 2급 수정)

① 국가가 국세징수권을 장기간 행사하지 않는 경우에 그 징수권을 소멸시키는 제도가 국세징수권의 소멸시효제도이다.

② 국세징수권의 소멸시효기간과 국세부과의 제척기간의 기간은 일치한다.

③ 국세부과의 제척기간은 중단과 정지가 없으나 국세징수권의 소멸시효에는 중단과 정지가 있다.

④ 국세부과의 제척기간은 부과권을 소멸시키며, 국세징수권의 소멸시효는 징수권을 소멸시킨다.

해답

국세징수권의 소멸시효기간과 국세부과의 제척기간의 기간은 일치하지 않는다.

정답 ②

10 국세부과의 제척기간과 관련하여 빈칸을 채우시오. ※ 단, 역외거래 아님.

구분	상속 · 증여세	기타 국세
(1) 납세자가 사기나 부정행위로 국세를 포탈하거나 환급 · 공제받은 경우	( )년	( )년
(2) 신고서를 제출하지 않은 경우	( )년	( )년
(3) 기타의 경우	( )년	( )년

해답

정답 (1) 15, 10, (2) 15, 7, (3) 10, 5

11 다음 중 국세기본법상 국세부과의 제척기간으로 틀린 것은 어느 것인가? 단, 해당 거래는 역외거래가 아닌 것으로 가정한다. (제76회 세무회계 2급 수정)

① 납세자가 부정행위로 소득세법에 따른 계산서 불성실가산세 부과대상이 되는 경우 해당 가산세 : 부과할 수 있는 날부터 10년간
② 납세자가 사기 기타 부정한 행위로 법인세를 포탈한 경우 : 국세를 부과할 수 있는 날부터 17년간
③ 납세자가 법정신고기한까지 부가가치세 과세표준신고서를 제출하지 아니한 경우 : 해당 국세를 부과할 수 있는 날부터 7년간
④ 사기나 무신고등 외의 일반적인 법인세의 경우 : 5년간

해답

사기나 부정행위로 국세를 포탈한 경우의 제척기간은 10년이다. 만약, 상속세 및 증여세의 경우와 역외거래의 경우라면 제척기간은 15년이 된다.

정답 ②

12 다음 중 국세기본법상 국세 부과제척기간이 다른 하나는?

(제119회 세무회계 2급)

① 역외거래로서 법정신고기한까지 법인세 과세표준신고서를 제출하지 아니한 경우
② 납세자가 부정행위로 상속세 · 증여세를 포탈하거나 환급 · 공제받은 경우
③ 상속세 및 증여세법에 따른 과세표준신고서를 제출하지 아니한 경우
④ 납세자가 역외거래에서 발생한 부정행위로 국세를 포탈하거나 환급 · 공제받은 경우

해답

'①'의 경우 10년의 부과제척기간이 적용되며, '②~④'의 경우 15년의 부과제척기간이 적용된다.

정답 ①

13 납세의무 소멸 사유 다섯 가지 쓰시오.

해답

정답 납부, 충당, 부과취소, 국세부과 제척기간 만료, 국세징수권 소멸시효 완성

14 다음 중 국세기본법상 납세의무의 소멸사유에 해당하지 않는 것은?

(제120회 세무회계 2급)

① 납부
② 부과취소
③ 국세부과제척기간의 만료
④ 납세자의 사망

해답

납세자의 사망은 납세의무의 소멸사유에 해당하지 아니한다.

정답 ④

15 소멸시효의 중단사유와 정지사유의 예를 각각 세 가지씩 쓰시오.

(1) 소멸시효 중단사유	
(2) 소멸시효 정지사유	

해답

정답 (1) 납부고지, 독촉, 압류 등, (2) 분납기간, 연부연납기간, 체납자가 국외에 6개월 이상 계속 체류하는 경우 해당 국외 체류 기간 등

16 다음 중 국세기본법 상 소멸시효 중단사유로 가장 올바르지 않은 것은?

(2022년 1월 재경관리사)

① 납부고지
② 독촉
③ 압류
④ 체납자가 국외에 6개월 이상 계속 체류하는 경우 해당 국외 체류 기간

해답

체납자가 국외에 6개월 이상 계속 체류하는 경우 해당 국외 체류 기간은 소멸시효의 정지사유에 해당한다.

정답 ④

17 다음 중 국세기본법상 국세징수권 소멸시효 정지사유에 해당하는 것은?

(제116회 세무회계 2급)

① 연부연납
② 납부고지
③ 독촉
④ 압류

해답

'①'의 경우 소멸시효의 정지사유에 해당하며, '②~④'의 경우 소멸시효의 중단사유에 해당한다.

정답 ①

제8장 과세와 환급

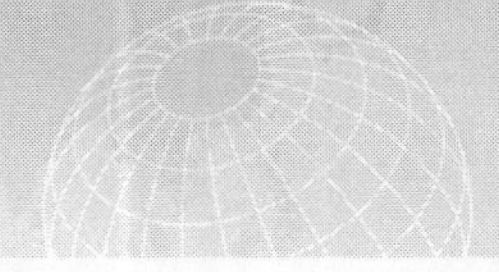

8.1. 관할관청

8.1.1. 과세표준신고의 관할

과세표준신고서는 신고 당시 해당 국세의 납세지를 관할하는 세무서장에게 제출하여야 한다. 다만, 전자신고를 하는 경우에는 지방국세청장이나 국세청장에게 제출할 수 있다.

과세표준신고서가 관할세무서장 외의 세무서장에게 제출된 경우에도 그 신고의 효력에는 영향이 없다.

8.1.2. 결정 또는 경정결정의 관할

국세의 과세표준과 세액의 결정 또는 경정결정은 그 처분 당시 그 국세의 납세지를 관할하는 세무서장이 한다.

표 2.8.1. 관할관청

구분	과세표준 신고	결정 또는 경정결정
(1) 관할 주체	신고 당시 해당 국세의 납세지를 관할하는 세무서장에게 제출 ➲ 전자신고는 지방국세청장 또는 국세청장에게 가능	그 처분 당시 그 국세의 납세지를 관할하는 세무서장이 함
(2) 관할위반의 효력	관할세무서장 외의 세무서장에게 제출된 경우에도 그 신고의 효력에는 영향이 없음 ➲ 적법한 신고	처분 당시 그 국세의 납세지를 관할하는 세무서장 이외의 세무서장이 행한 결정 또는 경정결정 처분은 그 효력이 없음 ➲ 잘못된 처분

8.2. 수정신고 · 경정청구 · 기한 후 신고

8.2.1. 수정신고

과세표준신고서를 법정신고기한까지 제출한 자 및 기한후과세표준신고서를 제출한 자는 다음 중 어느 하나에 해당할 때에는 관할세무서장이 각 세법에 따라 해당 국세의 과세표준과 세액을 결정 또는 경정하여 통지하기 전으로서 국세부과 제척기간이 끝나기 전까지 과세표준수정신고서를 제출할 수 있다.

① 과세표준신고서 또는 기한후과세표준신고서에 기재된 과세표준 및 세액이 세법에 따라 신고하여야 할 과세표준 및 세액에 미치지 못할 때
➲ 납부세액 과소신고

② 과세표준신고서 또는 기한후과세표준신고서에 기재된 결손금액 또는 환급세액이 세법에 따라 신고하여야 할 결손금액이나 환급세액을 초과할 때
➲ 결손금액 · 환급세액 과다신고

③ 원천징수의무자의 정산 과정에서의 근로소득만 있는 자 등의 소득을 누락한 경우[주)]

주) 근로소득만 있는 자는 매달 원천징수를 통해 소득세를 납부하고 연말정산을 통해 1년간의 소득세를 정산하게 된다. 이와 같이 근로소득만 있어 연말정산을 하는 자는 소득세 확정신고의무가 없다. 하지만 소득세 확정신고를 하지 않는 경우에는 수정신고가 불가능하여, 가산세 감면 등의 혜택을 받을 수 없는 문제가 있었다. 이러한 불이익을 방지하기 위하여 2008년부터 원천징수의무자의 정산과정에서 누락이 발생한 경우에도 수정신고를 허용하게 되었다. 원천징수의 개념에 대해서는 **'제3편 소득세법'**의 **'1.3. 분리과세'**에서 자세히 살펴보도록 하겠다.

8.2.2. 경정청구

(1) 통상적인 경정청구

과세표준신고서를 법정신고기한까지 제출한 자 및 기한후과세표준신고서를 제출한 자는 다음 중 어느 하나에 해당할 때에는 최초신고 및 수정신고한 국세의 과세표준 및 세액의 결정 또는 경정을 법정신고기한이 지난 후 5년 이내에 관할세무서장에게

청구할 수 있다.[45] 결정 또는 경정의 청구를 받은 세무서장은 그 청구를 받은 날부터 2개월 이내에 과세표준 및 세액을 결정 또는 경정하거나 결정 또는 경정하여야 할 이유가 없다는 뜻을 그 청구를 한 자에게 통지하여야 한다.

① 과세표준신고서 또는 기한후과세표준신고서에 기재된 과세표준 및 세액이 세법에 따라 신고하여야 할 과세표준 및 세액을 초과할 때 ➲ **납부세액 과다신고**

② 과세표준신고서 또는 기한후과세표준신고서에 기재된 결손금액, 세액공제액 또는 환급세액이 세법에 따라 신고하여야 할 결손금액, 세액공제액 또는 환급세액에 미치지 못할 때 ➲ **결손금액 · 세액공제액 · 환급세액 과소신고**

근로소득자의 경정청구 특례

연말정산이나 원천징수로 과세가 종결되는 소득에 대하여 법정신고기한 내에 지급명세서[주)]를 제출하였으나 과다하게 원천징수된 경우나 환급할 세액보다 미달하게 환급된 경우 납부기한 경과 후 5년 이내에 경정청구를 할 수 있다.

주) '지급명세서'란 일정한 소득금액 또는 수입금액을 지급받는 자의 인적사항 · 소득금액 또는 수입금액의 종류와 금액 · 소득금액 또는 수입 금액의 지급시기와 귀속연도 등을 기재한 과세자료이다. 이와 같은 지급명세서는 당해 소득금액 또는 수입금액을 지급하는 자가 제출할 의무를 진다.

(2) 후발적 사유로 인한 경정청구

일반적인 경정청구 외에 국세기본법에는 후발적 사유로 인한 경정청구에 대해 별도로 규정을 두고 있는데, 다음에 규정하는 후발적 사유에 해당하는 경우 전술한 통상적인 경정청구의 청구기한(5년)에도 불구하고 그 사유가 발생한 것을 안 날부터 3개월 이내에 결정 또는 경정을 청구할 수 있다.

45) 다만, 결정 또는 경정으로 인하여 증가된 과세표준 및 세액에 대하여는 해당 처분이 있음을 안 날(처분의 통지를 받은 때에는 그 받은 날)부터 3개월 이내(법정신고기한이 지난 후 5년 이내로 한정한다)에 경정을 청구할 수 있다.

① 최초의 신고·결정 또는 경정에서 과세표준 및 세액의 계산 근거가 된 거래 또는 행위 등이 그에 관한 심사청구, 심판청구, 감사원 심사청구에 대한 결정이나 소송에 대한 판결(판결과 같은 효력을 가지는 화해나 그 밖의 행위를 포함한다)에 의하여 다른 것으로 확정되었을 때

② 소득이나 그 밖의 과세물건의 귀속을 제3자에게로 변경시키는 결정 또는 경정이 있을 때

③ 조세조약에 따른 상호합의가 최초의 신고·결정 또는 경정의 내용과 다르게 이루어졌을 때

④ 결정 또는 경정으로 인하여 그 결정 또는 경정의 대상이 된 과세표준 및 세액과 연동된 다른 세목(같은 과세기간으로 한정한다)이나 연동된 다른 과세기간(같은 세목으로 한정한다)의 과세표준 또는 세액이 세법에 따라 신고하여야 할 과세표준 또는 세액을 초과할 때

⑤ 위 '①'부터 '④'까지와 유사한 사유로서 대통령령으로 정하는 사유가 해당 국세의 법정신고기한이 지난 후에 발생하였을 때

8.2.3. 기한 후 신고

법정신고기한까지 과세표준신고서를 제출하지 아니한 자는(**무신고의 경우**) 관할세무서장이 세법에 따라 해당 국세의 과세표준과 세액을 결정하여 통지하기 전까지 기한후과세표준신고서를 제출할 수 있다. 이 경우 기한후과세표준신고서를 제출한 자로서 세법에 따라 납부하여야 할 세액이 있는 자는 그 세액을 납부하여야 한다.

기한후과세표준신고서를 제출하거나 기한후과세표준신고서를 제출한 자가 과세표준수정신고서를 제출한 경우 관할세무서장은 세법에 따라 신고일부터 3개월 이내에 해당 국세의 과세표준과 세액을 결정하여 신고인에게 통지하여야 한다.[46)]

46) 다만, 그 과세표준과 세액을 조사할 때 조사 등에 장기간이 걸리는 등 부득이한 사유로 신고일부터 3개월 이내에 결정 또는 경정할 수 없는 경우에는 그 사유를 신고인에게 통지하여야 한다.

표 2.8.2 수정신고, 경정청구 및 기한 후 신고

구 분	수정신고	경정청구	기한 후 신고
(1) 사유	· 과세표준과 세액의 과소 신고 · 결손금액 · 환급세액 과다 신고	· 과세표준과 세액의 과다 신고 · 결손금액 · 환급세액 과소 신고	법정신고기한 내에 과세표준신고서를 제출하지 않은 경우
(2) 청구 자격	법정신고기한 내에 과세표준신고서를 제출한 자[주)]	법정신고기한 내에 과세표준신고서를 제출한 자[주)]	법정신고기한 내에 과세표준신고서를 제출하지 아니한 자
(3) 기한	결정 · 경정 통지하기 전	법정신고기한 경과 후 5년 이내	결정 통지하기 전

주) 기한후과세표준신고를 한 경우 및 연말정산 또는 원천징수되는 소득만 있는 경우를 포함한다.

8.3. 가산세

'가산세'란 국세기본법 및 세법에서 규정하는 의무의 성실한 이행을 확보하기 위하여 세법에 따라 산출한 세액에 가산하여 징수하는 금액으로 행정벌의 일종이다. 정부는 세법에서 규정한 의무를 위반한 자에게 국세기본법 또는 세법에서 정하는 바에 따라 가산세를 부과할 수 있다. 다만, 정부는 가산세를 부과하는 경우 그 부과의 원인이 되는 사유가 다음 중 어느 하나에 해당하는 경우에는 해당 가산세를 부과하지 아니한다.

① 천재지변 등으로 인한 기한 연장 사유에 해당하는 경우
② 납세자가 의무를 이행하지 아니한 데에 '정당한 사유'가 있는 경우
③ 위 '①' 및 '②'와 유사한 경우로서 일정한 경우[주)]

주) 세법해석에 관한 질의 · 회신 등에 따라 신고 · 납부하였으나 이후 다른 과세처분을 하는 경우 등

가산세는 해당 의무가 규정된 세법의 해당 국세의 세목(稅目)으로 한다. 다만, 해당 국세를 감면하는 경우에는 가산세는 그 감면대상에 포함시키지 아니하는 것으로 한다. 가산세는 납부할 세액에 가산하거나 환급받을 세액에서 공제한다.

8.3.1. 신고 및 납부 관련 가산세

구 분		가산세액	
(1) 신고불성실 가산세[주1)]	① 무신고가산세	부정무신고[주2)]	납부세액 × 40%(60%)[주3)]
		일반무신고	납부세액 × 20%
	② 과소신고·초과환급 신고가산세	부정과소신고 등[2)]	납부세액 × 40%(60%)[주3)]
		일반과소신고 등	납부세액 × 10%
(2) 납부지연가산세 (①+②)		① 미납·과소납부세액 및 초과환급세액의 경우 미납·미달납부세액 및 초과환급세액 × 일수[주4)] × 0.022%[주5)] ② 국세를 납부고지서에 따른 납부기한까지 완납하지 아니한 경우 납부고지서상 납부기한까지 미납·과소납부세액 × 3%	
(3) 원천징수등납부지연가산세		미납부세액 · 과소납부분 세액 × 3% ~ 10%(50%)	

주1) 「부가가치세법」에 따른 영세율과세표준이 있는 경우와 법인 및 복식부기자인 개인의 경우에는 별도의 가산세율이 적용되나, 여기에서는 일반적인 경우만 살펴보도록 하겠다.

주2) 위 '(1)'의 경우 부정행위로 신고의무를 위반한 경우에는 가산세를 보다 무겁게 부과하는데, 여기에서 '부정행위'란 조세의 부과와 징수를 불가능하게 하거나 현저히 곤란하게 하는 적극적 행위를 말하는 것으로, **'7.3. 납세의무의 소멸'**에서 살펴본 이중장부의 작성 등 장부의 거짓 기장, 거짓 증빙 또는 거짓 문서의 작성·수취 및 장부와 기록의 파기 등 장기의 국세부과 제척기간(상속·증여세 15년, 기타 국세 10년)이 적용되는 부정행위와 그 범위가 동일하다.

주3) 역외거래에서 발생한 부정행위로 인한 무신고·과소신고의 경우에는 60%에 상당하는 금액을 가산세로 한다.

주4) 일수는 다음의 기간으로 한다.

① 미납·과소납부의 경우 : 법정납부기한의 다음 날부터 납부고지일(납부고지일 전에 납부한 경우에는 그 납부일)의 전날까지의 기간

② 초과환급의 경우 : 환급받은 날의 다음 날부터 납부고지일(납부고지일 전에 납부한 경우에는 그 납부일)의 전날까지의 기간

주5) 한편, 체납 이후의 납부지연가산세 산출단위는 납세편의 제고 등의 이유로 일단위(일할계산)가 아닌 월단위(월할계산)로 변경된다.

① 지정납부기한까지 납부하지 아니한 세액 또는 과소납부분 세액의 경우 : 지정납부기한의 다음 날부터 납부일의 전날까지 경과한 개월 수 × 0.67%

② 지정납부기한까지 납부하지 아니한 초과환급받은 세액의 경우 : 지정납부기한의 다음 날부터 납부일의 전날까지 경과한 개월 수× 0.67%

한편, 납부지연가산세를 적용할 때 납부고지서에 따른 납부기한의 다음 날부터 납부일까지의 기간이 5년을 초과하는 경우에는 그 기간은 5년으로 하며, 체납된 국세의 납부고지서별 · 세목별 세액이 100만원 미만인 경우에는 앞의 표 '(2) 납부지연가산세'의 '①'을 적용하지 아니한다.47)

개정 전 가산금 규정

'가산금(加算金)'이란, 국세를 납부기한까지 납부하지 아니한 경우에 고지세액에 가산하여 징수하는 금액(가산금)과 납부기한이 지난 후 일정 기한까지 납부하지 아니한 경우에 그 금액에 다시 가산하여 징수하는 금액(중가산금, 重加算金)을 말한다.

1. 가산금

국세를 납부기한까지 완납하지 아니하였을 때에는 그 납부기한이 지난 날부터 체납된 국세의 100분의 3(3%)에 상당하는 가산금을 징수한다.

2. 중가산금

체납된 국세를 납부하지 아니하였을 때에는 납부기한이 지난 날부터 매 1개월이 지날 때마다 체납된 국세의 1만분의 75(0.75%)에 상당하는 가산금을 위의 가산금에 가산하여 징수한다. 다만, 체납된 국세의 납부고지서별 · 세목별 세액이 100만원 미만인 경우는 제외하며, 중가산금을 가산하여 징수하는 기간은 60개월을 초과하지 못한다.

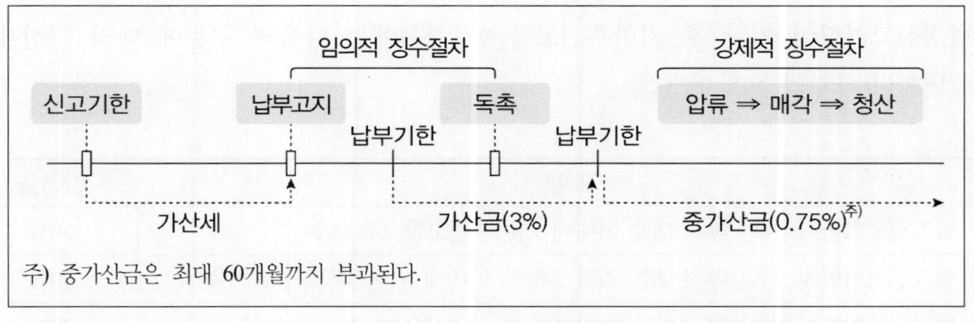

주) 중가산금은 최대 60개월까지 부과된다.

47) 2020년부터 「국세징수법」에 따른 가산금과 국세기본법에 따른 납부불성실가산세를 '납부지연가산세'로 통합함에 따라 가산금 제도는 폐지되었지만, 종전 중가산금 적용기간인 5년과 100만원 미만의 고지세액에 대한 중가산금 적용배제 규정은 그대로 적용됨을 의미한다.

8.3.2. 가산세의 감면

(1) 과소신고 · 초과환급신고가산세의 경우

법정신고기한이 지난 후 수정신고한 경우에는 다음의 구분에 따라 가산세를 감면한다(국기법 §48 ② (1)).

구 분	감면율
① 법정신고기한이 지난 후 1개월 이내에 수정신고한 경우	90%
② 법정신고기한이 지난 후 1개월 초과 3개월 이내에 수정신고한 경우	75%
③ 법정신고기한이 지난 후 3개월 초과 6개월 이내에 수정신고한 경우	50%
④ 법정신고기한이 지난 후 6개월 초과 1년 이내에 수정신고한 경우	30%
⑤ 법정신고기한이 지난 후 1년 초과 1년 6개월 이내에 수정신고한 경우	20%
⑥ 법정신고기한이 지난 후 1년 6개월 초과 2년 이내에 수정신고한 경우	10%

주) 단, 과세표준과 세액을 경정할 것을 미리 알고 과세표준수정신고서를 제출한 경우는 제외한다. 여기에서 '경정할 것을 미리 알고 제출한 경우'란 해당 국세에 관하여 세무공무원이 조사에 착수한 것을 알고 과세표준수정신고서 또는 기한후과세표준신고서를 제출한 경우 또는 해당 국세에 관하여 관할세무서장으로부터 과세자료 해명 통지를 받고 과세표준수정신고서를 제출한 경우를 말한다(국기법 §48 ② (1), 국기령 §29).

(2) 무신고가산세의 경우

법정신고기한이 지난 후 기한후신고를 한 경우에는 다음의 구분에 따라 가산세를 감면한다(국기법 §48 ② (2)).

구 분	감면율
① 법정신고기한이 지난 후 1개월 이내에 기한후신고를 한 경우	50%
② 법정신고기한이 지난 후 1개월 초과 3개월 이내에 기한후신고를 한 경우	30%
③ 법정신고기한이 지난 후 3개월 초과 6개월 이내에 기한후신고를 한 경우	20%

주) 단, 과세표준과 세액을 결정할 것을 미리 알고 기한후과세표준신고서를 제출한 경우는 제외한다(국기법 §48 ② (2)).

(3) 기타의 경우

다음 중 어느 하나에 해당하는 경우에는 다음의 구분에 따라 가산세를 감면한다(국기법 §48 ② (3)).

구 분	감면율
① 과세전적부심사 결정 · 통지기간에 그 결과를 통지하지 아니한 경우	50%
② 세법에 따른 제출, 신고, 가입, 등록, 개설의 기한이 지난 후 1개월 이내에 해당 세법에 따른 제출 등의 의무를 이행하는 경우	

가산세 계산 사례

소득세 납세의무자인 사업자 박태풍씨(복식부기의무자가 아니므로, 일반적인 가산세 규정을 적용함)는 2026년 귀속 소득세 신고를 2027년 5월 31일에 하면서 일부 매출을 누락하여 세액 1,000,000원을 과소신고하였다. 이에 대해 박태풍씨는 2027년 9월 4일 누락한 세액 1,000,000원을 포함하여 수정신고를 하고 미납세액을 납부하였다.

(물음) 박태풍씨가 수정신고를 하는 경우 부과되는 가산세는 얼마인가?

※ 해당 과소신고는 부정행위에 해당하지 아니하며, 국제거래에서 발생한 것도 아니다. 또한, 부가가치세 관련 가산세는 고려하지 않는다.

해답

(1) 과소신고가산세 : ₩1,000,000 × 10% × 50% = ₩50,000

* 법정신고기한이 지난 후 3개월 초과 6개월 이내에 수정신고하였으므로, 과소신고가산세의 50%를 감면한다.

(2) 납부지연가산세

₩1,000,000 × 0.022% × 95일(6.1.~9.3.) = ₩20,900

* 일수는 납부기한의 다음날(6월 1일)부터 자진납부일의 전날(9월 3일)의 기간으로 한다.

(3) 가산세 총액 : (1) + (2) = ₩70,900

8.4. 환급

납세의무자가 세법상 납부해야 할 금액을 초과하여 납부했거나(과납, 過納) 착오에 의해 납부하지 않아도 될 금액을 납부한 경우(오납, 誤納) 및 세법의 규정에 따라 환급해야 할 세액이 있는 경우 과세관청은 이를 납세자에게 반환하여야 하는데, 이를 '환급(還給)'이라 하며, 반환하는 금액을 '국세환급금'이라 한다.

8.4.1. 국세환급금의 환급절차

절차	내용
(1) 국세환급금 사유 발생	과오납금 및 세법의 규정에 따른 환급세액
(2) 결정	환급사유 발생시 세무서장은 즉시 국세환급금 결정
(3) 충당	• 직권충당(납세자 의사와 관계없이): 체납된 국세 등 • 신청에 의한 충당(납세자의 동의 필요): 세법에 따라 자진납부하는 국세 등
(4) 충당 후 잔액 지급	국세환급금의 결정을 한 날로부터 30일 이내 지급

8.4.2. 국세환급가산금

'국세환급가산금'이란 국세환급금을 지급하는 경우에 그 국세환급금에 가산되는 이자상당액을 말하는 것으로 다음과 같이 계산한다.

국세환급가산금 = 국세환급금 × 이자율[주1)] × 일수[주2)]

주1) 시중은행의 1년 만기 정기예금 평균 수신금리를 고려하여 재정경제부령으로 정하는 이자율을 말하는데, 매년 시행규칙 개정을 통해 변경되고 있다.

주2) 국세환급가산금 기산일(일반적으로 납부일의 다음 날)부터 충당하는 날 또는 지급결정을 하는 날까지의 기간을 말한다.

8.4.3. 국세환급금의 소멸시효

납세자의 국세환급금과 국세환급가산금에 관한 권리는 행사할 수 있는 때부터 5년간 행사하지 아니하면 소멸시효가 완성된다.

8.4.4. 국세환급금의 양도

납세자는 국세환급금에 관한 권리를 타인에게 양도할 수 있다. 이 경우 납세자는 세무서장이 국세환급금통지서를 발급하기 전에 관할세무서장에게 양도를 요구하여야 한다.

연습문제

01 다음의 설명이 옳으면 ○, 틀리면 ×를 괄호에 기재하시오.

(1) 과세표준을 신고하는 경우, 관할세무서장 외의 세무서장에게 제출된 경우에는 그 신고의 효력이 없다. (　　)

(2) 납세자는 국세환급금에 관한 권리를 타인에게 양도할 수 있다. (　　)

해답

(1) 과세표준신고서가 관할세무서장 외의 세무서장에게 제출된 경우에도 그 신고의 효력에는 영향이 없다.
(2) 맞는 진술이다.

정답 ×, ○

02 다음 중 국세기본법상 관할관청에 대한 설명으로 옳지 않은 것은?

(제117회 세무회계 2급)

① 과세표준신고서는 신고 당시 해당 국세의 납세지를 관할하는 세무서장에게 제출하여야 한다.
② 전자신고를 하는 경우에는 지방국세청장이나 국세청장에게 제출할 수 있다.
③ 과세표준신고서를 관할세무서장 외의 세무서장에게 제출된 경우에도 그 신고의 효력에는 영향이 없다.
④ 국세의 과세표준과 세액의 결정 또는 경정결정은 그 신고 당시 그 국세의 납세지를 관할하는 세무서장이 한다.

해답

국세의 과세표준과 세액의 결정 또는 경정결정은 그 처분 당시 그 국세의 납세지를 관할하는 세무서장이 한다.

정답 ④

03 다음 중 수정신고에 관한 설명으로 옳지 않은 것은? (2023년 1월 재경관리사)

① 법정신고기한까지 과세표준신고서를 제출한 자는 관할 세무서장이 각 세법에 따라 해당 국세의 과세표준과 세액을 결정 또는 경정하여 통지를 하기 전으로서 국세의 부과제척기간이 끝나기 전까지 과세표준수정신고서를 제출할 수 있다.
② 과세표준과 세액을 경정할 것을 미리 알고 과세표준수정신고서를 제출한 경우는 가산세가 감면되지 않는다.
③ 과세표준수정신고서를 법정신고기한이 지난 후 3년 이내에 제출한 자에 대하여는 기간경과 정도에 따라 가산세의 일정비율을 경감한다.
④ 법정신고기한이란 세법에 따라 과세표준신고서를 제출할 기한을 말한다.

해답

과세표준수정신고서를 법정신고기한이 지난 후 2년 이내에 제출한 자에 대하여는 기간경과 정도에 따라 가산세의 일정비율을 경감한다.

정답 ③

04 다음 중 과세표준수정신고에 관한 설명으로 옳은 것은? (2024년 1월 재경관리사)

① 과세표준신고서에 기재된 결손금액이 세법에 따라 신고하여야 할 결손금액에 미달하는 경우에도 수정신고를 할 수 있다.
② 경정이 있을 것을 미리 알고 과세표준수정신고서를 제출한 경우는 가산세가 감면되지 않는다.
③ 과세표준수정신고서를 법정신고기한이 지난 후 2년 이내에 제출한 자에 대하여는 기간경과 정도에 따라 납부지연가산세의 일정비율을 경감한다.
④ 기한 후 과세표준 신고를 한 자는 기한 후 신고서에 기재된 과세표준 및 세액이 세법에 따라 신고하여야 할 과세표준 및 세액에 미치지 못하는 경우에도 수정신고 할 수 없다.

해답

① 과세표준신고서에 기재된 결손금액이 세법에 따라 신고하여야 할 결손금액을 초과하는 경우 수정신고를 할 수 있다.
③ 과세표준수정신고서를 법정신고기한이 지난 후 2년 이내에 제출한 자에 대하여는 기간경과 정도에 따라 과소신고가산세의 일정비율을 경감한다. 납부지연가산세는 감면대상이 아니다.
④ 기한 후 과세표준 신고를 한 자도 기한 후 신고서에 기재된 과세표준 및 세액이 세법에 따라 신고하여야 할 과세표준 및 세액에 미치지 못하는 경우 수정신고를 할 수 있다.

정답 ②

05 다음 중 국세기본법상 수정신고의 요건이 아닌 것은? (제75회 세무회계 2급 수정)

① 과세표준신고서를 법정신고기한 내에 제출하거나 기한후과세표준신고서를 제출하여야 한다.
② 과세표준신고서에 기재된 과세표준 및 세액이 세법에 따라 신고하여야 할 과세표준 및 세액에 미달하게 신고하여야 한다.
③ 과세표준신고서에 기재된 결손금액 또는 환급세액이 세법에 따라 신고하여야 할 결손금액 또는 환급세액에 미달하게 신고하여야 한다.
④ 관할세무서장이 각 세법의 규정에 따라 해당 국세의 과세표준 및 세액을 결정 또는 경정하여 통지를 하기 전까지 신고하여야 한다.

해답

과세표준신고서에 기재된 결손금액 또는 환급세액이 세법에 따라 신고하여야 할 결손금액 또는 환급세액에 미치지 못하는 경우는 경정청구의 사유에 해당한다.

정답 ③

06 다음 중 수정신고에 관한 설명으로 가장 올바르지 않은 것은?

(2021년 9월 재경관리사)

① 법정신고기한까지 과세표준과 세액을 신고한 자 및 기한 후 과세표준신고를 한 자는 수정신고를 할 수 있다.
② 과세표준신고서에 기재된 결손금액 또는 환급세액이 세법에 따라 신고하여야 할 금액을 초과할 때 수정신고를 할 수 있다.
③ 수정신고기한은 따로 규정되어 있지 않고 관할세무서장이 결정 또는 경정통지를 하기 전까지 제척기간과 관계없이 수정신고 할 수 있다.
④ 수정신고를 법정신고기한 경과 후 2년 이내에 한 자에 대해서는 기간경과 정도에 따라 과소신고 · 초과환급신고 가산세의 일정비율을 경감한다.

해답

과세표준수정신고서는 관할세무서장이 해당 국세의 과세표준과 세액을 결정 또는 경정하여 통지하기 전으로서 국세부과 제척기간이 끝나기 전까지 제출할 수 있다.

정답 ③

07 다음 중 국세기본법상 경정청구에 관한 설명으로 가장 올바르지 않은 것은?

(2022년 9월 재경관리사)

① 결손금을 과소신고한 경우에도 경정청구를 할 수 있다.
② 법정신고기한이 지난 후 5년 이내에 청구하여야 한다.
③ 결정 또는 경정으로 인하여 증가된 과세표준 및 세액에 대해서는 해당 처분이 있음을 안 날로부터 60일 이내에 경정청구를 할 수 있다.
④ 소송에 대한 판결 등의 후발적 사유가 발생하였을 경우 그 사유가 발생한 것을 안 날로부터 3개월 이내 결정 또는 경정을 청구할 수 있다.

해답

결정 또는 경정으로 인하여 증가된 과세표준 및 세액에 대하여는 해당 처분이 있음을 안 날부터 3개월 이내(법정신고기한이 지난 후 5년 이내로 한정)에 경정을 청구할 수 있다.

정답 ③

08 ㈜삼일은 이자 수령시 원천징수된 세액을 납부할 세액에서 차감하지 않고 법인세를 신고 · 납부하였다. 조세부담을 최소화하기 위해 과다납부한 법인세에 대해 ㈜삼일이 수행할 절차에 대한 설명으로 가장 옳은 것은?

(2022년 3월 재경관리사)

① 과다하게 신고 · 납부되었으므로 경정청구를 통하여 환급을 받아야 한다.
② 당초 법정신고기한까지 과세표준신고서를 제출하지 아니한 경우에도 경정청구가 가능하다.
③ 과다하게 신고 · 납부된 법인세는 경정청구 혹은 수정신고를 통해 환급받을 수 없다.
④ 과다하게 신고 · 납부된 법인세는 행정소송을 통해서만 환급을 받을 수 있다.

해답

기납부세액을 차감하지 않아 세액을 과다신고하였으므로 경정청구가 가능하다.

정답 ①

09 다음 중 국세기본법상 기한 후 신고제도에 관한 설명으로 옳지 않은 것은?

(2023년 7월 재경관리사)

① 법정신고기한 내에 과세표준신고서를 제출하지 아니한 자는 기한 후 신고를 할 수 없다.
② 법정신고기한이 지난 후 1개월 초과 3개월 이내 기한 후 신고납부를 한 경우 무신고가산세의 30%를 감면한다.
③ 관할세무서장이 세법에 의하여 해당 국세의 과세표준과 세액을 결정하여 통지하기 전까지 기한후과세표준신고서를 제출할 수 있다.
④ 기한후과세표준신고서를 제출한 자가 과세표준수정신고서를 제출한 경우 관할세무서장은 세법에 따라 신고일부터 3개월 이내에 해당 국세의 과세표준과 세액을 결정 또는 경정하여 신고인에게 통지하여야 한다.

해답

법정신고기한 내에 과세표준신고서를 제출하지 아니한 자는 기한 후 신고를 할 수 있다.

정답 ①

10 다음 중 국세기본법상 기한후신고에 대한 설명으로 옳지 않은 것은?

(제78회 세무회계 2급)

① 법정신고기한까지 과세표준신고서를 제출하지 아니한 자는 관할세무서장이 해당 국세의 과세표준과 세액을 결정하여 통지하기 전까지 기한후과세표준신고서를 제출할 수 있다.

② 기한후과세표준신고서를 제출한 자로서 세법에 따라 납부하여야할 세액이 있는 자는 그 세액을 납부하여야 한다.

③ 기한후과세표준신고서를 제출한 경우 관할세무서장은 신고일부터 1개월 이내에 해당 국세의 과세표준과 세액을 결정하여야 한다.

④ 기한후과세표준신고서 접수 후 그 과세표준과 세액을 조사할 때 조사 등에 장기간이 걸리는 등 부득이한 사유로 법정기한 내에 결정할 수 없는 경우에는 그 사유를 신고인에게 통지하여야 한다.

해답

관할세무서장은 세법에 따라 신고일부터 3개월 이내에 해당 국세의 과세표준과 세액을 결정하여 신고인에게 통지하여야 한다.

정답 ③

11 다음 중 기한후신고제도에 대한 설명으로 가장 올바르지 않은 것은?

(2021년 7월 재경관리사)

① 법정신고기한 경과 후 1개월 이내에 기한후신고를 한 경우 무신고가산세의 50%를 감면한다.

② 법정신고기한 경과 후 3개월 뒤 기한후신고를 한 경우 무신고가산세를 감면하지 않는다.

③ 기한후과세표준신고서를 제출한 자로서 세법에 따라 납부하여야 할 세액이 있는 자는 그 세액을 납부하여야 한다.

④ 관할세무서장이 세법에 의하여 당해 국세의 과세표준과 세액을 결정하여 통지하기 전까지 기한후과세표준신고서를 제출할 수 있다.

해답

법정신고기한이 지난 후 3개월 초과 6개월 이내에 기한후신고를 한 경우 무신고가산세의 20%를 감면한다.

정답 ②

12 다음은 신문기사의 일부이다. ( )안에 들어갈 내용으로 가장 옳은 것은?

(2021년 11월 재경관리사)

빠뜨린 연말정산 추가환급 이렇게 신청

시간이 촉박해 소득 및 세액공제 항목 중 일부를 누락한 사람들도 많다. 국세청에서 간소화서비스를 제공하면서 각종 영수증을 일일이 챙기는 부담은 덜었지만 1년에 한 번하는 연말정산이다 보니 빠뜨리는 경우가 많다.

이럴 때 활용할 수 있는 것이 바로 ( )라는 제도이다. ( )는 연말정산시 제대로 신고를 못해 세금을 환급받지 못한 사람들에게 환급받을 수 있는 기회를 주는 제도이다.

① 경정청구
② 수시부과
③ 수정신고
④ 기한후신고

해답

연말정산 과정에서 환급받을 세액보다 과소하게 환급방은 경우 경정청구가 가능하다.

정답 ①

13 다음 중 국세기본법상 수정신고와 경정청구에 대한 설명으로 옳지 않은 것은?

(제77회 세무회계 2급 수정)

① 당초 과세표준과 세액의 과소신고의 경우에는 수정신고한다.
② 결정 또는 경정의 청구를 받은 세무서장은 그 청구를 받은 날부터 3월 이내에 결과를 청구한 자에게 통지하여야 한다.
③ 경정청구는 법정신고기한 경과 후 5년 이내에만 청구할 수 있다. 다만, 후발적 사유가 있는 경우 달리할 수 있다.
④ 근로소득만 있는 자 등의 경우에도 수정신고 및 경정청구가 가능하다.

해답

결정 또는 경정의 청구를 받은 세무서장은 그 청구를 받은 날부터 2개월 이내에 결과를 청구를 한 자에게 통지하여야 한다.

정답 ②

14 다음 중 수정신고와 경정청구에 관한 설명으로 가장 올바르지 않은 것은?

(2016 재경관리사 수정)

① 법정신고기한 내에 과세표준신고를 한 자 및 기한후과세표준신고서를 제출한 자에 한하여 수정신고 혹은 경정청구를 할 수 있다.
② 원칙적으로 수정신고는 관할세무서장이 당해 국세에 대한 과세표준과 세액의 결정 또는 경정 통지를 하기 전까지 할 수 있다.
③ 납세의무자가 당초 신고시 과세표준 및 세액을 과다신고 하거나 결손금액 또는 환급세액을 과소신고한 경우에 수정신고를 할 수 있다.
④ 법정신고기한 경과 후 3개월 초과 6개월 이내에 수정신고 시 과소신고가산세를 50% 감면 받을 수 있다.

해답

과세표준 및 세액을 과다신고 하거나 결손금액 또는 환급세액을 과소신고한 경우에 경정청구를 할 수 있다.

정답 ③

15 다음 중 국세기본법상 가산세에 관한 설명으로 가장 올바르지 않은 것은?

(2021년 12월 재경관리사 수정)

① 가산세란 세법에서 규정하는 의무의 성실한 이행을 확보하기 위하여 세법에 따라 산출한 세액에 가산하여 징수하는 금액을 말한다.
② 가산세는 해당 의무가 규정된 세법의 해당 국세의 세목으로 한다.
③ 부정행위로 신고의무를 위반한 경우에도 신고불성실가산세는 중과되지 않는다.
④ 가산세는 납부할 세액에 가산하거나 환급받을 세액에서 공제한다.

해답

부정행위의 경우 신고불성실가산세는 중과(40%, 역외거래 부정행위 60%)된다.

정답 ③

16 다음 중 국세기본법상 무신고가산세 또는 과소신고가산세 부과시 부정행위로 보는 것이 아닌 것은? (2024년 7월 재경관리사)

① 이중장부의 작성
② 재산의 은닉
③ 신고기한까지 신고를 하지 아니하는 경우
④ 거짓 증빙의 작성

해답

단순히 신고기한까지 신고를 하지 아니하는 경우는 부정 무신고가 아닌 일반 무신고에 해당한다.

정답 ③

17 다음 중 가산세 부과에 관한 설명으로 가장 올바르지 않은 것은?

(2022년 6월 재경관리사)

① 무신고가산세는 납세의무자가 법정신고기한까지 세법에 따른 국세의 과세표준 신고를 하지 아니한 경우로서 해당 무신고가 부정행위로 인한 경우에는 무신고납부세액의 20%가 된다.
② 원천징수 등 납부지연가산세는 국세를 징수하여 납부할 의무를 지는 자가 징수하여야 할 세액을 세법에 따른 납부기한까지 납부하지 아니하거나 과소납부한 경우의 가산세를 말한다.
③ 납부지연가산세는 납세의무자가 세법에 따른 납부기한까지 국세를 납부하지 아니하거나 납부하여야 할 세액보다 적게 납부한 경우의 가산세를 말한다.
④ 가산세를 부과하는 경우 그 부과의 원인이 천재지변 등의 기한연장 사유 또는 납세의무자가 의무를 이행하지 않은 것에 대한 정당한 사유가 있을 때에는 해당 가산세를 부과하지 않는다.

해답

부정행위의 경우 신고불성실가산세는 중과(40%, 역외거래 부정행위 60%)된다.

정답 ①

18 다음 중 국세기본법상 가산세의 감면에 관한 설명으로 옳은 것은?

(2024년 5월 재경관리사)

① 국세를 감면하는 경우에 가산세는 그 감면하는 국세에 포함한다.
② 과세표준과 세액을 경정할 것을 미리 알고 과세표준수정신고서를 제출한 경우에는 법정신고기한이 지난 후 1개월 이내에 수정신고한 경우에만 가산세를 감면한다.
③ 납세자가 의무를 이행하지 아니한 데에 정당한 사유가 있는 경우에는 가산세의 90%에 상당하는 금액을 감면한다.
④ 과세표준신고서를 법정신고기한까지 제출하지 아니한 자가 법정신고기한이 지난 후 1개월 이내에 기한 후 신고를 한 경우에는 무신고가산세의 50%에 상당하는 금액을 감면한다.

해답

① 국세를 감면하는 경우에 가산세는 그 감면하는 국세에 포함하지 아니한다.
② 과세표준과 세액을 경정할 것을 미리 알고 과세표준수정신고서를 제출한 경우에는 가산세를 감면하지 아니한다.
③ 납세자가 의무를 이행하지 아니한 데에 정당한 사유가 있는 경우에는 가산세를 부과하지 아니한다.

정답 ④

19 다음 중 국세기본법상 가산세 감면사유에 해당하지 않는 것은?

(제74회 세무회계 2급 수정)

① 법정신고기한 경과 후 6개월 이내에 기한 후 신고를 한 경우
② 법정신고기한 경과 후 1개월 이내에 기한 후 신고를 한 경우
③ 법정신고기한 경과 후 6개월 이내에 수정신고한 경우(경정이 미리 있을 줄 안 경우 포함)
④ 세법에 따른 서류의 제출기한이 지난 후 1개월 이내에 제출하는 경우

해답

경정할 것을 미리 알고 과세표준수정신고서를 제출한 경우는 가산세 감면대상이 아니다.

정답 ③

20 다음은 과세와 관련된 국세기본법의 규정이다. 빈칸을 채우시오.

(1) 과세표준신고서를 법정신고기한까지 제출한 자 및 기한후과세표준신고서를 제출한 자는 과세표준신고서에 기재된 과세표준 및 세액이 세법에 따라 신고하여야 할 과세표준 및 세액에 미치지 못할 때에는 (   )을/를 할 수 있다.

(2) 과세표준신고서를 법정신고기한까지 제출한 자 및 기한후과세표준신고서를 제출한 자는 과세표준신고서에 기재된 과세표준 및 세액이 세법에 따라 신고하여야 할 과세표준 및 세액을 초과할 때에는 법정신고기한이 지난 후 (   )년 이내에 (   )을/를 할 수 있다.

(3) 법정신고기한까지 과세표준신고서를 제출하지 아니한 자는 (   )을/를 할 수 있다.

(4) 법정신고기한 경과 후 1개월 이내에 기한후신고를 하는 경우 무신고가산세를 (   )%를 감면 받으며, 1개월 초과 3개월 이내에 신고를 하는 경우 무신고가산세의 (   )%, 3개월 초과 6개월 이내에 신고를 하는 경우 무신고가산세의 (   )%를 감면 받는다.

(5) 법정신고기한 경과 후 1개월 이내에 수정신고를 한 경우에는 과소신고가산세를 (   )% 경감한다. 1개월 초과 3개월 이내에 수정신고한 경우에는 (   )%, 3개월 초과 6개월 이내에 수정신고한 경우에는 (   )%, 6개월 초과 1년 이내에 수정신고한 경우에는 (   )%, 1년 초과 1년 6개월 이내에 수정신고한 경우에는 (   )%, 1년 6개월 초과 2년 이내에 수정신고한 경우에는 (   )%를 경감한다.

해답

정답 (1) 수정신고, (2) 5, 경정청구, (3) 기한후과세표준신고,
(4) 50, 30, 20, (5) 90, 75, 50, 30, 20, 10

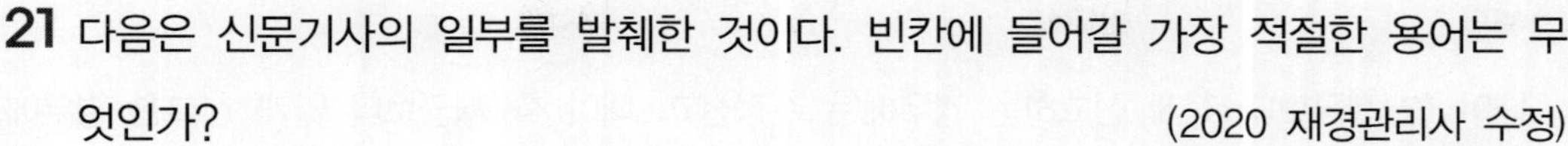

21 다음은 신문기사의 일부를 발췌한 것이다. 빈칸에 들어갈 가장 적절한 용어는 무엇인가? (2020 재경관리사 수정)

> 지난 2020년 귀속 법인세 1,000만원을 신고납부한 중소기업 A사는 뒤늦게 300만원을 초과납부한 사실을 알게 됐다. A사는 어떻게 300만원을 돌려받을 수 있을까? A사와 같이 세금을 덜 냈거나 더 냈을 때에 이를 바로잡기 위해서는 (가) 또는 (나)의 절차를 거쳐야 한다.
>
> 내야 할 세금보다 적게 신고한 경우에는 (가)를, 내야 할 세금보다 많게 신고한 경우에는 (나)를 해야 한다. (나)는 더 낸 세금을 돌려받아야 할 납세자의 권리행사이기 때문에 납세자가 적극적으로 행사하게 마련이지만, (가)는 꺼릴 수 있는데, 이는 아주 위험한 일이다. 일부러 적게 신고하진 않았지만 적극적으로 (가)를 하지 않는다면 과세관청인 국세청에서 고의적인 탈루로 보고, 직접 나서서 가산세까지 물릴 수 있기 때문이다. 그렇다고 아무 때나 (가)나 (나)를 할 수 있는 것은 아니다. 법정신고기한 내에 신고한 경우에만 신청할 수 있다.
>
> 만약 법정 신고기한 내에 신고하지 않았다면, (다)를 해야 한다. A사의 경우 2020년 귀속 법인세를 신고 · 납부했기 때문에 신고기한인 2021년 3월 31일로부터 5년이 되는 시점인 2026년 3월 31일이 (나)를 할 수 있는 기한이 된다.
>
> 만약 2026년 9월 현재 A사가 (나)를 하지 못했다면 A사는 기한을 놓쳤기 때문에 (나)를 통해서는 더 낸 세금 300만원을 환급 받을 수 없다.

	(가)	(나)	(다)
①	수정신고	경정청구	기한 후 신고
②	경정청구	수정신고	기한 후 신고
③	기한 후 신고	수정신고	경정청구
④	수정신고	기한 후 신고	경정청구

해답

내야 할 세금보다 적게 신고하는 경우에는 수정신고, 내야 할 세금보다 많게 신고한 경우에는 경정청구, 법정신고기한 내에 신고하지 않은 경우에는 기한 후 신고를 할 수 있다.

정답 ①

22 다음 중 국세기본법상 부당무신고가산세가 적용되는 부당한 방법에 해당되지 아니한 것은? (제78회 세무회계 2급)

① 이중장부의 작성 등 장부의 허위기장 또는 장부와 기록의 파기의 경우
② 허위증빙 또는 허위문서를 작성하거나 또는 허위임을 알고 수취한 경우
③ 재산을 은닉하거나 소득, 수익, 행위, 거래의 조작 또는 은폐의 경우
④ 특수관계자에게 시중의 이율보다 낮게 대여한 경우

해답

특수관계자에게 시중의 이율보다 낮게 대여한 경우는 부당행위계산의 부인 규정을 적용받는다('**제5장 특수관계인**' 참고, 향후 법인세법 등에서 학습 예정).

정답 ④

23 다음 중 국세기본법상 일정기간 내 기한후 신고나 수정신고를 해도 감면이 되지 않는 가산세는? (제75회 세무회계 2급)

① 납부지연가산세 ② 초과환급신고가산세
③ 과소신고가산세 ④ 무신고가산세

해답

납부지연가산세는 감면대상이 아니다.

정답 ①

24 다음 중 국세기본법상 국세환급금에 대한 설명으로 옳지 않은 것은?

(제78회 세무회계 2급 수정)

① 납세자의 국세환급금과 국세환급가산금에 관한 권리는 행사할 수 있는 때부터 5년간 행사하지 아니하면 소멸시효가 완성된다.

② 국세환급금으로 세법에 따라 자진납부하는 국세에 충당하는 경우에는 그 납세자에게 충당의 동의를 구하지 않아도 된다.

③ 국세환급금 중 충당한 후 남은 금액은 국세환급금의 결정을 한 날부터 30일 내에 납세자에게 지급하여야 한다.

④ 납세자는 국세환급금에 관한 권리를 법령이 정하는 바에 따라 타인에게 양도할 수 있다.

해답

체납된 국세 등에 충당하는 경우에는 납세자의 동의를 구하지 않아도 되나, 세법에 따라 자진납부하는 국세에 충당하는 경우에는 납세자에게 충당의 동의를 구하여야 한다.

정답 ②

25 다음 중 국세의 환급에 관한 설명으로 가장 올바르지 않은 것은?

(2021년 6월 재경관리사)

① 국세환급금이란 납세의무자가 국세 및 강제징수비로서 납부한 금액 중 잘못 납부하거나 초과하여 납부한 금액이 있거나 세법에 따라 환급하여야 할 환급세액(세법에 따라 환급세액에서 공제하여야 할 세액이 있을 때에는 공제한 후에 남은 금액)이 있을 때 환급을 결정한 금액을 말한다.

② 국세환급금은 다른 세금과 상계하여 충당한 후 남은 잔액을 납세자에게 지급하여야 한다.

③ 납세자의 국세환급금에 관한 권리는 이를 행사할 수 있는 때로부터 10년간 행사하지 않으면 소멸시효가 완성한다.

④ 국세환급가산금이란 국세환급금을 충당 또는 지급하는 경우 그 국세환급금에 가산되는 법정이자 상당액을 말한다.

해답

납세자의 국세환급금에 관한 권리는 이를 행사할 수 있는 때로부터 5년간 행사하지 않으면 소멸시효가 완성한다.

정답 ③

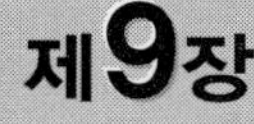

제9장 조세쟁송

여러분들이 온라인 게임에 필요한 게임 아이템 혹은 게임 머니를 중개업체의 인터넷사이트를 통해 다른 게임이용자로부터 싸게 매수한 다음 이를 다른 게임이용자에게 비싸게 팔아 이윤을 남기는 행위를 계속·반복적으로 수행하고 있다고 가정하여 보자. 여러분들은 게임 아이템 등의 거래가 세금 부과 대상이 아니라는 판단으로 과세관청에 사업자등록도 하지 않았으며, 당연히 관련 세금에 대해 세무서에 신고도 하지 않았다. 과세관청은 구체적인 탈세제보를 받고 세무조사를 벌인 결과 여러분들이 하고 있던 게임 아이템 등의 계속·반복적인 거래행위가 부가가치세와 소득세 과세대상이 되는 '사업적 행위'에 해당한다고 판단하여, 그 동안 신고하지 않아 과세가 되지 않았던 소득에 대한 세액을 추징하고자 한다.[48)]

이 경우 세무서는 본격적인 '과세처분'을 하기에 앞서 여러분들에게 먼저 '세무조사결과에 대한 서면통지'[49)]를 하게 될 것이다. 이러한 통지가 있은 이후 과세관청은 '납부고지서 발부 등'의 본격적인 과세처분을 시작하게 된다.

만약 여러분들이 과세관청의 과세처분을 순순히 받아들인다면 세금을 내면 끝나는 문제이다. 하지만 여러분들이 과세관청의 처분을 받아들일 수 없다면[불복(不服), 따

48) 해당 사례는 윤모씨가 과세관청(남대구세무서)의 부가가치세 및 종합소득세 부과처분에 불복하여 실제 대법원까지 상고하였지만 기각(패소)된 사건을 재구성한 것이다.

49) 과세관청의 과세처분은 대부분 해당 업체 등에 대한 세무조사를 통해 이루어지게 된다. 세무조사결과 과세처분을 하려고 하는 과세관청은 해당 처분을 하기 전에 국세기본법에 따라 납세자에게 서면으로 통지하여야 하는데, 이를 '세무조사결과에 대한 서면통지'라고 한다. 한편, 세무조사 없이도 상급기관이 업무감사를 통해 과세관청의 과세처분이 잘못된 것을 확인한 경우에도 과세처분을 할 수 있다. 이 경우에도 과세처분을 하기에 앞서 납세자에게 그 사실을 미리 알려야 하는데, 이를 '과세예고통지'하고 한다. 이러한 세무조사결과에 대한 서면통지나 과세예고통지는 "이러한 부분에 대해 과세하려고 하니, 한 번 내용을 확인해 보세요."라는 내용을 담고 있는 문서이며, 실제 세금을 내라는 고지서는 아니다.

르지 않음] 어떻게 될까? 여기에 대해 국세기본법은 납세자를 구제하기 위한 조세 구제제도로서 '불복절차'를 규정하고 있다. 하지만 불복절차는 여러분들이 과세관청으로부터 구체적인 '처분(납부고지서 수령 등)'을 받은 이후에야 가능하다. 만약 여러분들이 과세관청의 과세처분이 있기 전에 이를 다투고 싶은 경우에는 과세전적부심사[50]를 통해 과세관청의 처분이 합당한지 여부에 대해 따질 수 있다.

즉, 국세기본법에는 과세관청의 과세처분이 있기 전에(예를 들어, 과세예고통지만을 받은 경우 등) 납세자의 권리를 실효성 있게 구제할 수 있도록 사전적 구제제도인 '과세전적부심사제도(課稅前適否審査制度)'를 두고 있고, 심사 결과 납세자의 요구가 받아들여지지 않아 실제로 과세처분(예를 들어, 납부고지서의 발부 등)이 이루어진 이후 납세자의 권리를 구제할 수 있도록 사후적 구제제도인 '불복청구제도(不服請求制度)'에 대한 규정을 두고 있다. '사전'과 '사후'를 나누는 기준시점은 과세관청으로부터 구체적인 '처분(과세처분)'을 받은 때가 된다.

┃그림 2.9.1┃ 납세자권리 구제제도

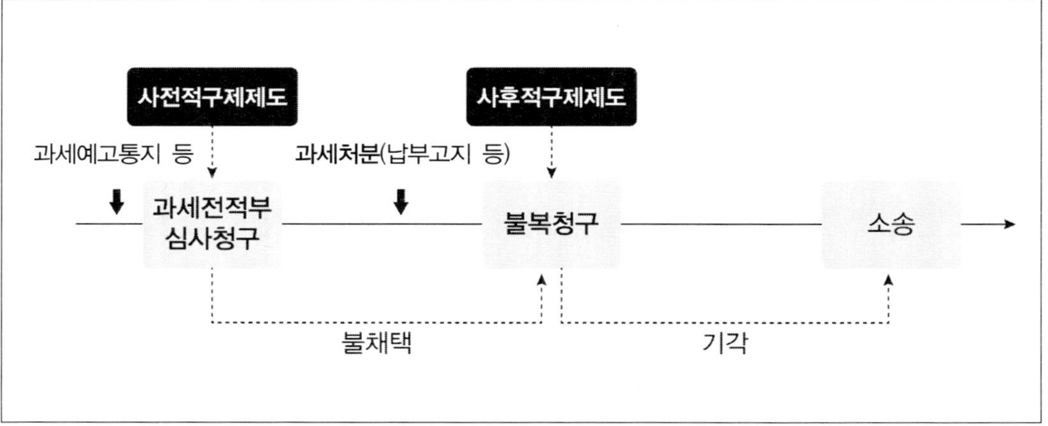

50) 유사하게, 검찰이 피의자를 구속하려는 경우, 피의자는 이러한 구속이 합당한지 여부에 대해 법원에 심사를 청구할 수 있는데, 이를 '구속적부심사(拘束適否審査)'라고 한다.

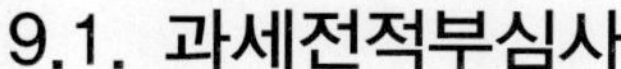

9.1. 과세전적부심사

9.1.1. 의의

다음 중 어느 하나에 해당하는 통지를 받은 자는 통지를 한 세무서장이나 지방국세청장에게 통지 내용의 적법성에 관한 심사(과세전적부심사)를 청구할 수 있다. 다만, 법령과 관련하여 국세청장의 유권해석을 변경하여야 하거나 새로운 해석이 필요한 경우 등에 대해서는 국세청장에게 청구할 수 있다.

① 세무조사결과에 대한 서면통지
② 과세예고통지

9.1.2. 청구기한 및 결정기한

(1) 청구기한

통지를 받은 자는 통지를 받은 날부터 30일 이내에 통지를 한 세무서장이나 지방국세청장에게 과세전적부심사를 청구할 수 있다.[51)]

(2) 결정기한

과세전적부심사 청구를 받은 세무서장, 지방국세청장 또는 국세청장은 각각 국세심사위원회의 심사를 거쳐 결정을 하고 그 결과를 청구를 받은 날부터 30일 이내에 청구인에게 통지하여야 한다.

---

51) 과세전적부심사 청구의 내용이나 절차가 국세기본법법 또는 세법에 적합하지 아니하나 보정(補正)할 수 있다고 인정되면 20일 이내의 기간을 정하여 보정할 것을 요구할 수 있다. 다만, 보정할 사항이 경미한 경우에는 직권으로 보정할 수 있다. '보정(補正, supplementation, 보충하거나 고침)'이란 부족한 부분을 보충하여 바르게 한다는 의미이다.

9.1.3. 결정의 종류

과세전적부심사 청구에 대한 결정은 다음의 구분에 따른다.

① 청구가 이유 없다고 인정되는 경우: 채택하지 아니한다는 결정
② 청구가 이유 있다고 인정되는 경우: 채택하거나 일부 채택하는 결정 또는 재조사 결정[주1)]
③ 형식적 · 절차적 요건에 흠결이 있는 경우[주2)]: 심사하지 아니한다는 결정

주1) 구체적인 채택의 범위를 정하기 위하여 사실관계 확인 등 추가적으로 조사가 필요한 경우에는 통지를 한 세무서장이나 지방국세청장으로 하여금 이를 재조사하여 그 결과에 따라 당초 통지 내용을 수정하여 통지하도록 하는 재조사 결정을 할 수 있다.

주2) 청구가 다음 중 어느 하나에 해당하는 경우에 심사하지 아니한다는 결정을 한다.
① 청구기간이 지난 후에 청구된 경우
② 과세전적부심사 청구 후 보정기간에 필요한 보정을 하지 아니한 경우
③ 그 밖에 청구가 적법하지 아니한 경우

▌그림 2.9.2▐ 과세전적부심사 절차

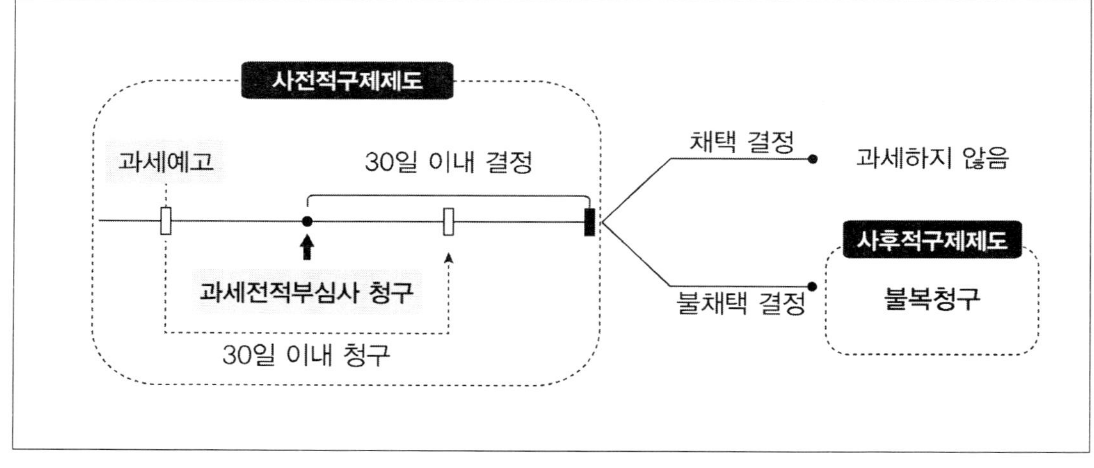

9.2. 국세불복절차

‖ 그림 2.9.3 ‖ 불복절차 개요

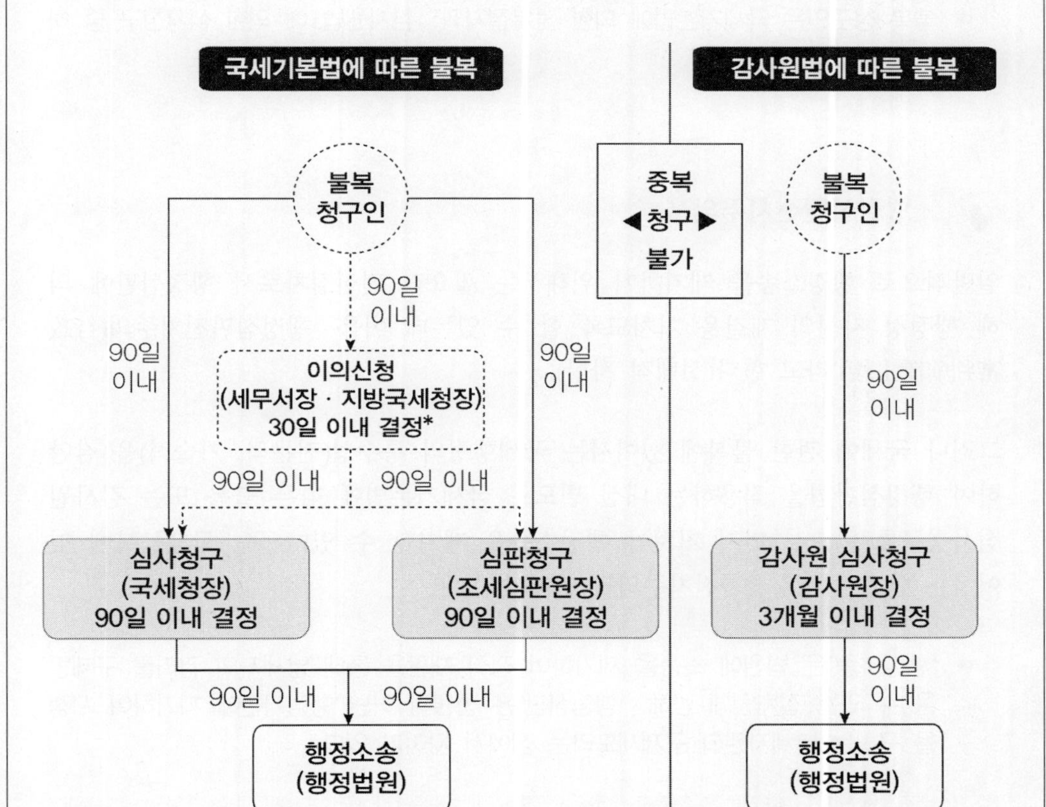

* 다만, 이의신청인이 송부받은 의견서에 대하여 해당 결정기간 내에 항변하는 경우에는 이의신청을 받은 날부터 60일 이내에 하여야 한다.

주1) 이의신청은 생략 가능하다.

주2) 동일한 처분에 대하여 심사청구와 심판청구를 중복하여 제기할 수 없다.

주3) 동일한 처분에 대하여 국세기본법상의 불복과 「감사원법」에 의한 심사청구를 중복하여 제기할 수 없다.

감사원 심사청구

감사원의 감사를 받는 자의 직무에 관한 처분 기타 행위에 관하여 이해관계 있는 자는 감사원에 그 행위에 대해 심사의 청구를 할 수 있다(감사원법 §43).

☞ 불복 청구인은 국세기본법에 의한 불복절차와 「감사원법」에 의한 심사청구 중 하나를 '선택'할 수 있다.

행정심판전치주의

일반적으로 행정소송을 제기하기 위해서는 필요적 전심절차로서 행정심판에 의해 행정청 자신의 재결을 거치도록 할 수 있는데 이를 '행정심판전치주의(行政審判前置主義)'라고 한다(선택적 사항).

그러나 국세에 관한 불복에 있어서는 국세행정의 특수성(전문적, 기술적)을 감안하여 행정심판법을 적용하는 대신 별도로 국세기본법에 따른 불복 또는 감사원 심사청구를 반드시 먼저 거쳐야 행정소송을 제기할 수 있다. 즉, 국세불복에 있어서는 반드시 행정심판전치주의를 따라야 한다.

☞ '행정소송'은 법원에 소송을 제기하여 정식 재판을 통해 납세자의 권리를 구제받을 수 있는 절차인데 반해, '행정심판'은 법원이 아닌 행정기관에 제기하여 시정을 구하는 납세자권리 구제제도라는 점에서 차이가 있다.

9.2.1. 불복대상

국세기본법 또는 세법에 따른 처분으로서 위법 또는 부당한 처분을 받거나 필요한 처분을 받지 못함[52]으로 인하여 권리나 이익을 침해당한 자는 그 처분의 취소 또는 변경을 청구하거나 필요한 처분을 청구할 수 있다.

---

52) 과세관청이 일정한 처분을 하는 행위를 '작위(作爲)'처분이라고 하며, 과세관청이 해야 할 처분을 하지 않는 행위를 '부작위(不作爲)'처분이라고 한다. 이러한 작위 및 부작위처분 모두가 불복의 대상이 된다. 부작위처분의 예로는, 별 다른 사유 없이 과세예고통지 없이 납부고지를 하거나, 과세전적부심사를 청구하였음에도 이에 대한 결정 없이 과세처분을 하는 경우 등을 들 수 있다.

9.2.2. 불복배제

다만, 다음의 처분에 대해서는 불복을 청구할 수 없다.

① 이의신청·심사청구 또는 심판청구에 대한 처분 ☞ 다만, 이의신청에 대한 처분에 대하여 심사청구 또는 심판청구는 가능함
➲ 즉, 동일 심급에서는 다시 불복할 수 없고 상급심으로의 불복만 가능
② 조세범처벌절차법에 의한 통고처분[주1)]
③ 감사원법에 의하여 심사청구를 한 처분이나 그 심사청구에 대한 처분
➲ 국세기본법에 의한 불복절차와 감사원법에 의한 심사청구는 중복으로 진행 불가
④ 국세기본법 및 세법에 따른 과태료 부과처분[주2)]

주1) '통고처분(通告處分)'이란 과세관청이 조세범 등에 대해 벌금 및 추징금 등에 상당하는 금액을 납부하도록 통고하는 행위를 말한다. 만약 통고처분을 받은 자가 이를 이행하지 않지 않는 경우, 해당 사건은 검찰에 고발되어 형사소송법에 따라 처리가 된다. 따라서 이 경우에는 국세기본법 상의 불복을 청구할 수 없다.

주2) 과태료는 국세기본법이 아닌 「질서위반행위규제법」상의 불복절차에 따른다.

9.2.3. 불복청구의 효력(집행부정지)

이의신청, 심사청구 또는 심판청구는 해당 처분의 집행에 효력을 미치지 아니한다 [집행부정지(執行不停止) 원칙]. 이는 세금납부를 회피하기 위하여 불복제도를 악용하는 사례를 방지하기 위한 것이다.

다만, 해당 재결청(裁決廳)[53]이 필요하다고 인정할 때에는 그 처분의 집행을 중지하게 하거나 중지할 수 있다.[54]

---

53) '재결청(裁決廳)'이란 재결(裁決, 사건에 대한 결정) 권한을 가진 기관을 의미한다. 예를 들어, 이의신청의 재결청은 세무서장 또는 지방국세청장이고, 심사청구의 재결청은 국세청장이며, 심판청구의 재결청은 조세심판관회의가 된다. 반면, '처분청(處分廳)'이란 과세처분을 한 과세관청으로 처분청의 과세처분이 불복의 대상이 된다.

54) 이의신청인, 심사청구인 또는 심판청구인이 심각한 재해를 입은 경우에 이를 정부가 조사하기 위해 상당한 시일이 필요하다고 인정되는 경우에만 할 수 있다.

9.2.4. 이의신청

(1) 청구절차

이의신청은 해당 처분을 하였거나 하였어야 할 세무서장에게 하거나 세무서장을 거쳐 관할지방국세청장에게 하여야 한다. 다만, 다음의 경우에는 관할지방국세청장에게 하여야 한다.

① 지방국세청장의 조사에 따라 과세처분을 한 경우
② 조사한 세무서장과 과세처분한 세무서장이 서로 다른 경우
③ 세무서장에게 과세전적부심사를 청구한 경우

이의신청은 심사청구 또는 심판청구에 앞서 제기할 수 있는 임의적(선택적) 절차로 생략 가능하며, 곧바로 심사청구나 심판청구를 제기할 수 있다.

(2) 청구기한

이의신청은 해당 처분이 있음을 안 날(처분의 통지를 받은 때에는 그 받은 날)부터 90일 이내에 제기하여야 한다.

(3) 결정기한

이의신청에 대한 결정은 이의신청을 받은 날부터 30일 이내에 하여야 한다. 다만, 이의신청인이 송부받은 의견서에 대하여 해당 결정기간 내에 항변하는 경우에는 이의신청을 받은 날부터 60일 이내에 하여야 한다.

9.2.5. 심사청구

(1) 청구절차

심사청구는 해당 처분을 하였거나 하였어야 할 세무서장을 거쳐 국세청장에게 하여야 한다.

(2) 청구기한

심사청구는 해당 처분이 있음을 안 날(처분의 통지를 받은 때에는 그 받은 날)부터 90일 이내에 제기하여야 한다.

이의신청을 거친 후 심사청구를 하려면 이의신청에 대한 결정의 통지를 받은 날부터 90일 이내에 제기하여야 한다. 다만, 이의신청에 대한 결정기간 내에 결정의 통지를 받지 못한 경우 또는 이의신청에 대한 재조사 결정이 있은 후 처분기간 내에 처분 결과의 통지를 받지 못한 경우에는 결정의 통지를 받기 전이라도 그 결정기간이 지난 날부터 90일 이내에 심사청구를 할 수 있다.

(3) 결정기한

심사청구에 대한 결정은 심사청구를 받은 날부터 90일 이내에 하여야 한다.

표 2.9.1 심사청구 기한

구분	내용
(1) 일반적인 경우	해당 처분이 있음을 안 날(처분의 통지를 받은 때에는 그 받은 날)부터 90일 이내
(2) 이의신청을 거친 경우	이의신청에 대한 결정의 통지를 받은 날부터[주)] 90일 이내

주) 다만, 이의신청 후 30일(항변하는 경우 60일)의 결정기간 내에 결정통지를 받지 못한 경우 및 이의신청에 대한 재조사 결정이 있은 후 처분기간 내(재조사 결정일로부터 60일 이내)에 처분 결과의 통지를 받지 못한 경우에는 결정통지를 받기 전이라도 그 결정 또는 처분기간이 지난 날부터 90일 이내에 심사청구를 할 수 있다.

9.2.6. 심판청구

(1) 청구절차

심판청구는 그 처분을 하였거나 하였어야 할 세무서장을 거쳐 조세심판원장[55)]에게

55) 심판청구에 대한 결정을 하기 위하여 국무총리 소속으로 조세심판원을 두고 있다. 조세심판원은 그 권한에 속하는 사무를 독립적으로 수행한다. 조세심판원은 원장, 6심판부[내국세4, 내국세(소액)+관세1, 지방세1], 13조사관실 및 행정실로 구성되어 있으며, 각 조세심판관회의는 상임심판관 2인 및 비상임심판관 2인으로 구성되고, 합의제로 심판결정이 이루어진다.

하여야 한다.

(2) 청구기한

심판청구는 해당 처분이 있음을 안 날(처분의 통지를 받은 때에는 그 받은 날)부터 90일 이내에 제기하여야 한다.

이의신청을 거친 후 심판청구를 하려면 이의신청에 대한 결정의 통지를 받은 날부터 90일 이내에 제기하여야 한다. 다만, 이의신청에 대한 결정기간 내에 결정의 통지를 받지 못한 경우 또는 이의신청에 대한 재조사 결정이 있은 후 처분기간 내에 처분 결과의 통지를 받지 못한 경우에는 결정의 통지를 받기 전이라도 그 결정기간이 지난 날부터 90일 이내에 심판청구를 할 수 있다.[56)]

(3) 결정기한

심판청구에 대한 결정은 심판청구를 받은 날부터 90일 이내에 하여야 한다.

9.2.7. 결정의 종류

이의신청, 심사청구 및 심판청구에 대한 결정의 종류는 다음과 같다.

① 각하 결정
② 기각 결정
③ 인용 결정(재조사 결정 포함)

이하 이에 대해 구체적으로 살펴보도록 하겠다.

---

56) 이는 심사청구와 동일한 규정이다.

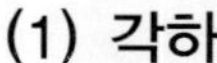

(1) 각하

이의신청, 심사청구 및 심판청구가 다음 중 어느 하나에 해당하는 경우에는 그 청구를 각하하는 결정을 한다. '각하(却下)' 결정은 청구인의 청구 자체를 형식적 요건 흠결 등의 이유로 배척하는 결정이다. 이 경우 심리 자체가 이루어지지 않는다.

① 심판청구를 제기한 후 심사청구를 제기(같은 날 제기한 경우 포함)한 경우[주1)]
② 청구기간이 지난 후에 청구된 경우
③ 보정기간에 필요한 보정을 하지 아니한 경우[주2)]
④ 심사청구가 적법하지 아니한 경우
⑤ 심사청구의 대상이 되는 처분이 존재하지 않는 경우
⑥ 심사청구의 대상이 되는 처분으로 권리나 이익을 침해당하지 않는 경우
⑦ 국세기본법에 따른 대리인이 아닌 자가 대리인으로서 불복을 청구하는 경우

주1) 심사청구와 심판청구와 중복하여 제기된 경우에는 심사청구를 각하한다.

주2) 이의신청 및 심사청구의 경우 청구의 내용이나 절차가 국세기본법 또는 세법에 적합하지 아니하나 보정할 수 있다고 인정되면 '20일 이내의 기간'을 정하여 보정할 것을 요구할 수 있다. 단, 심판청구는 '20일 이내의 기간'을 '상당한 기간'으로 한다.

(2) 기각 결정

이의신청, 심사청구 및 심판청구가 이유 없다고 인정될 때에는 그 청구를 기각하는 결정을 한다. '기각(棄却)'이란 청구인의 주장을 배척하는 결정이다.

(3) 인용 및 재조사 결정

이의신청, 심사청구 및 심판청구가 이유 있다고 인정될 때에는 그 청구의 대상이 된 처분의 취소·경정 결정을 하거나 필요한 처분의 결정을 한다(인용). 즉, '인용(認容)'은 청구인의 주장을 받아들이는 결정이다.

다만, 취소·경정 또는 필요한 처분을 하기 위하여 사실관계 확인 등 추가적으로 조사가 필요한 경우에는 처분청으로 하여금 이를 재조사하여 그 결과에 따라 취소·경정하거나 필요한 처분을 하도록 하는 재조사 결정을 할 수 있다(재조사결정).

9.2.8. 결정의 통지

(1) 불복 방법의 통지

이의신청, 심사청구 또는 심판청구의 재결청은 결정서에 그 결정서를 받은 날부터 90일 이내에 이의신청인은 심사청구 또는 심판청구를, 심사청구인 또는 심판청구인은 행정소송을 제기할 수 있다는 내용을 적어야 한다.

(2) 결정기간이 지나도 결정을 하지 못하였을 경우

이의신청, 심사청구 또는 심판청구의 재결청은 그 신청 또는 청구에 대한 결정기간이 지나도 결정을 하지 못하였을 때에는 이의신청인은 심사청구 또는 심판청구를, 심사청구인 또는 심판청구인은 행정소송 제기를 결정의 통지를 받기 전이라도 그 결정기간이 지난 날부터 할 수 있다는 내용을 서면으로 지체 없이 그 신청인 또는 청구인에게 통지하여야 한다.

9.2.9. 결정의 효력

불복청구에 따른 결정은 관계 행정청을 기속(羈束)[57]한다. 따라서 불복청구에 대한 결정이 있으면 해당 행정청은 결정의 취지에 따라 즉시 필요한 처분을 하여야 한다.

---

57) '기속(羈束)'이란 불복청구에 대한 결정(決定)이 있으면 해당 행정청은 결정의 취지에 따라 즉시 필요한 처분을 하여야 한다는 것으로, 이러한 효력을 '기속력(羈束力, binding force)'이라 한다.

▌표 2.9.2▐ 결정의 종류

구 분	내 용
(1) 각하	청구인의 청구 자체를 형식적 요건 흠결 등의 이유로 배척하는 결정
(2) 기각	청구가 이유 없다고 인정되어 청구인의 주장을 배척하는 결정
(3) 인용	· 청구가 이유 있다고 인정되어 청구인의 주장을 받아들이는 결정 ➲ **청구의 대상이 된 처분의 취소 · 경정 결정 및 필요한 처분의 결정** · 재조사 결정[주]

주) 취소·경정 또는 필요한 처분을 하기 위하여 사실관계 확인 등 추가적으로 조사가 필요한 경우에는 처분청으로 하여금 이를 재조사하여 그 결과에 따라 취소·경정하거나 필요한 처분을 하도록 하는 결정을 말한다.

▌표 2.9.3▐ 이의신청 · 심사청구 · 심판청구

구 분	이의신청	심사청구	심판청구
(1) 재결청[주1] / (결정권자)	· 세무서장 · 지방국세청장[주2]	국세청장[주3]	조세심판관회의[주4]
(2) 청구기간	90일 이내	90일 이내	90일 이내
(3) 보정기간	20일 이내	20일 이내	상당한 기간
(4) 결정기간	30일(60일) 이내	90일 이내	90일 이내

주1) 청구서는 관할세무서장을 거쳐 제출하여야 한다. 단, 이의신청의 경우 일정한 사유에 해당하면 지방국세청장에게 직접 제출할 수 있다.

주2) 국세심사위원회의 심의를 거쳐 세무서장이나 지방국세청장이 결정한다.

주3) 국세심사위원회의 심의를 거쳐 국세청장이 결정한다.

주4) 소액심판의 경우에는 주심조세심판관, 중요한 경우에는 조세심판과 합동회의의 심리를 거쳐 결정된다.

결정문의 형식

※ 실제 심사청구 결정 사례를 바탕으로 각 결정에 대한 결정문의 형식을 살펴보도록 하겠다.

[인용 결정]

• 취소 결정

> 이건 심사청구는 청구주장이 이유 있다고 인정되므로 「국세기본법」 제65조 제1항 제3호의 규정에 의하여 주문과 같이 결정한다.
>
> 주문
>
> ○○세무서장이 2014.9.12. 청구인에게 한 2010년 과세연도 양도소득세 **,***,***원의 부과처분은 이를 취소합니다.

• 경정 결정

> 이 건 심사청구는 청구주장이 이유 있으므로 국세기본법 제65조 제1항 제3호의 규정에 의하여 주문과 같이 결정한다.
>
> 주문
>
> **세무서장이 2013.1.14. 청구인에게 결정 · 고지한 2006년 과세연도 양도소득세 85,992,060원의 부과처분은 취득가액을 실지취득가액인 75,767천원으로 하고, 공사대금 54,800천원을 필요경비로 보아 과세표준과 세액을 경정합니다.

• 재조사 결정

> 이 건 심사청구는 청구주장이 이유 있으므로 국세기본법 제65조 제1항 제3호의 규정에 의하여 주문과 같이 결정한다.
>
> 주문
>
> ○○세무서장이 2005. 1. 1. 청구인에게 결정고지한 2002년 과세연도 종합소득세 858,015,660원의 부과처분은, 장부 기타 증빙서류에 의하여 실지 조사하여 그 결과에 따라 과세표준과 세액을 경정합니다.

[각하 결정]

따라서 이 건 심사청구는 적법한 청구가 아니므로 「국세기본법」 제65조 제1항 제1호의 규정에 의하여 주문과 같이 결정한다.

주문

이 건 심사청구는 각하합니다.

[기각 결정]

이 건 심사청구는 청구인의 주장을 받아들일 수 없으므로 국세기본법 제65조 제1항 제2호의 규정에 의하여 주문과 같이 결정한다.

주문

이 건 심사청구는 기각합니다.

연습문제

01 다음의 설명이 옳으면 ○, 틀리면 ×를 괄호에 기재하시오.

(1) 이의신청에 대해 기각 결정을 받은 청구인은 해당 처분에 대해 다시 이의신청을 제기할 수는 없다. (　　)

(2) 국세불복에 있어서는 반드시 행정심판전치주의를 따라야 한다. (　　)

(3) 과세예고통지 등을 받은 자는 통지를 받은 날부터 90일 이내에 통지를 한 세무서장이나 지방국세청장에게 과세전적부심사를 청구할 수 있다. (　　)

(4) 동일한 처분에 대하여 심사청구와 심판청구를 중복하여 제기할 수 없다. (　　)

(5) 감사원 심사청구를 받은 경우 감사원장은 청구를 받은 날부터 90일 이내 해당 청구에 대한 결정을 하여야 한다. (　　)

해답

(1) 맞는 진술이다.
(2) 맞는 진술이다.
(3) 30일 이내
(4) 맞는 진술이다.
(5) 3개월 이내

정답 ○, ○, ×, ○, ×

02 다음 중 국세기본법상 국세불복절차의 순서로 맞는 것은? (제78회 세무회계 2급)

① 이의신청 → 행정소송 → 감사원심사청구
② 이의신청 → 심판청구 → 행정소송
③ 심사청구 → 심판청구 → 행정소송
④ 감사원심사청구 → 심판청구 → 행정소송

해답

이의신청(생략 가능) → 심사청구 혹은 심판청구 → 행정소송

정답 ②

03 사후적권리구제제도는 과세처분에 불복이 있는 자가 처분행정청에 대해서 그 처분을 취소하거나 변경을 구하는 제도로, 과세처분을 한 해당 세무서나 관할 지방국세청에 제기하는 (A), 국세청에 제기하는 (B), 국무총리실 조세심판원에 제기하는 심판청구, 감사원에 제기하는 감사원 심사청구, 행정소송법에 의하여 법원에 제기하는 (C)이(가) 있다. 다음 중 (A), (B), (C)에 들어갈 용어로 가장 옳은 것은? (2021년 7월 재경관리사)

	A	B	C
①	이의신청	심사청구	행정소송
②	심사청구	행정소송	이의신청
③	행정소송	심사청구	이의신청
④	행정소송	이의신청	심사청구

해답

이의신청(생략 가능) → 심사청구 혹은 심판청구 → 행정소송

정답 ①

04 다음 중 납세자의 권리구제제도에 관한 설명으로 가장 올바르지 않은 것은? (2022년 12월 재경관리사)

① 납부고지서가 나오기 전에 구제받을 수 있는 사전권리구제제도에는 과세전적부심사가 있다.

② 사후권리구제제도에는 이의신청, 심사청구, 심판청구의 행정심판과 행정소송이 있다.

③ 행정소송은 조세심판원에 제기하여야 하며, 조세심판원 이외에 제기한 경우 행정소송의 효력이 발생하지 아니한다.

④ 이의신청은 처분이 있음을 안 날부터 90일 이내에 과세관청에 신청하여야 한다.

해답

행정소송은 법원에 제기하는 것이며, 조세심판원에는 심판청구를 제기할 수 있다.

정답 ③

05 다음 중 국세기본법에 규정되어 있는 납세자권리구제 제도에 대한 설명으로 가장 올바르지 않은 것은? (2021년 3월 재경관리사)

① 사전권리구제제도에는 과세전적부심사가 있고, 사후권리구제제도에는 이의신청, 심사청구, 심판청구의 행정심판과 행정소송이 있다.
② 이의신청을 거친 후 심사청구를 하려면 이의신청에 대한 결정의 통지를 받은 날부터 90일 이내에 제기하여야 한다.
③ 위법한 처분에 대한 행정소송은 행정소송법에 불구하고 국세기본법에 따른 심사청구 또는 심판청구 및 감사원법에 따른 심사청구와 그에 대한 결정을 거치지 아니하면 제기할 수 없다.
④ 세무조사결과통지 또는 과세예고통지를 받은 납세자는 과세전적부심사를 90일 이내에 청구할 수 있으며 청구받은 과세관청은 이에 대해서 30일 이내에 결정하여야 한다.

해답

과세전적부심사는 세무조사결과통지 등을 받은 날부터 30일 이내에 청구할 수 있다.

정답 ④

06 다음 중 국세기본법상 이의신청, 심사청구 및 심판청구에 관한 설명으로 옳은 것은? (2024년 3월 재경관리사)

① 국세기본법에 따른 동일한 처분에 대하여 심사청구와 심판청구를 중복하여 제기할 수 있다.
② 이의신청을 하려면 납부고지서를 받은 날로부터 60일 이내에 신청하여야 한다.
③ 이의신청은 임의적 절차이므로 이의신청을 거치지 않고 심사청구 또는 심판청구를 할 수 있다.
④ 납세자는 행정소송을 제기하고자 하는 경우에는 결정통지서를 받은 날(결정통지 전이라도 그 결정기간이 지난 날)로부터 60일 이내에 서류를 제출해야 한다.

해답

① 동일한 처분에 대하여 심사청구와 심판청구를 중복하여 제기할 수 없다.
② 이의신청은 처분의 통지를 받은 날부터 90일 이내에 제기하여야 한다.
④ 행정소송을 제기하고자 하는 경우에는 결정통지서를 받은 날로부터 90일 이내에 서류를 제출해야 한다.

정답 ③

07 ㈜삼일은 법인세를 신고납부하면서 원천징수당한 기납부세액을 차감하지 않고 법인세를 과오납부하였음을 신고 직후에 알게 되었다. 이 경우 과오납한 세금을 환급받기 위한 조치에 관한 설명으로 가장 옳은 것은? (2021년 1월 재경관리사)

① 이의신청 · 심사청구 또는 심판청구를 통해서만 환급받을 수 있다.
② 법인세는 신고납부제도를 취하고 있으므로 당초의 신고를 경정하기 위하여 수정신고를 하여야 한다.
③ 당초 신고를 잘못하였으므로 환급받을 수 없다.
④ 당초에 신고한 과세표준과 세액의 경정을 청구하면 환급받을 수 있다.

해답

① 기납부세액을 차감하지 않았으므로 세액을 과다신고한 상황이고, 이 경우 불복청구 외에 경정청구도 가능하다.
② 수정신고는 과세표준과 세액을 과소신고한 경우 하는 것이다.
③ 경정청구 및 불복을 통해 환급받을 수 있다.

정답 ④

08 다음 중 국세기본법에 의한 조세불복의 대상이 되는 처분은? (제77회 세무회계 2급)

① 세무서의 자료처리 결과에 따른 고지처분
② 감사원법에 의한 감사원 심사청구에 의한 처분
③ 조세범 처벌절차법에 따른 통고처분
④ 심판청구에 대한 처분

해답

② 국세기본법에 의한 불복절차와 감사원법에 의한 심사청구는 중복 진행이 불가하다.
③ 통고처분을 받은 사건은 형사소송법에 따라 처리가 되므로, 국세기본법상의 불복을 청구할 수 없다.
④ 동일 심급에서는 다시 불복할 수 없고 상급심으로의 불복만 가능하다.

정답 ①

09 다음은 국세기본법에 규정된 불복 절차에 대한 설명이다. 빈칸을 채우시오.

(1) 이의신청은 신청의 대상이 된 처분이 있은 것을 안 날로부터 (　)일 이내에 해당 처분을 한 (　　　　)에게 하거나 (　　　　)에게 하여야 한다. 이의신청의 결정은 이의신청을 받은 날부터 (　)일 이내에 하여야 한다.

(2) 심사청구는 해당 처분이 있음을 안 날부터 (　)일 이내에 (　　　　)에게 제기하여야 한다. 이의신청을 거친 후 심사청구를 하려면 이의신청에 대한 결정의 통지를 받은 날부터 (　)일 이내에 제기하여야 한다. 심사청구의 결정은 심사청구를 받은 날부터 (　)일 이내에 하여야 한다.

(3) 심판청구는 해당 처분이 있음을 안 날부터 (　)일 이내에 (　　　　)에게 하여야 한다. 이의신청을 거친 후 심판청구를 하는 경우에는 이의신청에 대한 결정의 통지를 받은 날부터 (　)일 이내에 제기하여야 한다. 심판청구의 결정은 심판청구를 받은 날부터 (　)일 이내에 하여야 한다.

해답

정답 (1) 90, 세무서장, 지방국세청장, 30,
(2) 90, 국세청장, 90, 90,
(3) 90, 조세심판원장, 90, 90

10 다음에 해당하는 과세전적부심사 청구에 대한 결정의 종류를 쓰시오.

(1) 청구가 이유 없다고 인정되는 경우	
(2) 청구가 이유 있다고 인정되는 경우	
구체적인 채택의 범위를 정하기 위하여 사실관계 확인 등 추가적으로 조사가 필요한 경우	
(3) 청구기간을 지났거나 보정기간에 보정을 하지 아니하는 경우	

해답

정답 (1) 채택하지 아니한다는 결정, (2) 채택하거나 일부 채택하는 결정, 재조사 결정, (3) 심사하지 아니한다는 결정

11 다음에 해당하는 불복청구(이의신청, 심사청구, 심판청구)에 대한 결정의 종류를 쓰시오.

(1) 청구가 이유 없다고 인정되는 경우	
(2) 청구가 이유 있다고 인정되는 경우	
취소 · 경정 또는 필요한 처분을 하기 위하여 사실관계 확인 등 추가적으로 조사가 필요한 경우	
(3) 청구가 적법하지 아니하거나 청구기간이 지난 후에 청구된 경우	

해답

정답 (1) 기각 결정, (2) 인용 결정(취소 · 경정 결정을 하거나 필요한 처분의 결정), 재조사 결정, (3) 각하 결정

12 다음 중 국세기본법상 심사청구에 관한 설명으로 옳지 않은 것은?

(제77회 세무회계 2급)

① 심사청구가 이유 없다고 인정될 때에는 그 청구를 기각하는 결정을 한다.
② 심사청구가 적법하지 아니한 경우에는 그 청구를 각하하는 결정을 한다.
③ 심사청구에 대한 결정을 하였을 때에는 그 이유를 기재한 결정서로 심사청구인에게 통지하여야 한다.
④ 심사청구에 대한 결정은 심사청구를 받은 날부터 30일 이내에 하여야 한다

해답

심사청구에 대한 결정은 심사청구를 받은 날부터 90일 이내에 하여야 한다.

정답 ④

13 다음 중 국세기본법상 조세불복에 관한 설명으로 틀린 것은?

(제75회 세무회계 2급)

① 원칙적으로 불복청구는 세법에 특별한 규정이 있는 것을 제외하고는 해당 처분의 집행에 효력을 미치지 않는다.
② 동일한 처분에 대해 심사청구와 심판청구를 중복하여 제기할 수 있다.
③ 세법에 따른 처분으로서 위법 · 부당한 처분으로 인해 권리와 이익이 침해당한 자는 조세불복을 청구할 수 있다.
④ 조세불복에 의해 행정소송을 제기하려면 심사청구 또는 심판청구, 감사원법상 심사청구에 의한 불복절차가 선행되어야 한다.

해답

동일한 처분에 대해 심사청구와 심판청구를 중복하여 제기할 수 없다.

정답 ②

14 다음 중 국세기본법상 불복청구에 대한 결정의 종류가 아닌 것은?

(제116회 세무회계 2급 수정)

① 각하　　② 기각
③ 거절　　④ 인용

해답

불복청구 결정의 종류에는 각하 결정, 기각 결정 및 인용 결정이 있다. 거절은 결정의 종류에 해당하지 아니한다.

정답 ③

15 국세기본법상 심사청구는 해당처분이 있는 것을 안 날(처분의 통지를 받은 때에는 그 받은 날)부터 몇 일 이내에 제기하여야 하는가? (제74회 세무회계 2급)

해답

정답 90일

16 다음 중 국세기본법상 불복청구에 대하여 기각결정을 내려야 할 사유에 해당하는 것은? (제76회 세무회계 2급)

① 불복청구를 기한이 지난 후 행한 경우
② 불복청구 후에 보정요구를 받고도 보정기간 내에 보정을 하지 아니한 경우
③ 불복청구의 형식적 요건이 불비된 경우
④ 불복청구가 이유 없다고 인정되는 경우

해답

①~③은 각하결정에 해당하는 사유이다.

정답 ④

17 다음 중 납세자권리구제에 관한 설명으로 가장 올바르지 않은 것은?

(2020 재경관리사)

① 국세처분을 받기 전에 납세의무자의 청구에 의해 그 국세처분의 타당성을 미리 심사하는 제도로서 과세전적부심사가 있다.

② 세무조사결과에 관하여 납세의무자가 과세전적부심사를 청구하려면 세무조사결과통지서를 받은 날로부터 30일 이내에 통지서를 보낸 해당 세무서장(또는 지방국세청장)에게 청구서를 제출하여야 한다.

③ 국세의 과세처분 등이 있는 경우에 그 처분에 불복이 있는 자가 처분행정청에 대해서 그 처분을 취소하거나 변경을 구하는 제도로서 이의신청, 심사청구, 심판청구 및 행정소송이 있다.

④ 납세자가 심사청구 또는 심판청구를 하기 위해서는 이의신청을 거쳐야만 한다.

해답

이의신청은 선택적 절차로 생략 가능하다.

정답 ④

18 세무조사결과통지 또는 과세예고통지를 받은 자가 통지를 받은 날부터 30일 이내에 통지를 한 세무서장이나 지방국세청장에게 통지 내용의 적법성에 관한 심사를 청구할 수 있도록 한 제도는? (2024년 12월 재경관리사)

① 심판청구　　② 심사청구
③ 과세전적부심사　　④ 이의신청

해답

과세전적부심사에 대한 설명이다.

정답 ③

19 국세기본법상 세무조사 결과에 대한 서면통지를 받은 자는 그 통지를 받은 날부터 30일 이내에 통지를 한 세무서장이나 지방국세청장에게 통지 내용의 적법성에 관한 심사를 청구할 수 있는바, 이 사전적 권리구제제도를 무엇이라 하는지 쓰시오.

(제77회 세무회계 2급)

해답

정답 과세전적부심사

제3편

소득세법

- 제1장. 소득세 총설
- 제2장. 소득세 과세요건
- 제3장. 소득세 계산구조
- 제4장. 소득세 납세절차

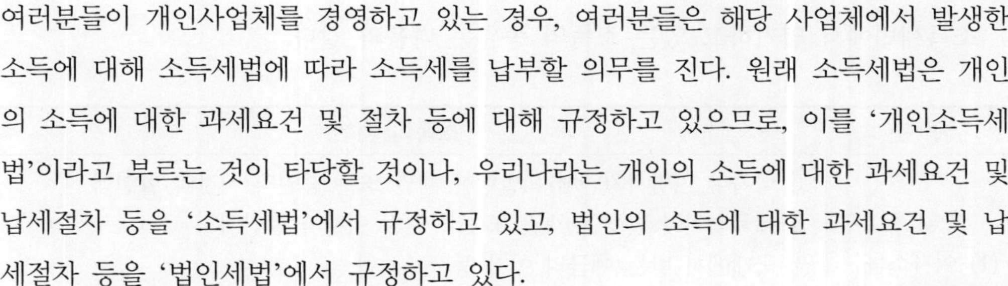

제 1 장 소득세 총설

여러분들이 개인사업체를 경영하고 있는 경우, 여러분들은 해당 사업체에서 발생한 소득에 대해 소득세법에 따라 소득세를 납부할 의무를 진다. 원래 소득세법은 개인의 소득에 대한 과세요건 및 절차 등에 대해 규정하고 있으므로, 이를 '개인소득세법'이라고 부르는 것이 타당할 것이나, 우리나라는 개인의 소득에 대한 과세요건 및 납세절차 등을 '소득세법'에서 규정하고 있고, 법인의 소득에 대한 과세요건 및 납세절차 등을 '법인세법'에서 규정하고 있다.

이하 우리나라 소득세의 특징에 대해 살펴보도록 하겠다.

1.1. 열거주의

소득세는 법에 열거된 소득에 대해서만 과세하는 열거주의 과세방식인 '소득원천설'을 채택하고 있다.

예를 들어, 여러분들이 거래소에 상장된 주식의 매매를 통해 매매차익을 얻었다고 가정해보자. 여러분들은 소득을 얻은 것인가? 그렇다면 여기에 소득세가 과세될 것인가? 정답은 소득을 얻은 것은 맞지만 소득세가 과세되는 소득을 얻은 것이 아니므로 소득세가 과세되지 않는다는 것이다. 소득세법은 비상장주식이나 대주주가 얻은 주식 매매차익 등을 제외하고는 일반인들이 상장주식을 통해 매매차익을 얻은 경우는 과세대상으로 규정하고 있지 않다. 정책적인 이유로 소득세법은 일반적인 상장주식의 매매차익에 대해서는 과세하지 않기로 규정했기 때문에, 즉 소득세법에 해당 소득이 '과세대상으로 열거'되어 있지 않기 때문에 소득세를 과세하지 않는 것이다.[58)]

다만, 이자 및 배당소득의 경우에는 신종금융상품의 출현 등으로 모든 과세대상을 법에서 열거하는 것이 현실적으로 힘들기 때문에, 법령에 구체적으로 열거되어 있지 않더라도 유사한 소득에 대해서 과세하고 있는데, 이를 '유형별 포괄주의'라 한다.

반면, 법인이 상장주식의 매매를 통해 매매차익을 얻은 경우에는 법인세 과세대상이 된다. 법인세법은 소득세법과 달리 순자산이 증가한 경우에는 원칙적으로 모두 과세하는 포괄주의 과세방식인 '순자산증가설'을 채택하고 있기 때문이다.

소득세법에서 열거하고 있는 소득의 종류는 다음과 같다.

구 분	소득의 범위
(1) 이자소득	① 국가나 지방자치단체가 발행한 채권 또는 증권의 이자와 할인액 ② 내국법인이 발행한 채권 또는 증권의 이자와 할인액 ③ 국내에서 받는 예금의 이자 등 * 이상의 소득과 유사한 소득으로서 금전 사용에 따른 대가로서의 성격이 있는 것(유형별 포괄주의)
(2) 배당소득	① 내국법인으로부터 받는 이익이나 잉여금의 배당 또는 분배금 ② 법인으로 보는 단체로부터 받는 배당금 또는 분배금 등 * 이상의 소득과 유사한 소득으로서 수익분배의 성격이 있는 것 (유형별 포괄주의)
(3) 사업소득	① 농업·임업 및 어업에서 발생하는 소득 ② 광업에서 발생하는 소득 ③ 제조업에서 발생하는 소득 등
(4) 근로소득	① 근로를 제공함으로써 받는 봉급·급료·보수·세비·임금·상여·수당과 이와 유사한 성질의 급여 ② 법인의 주주총회·사원총회 또는 이에 준하는 의결기관의 결의에 따라 상여로 받는 소득 ③ 퇴직함으로써 받는 소득으로서 퇴직소득에 속하지 아니하는 소득 등

58) 한편, 2020년 말 세법개정을 통해 2023년 1월 1일 이후부터 발생하는 주식 등의 양도소득에 대하여 '금융투자소득'으로 분류과세하는 것으로 세법이 개정되었으나, 국내외 금융시장 여건 및 소액투자자 보호 등을 고려하여 2022년말 세법개정을 통해 금융투자소득에 대한 과세시기를 2025년 1월 1일로 2년 유예하였다. 하지만 금융투자소득세 도입을 두고 시행을 찬성하는 측과 법안을 폐지하여야 한다는 측의 첨예한 대립이 있었으며, 결국 자본시장 발전 및 국내 투자자 지원 등의 이유로 금융투자소득세를 폐지하는 법안이 2024년말 국회를 통과함으로써 금융투자소득세 폐지가 확정되었다.

(5) 연금소득	① 공적연금(국민연금, 공무원연금 및 군인연금 등) 관련법에 따라 받는 각종 연금 ② 연금계좌(연금저축계좌 또는 퇴직연금계좌)에서 연금형태 등으로 수령하는 경우의 그 연금 등
(6) 기타소득	이자소득 · 배당소득 · 사업소득 · 근로소득 · 연금소득 · 퇴직소득 및 양도소득 외의 소득으로서 다음에서 규정하는 것으로 한다. ① 상금, 현상금, 포상금, 보로금 또는 이에 준하는 금품 ② 복권, 경품권, 그 밖의 추첨권에 당첨되어 받는 금품 등
(7) 퇴직소득	① 공적연금 관련법에 따라 받는 일시금 ② 사용자 부담금을 기초로 하여 현실적인 퇴직을 원인으로 지급받는 소득 등
(8) 양도소득	① 토지 또는 건물의 양도로 발생하는 소득 ② 부동산에 관한 권리(부동산을 취득할 수 있는 권리 등)의 양도로 발생하는 소득 등

1.2. 종합과세 및 분류과세

전술한 소득은 합산하여 과세하는 것을 원칙으로 하되(종합과세), 퇴직소득 및 양도소득은 장기간에 걸쳐 형성된 소득이므로 이들을 별도로 구분하여 과세한다(분류과세).

소득세의 과세기간은 일반적으로 1월 1일부터 12월 31일까지, 즉 1년이다. 만약 여러분들이 연봉으로 6천만원을 벌었고, 부업으로 조그만 문구점을 운영하여 연간 3천만원을 벌었다고 가정해 보자. 이 경우 연봉으로 받은 금액은 '근로소득'으로, 문구점을 운영하여 벌어들인 소득은 '사업소득'으로 구분된다. 소득세법은 이들 소득을 '합산'하여 9천만원(6천만원 + 3천만원)의 소득에 대해 과세하도록 하고 있다. 소득을 합산하면 금액이 커지게 되며, 소득이 커질수록 적용되는 세율도 높게 된다(누진세율).

반면, 여러분들이 2006년도에 회사에 입사하여 2026년도에 퇴직을 하고 퇴직금으로 3억원을 수령했다고 가정해 보자(퇴직소득). 이 소득을 다른 소득과 합산하는 것이 합리적인가? 혹은 여러분들이 1986년도에 1억원에 취득한 토지를 2026년에 5억원에 팔아 4억원의 차익을 실현했다고 가정해 보자(양도소득). 역시 이 소득을 다른 소득과 합산하는 것이 타당한가?

앞에서 언급한 근로소득과 사업소득은 1년 동안 벌어들인 소득이지만, 뒤에서 언급한 퇴직소득은 20년, 양도소득은 40년에 걸쳐 형성된 소득이 한 번에 실현된 것이다. 이렇게 장기간에 걸쳐서 형성되는 특징이 있는 퇴직소득과 양도소득은 다른 소득과 구분하여 별도로 과세하는 것이 합리적이다. 따라서 이들을 종합과세되는 다른 소득과 구분하여 '분류과세'하는 것이다.

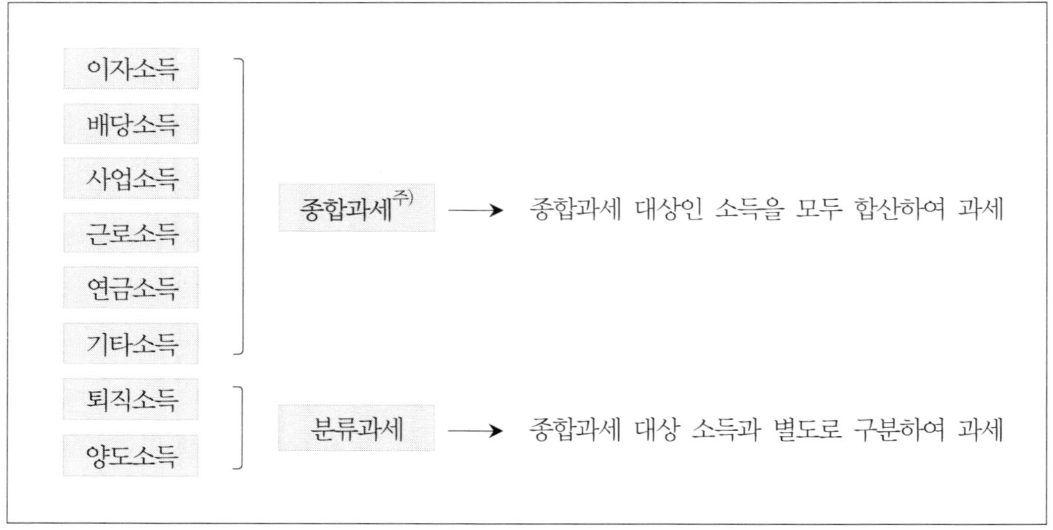

주) 종합과세가 원칙이지만, 분리과세되는 경우도 있다. 분리과세에 대해서는 '**1.3. 분리과세**'를 참조하기 바란다.

1.3. 분리과세

'분리과세'란 종합과세의 상대적인 개념으로, 특정 소득의 경우 다른 소득과 합산하여 과세하지 않고 소득의 지급자가 소득을 지급할 때 일정세율을 적용하여 소득세를 '원천징수'함으로써 과세를 종결하는 것이다.

이를 이해하기 위해서는 원천징수의 개념에 대한 이해가 필요하다.

원천징수 절차

모든 소득이 원천징수 대상인 것은 아니나, 급여나 이자 등과 같이 소득자가 매우 많은 경우 과세관청이 이를 일일이 관리하기가 힘들며, 만약 소득세 신고를 하지 않아 소득세 탈루가 있더라도 이를 포착하기가 쉽지 않을 수 있다. 따라서 이러한 성격을 가지는 일정한 소득에 대해서만 원친징수 대상으로 규정하고 있다.

회사가 종업권에게 급여를 지급하는 경우를 가정하여 이를 도식화하여 보겠다.

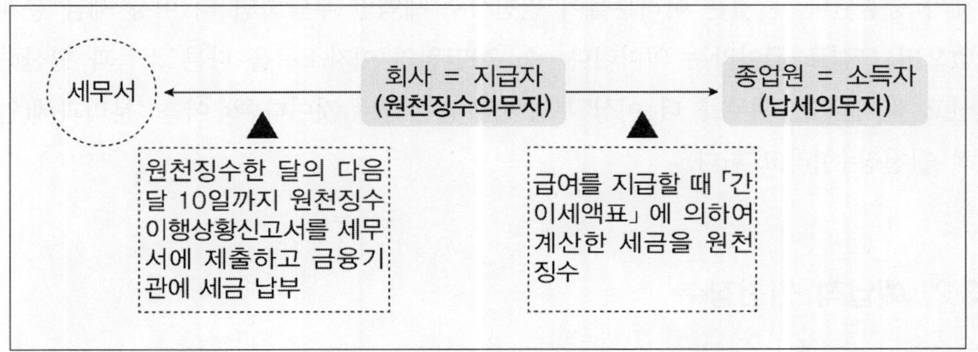

주1) '원천징수이행상황신고서'는 근로소득 · 사업소득 · 기타소득 등에 대한 원천징수액이 있는 경우에 작성하여 다음달 10일까지 제출한다.

주2) 원천징수이행상황신고서에는 소득을 지급받는 자의 인적사항은 기재되지 않는다. 따라서 원천징수의무자, 소득자의 인적사항, 소득금액의 지급시기 및 소득금액 등을 기재한 과세자료인 '지급명세서'를 과세관청에 별도로 제출해야 한다. 근로소득의 경우 지급명세서 제출은 다음 연도 3월 10일까지이다.

1.3.1. 완납적 원천징수(분리과세)

'완납적 원천징수(完納的 源泉徵收)'란 원천징수로써 납세자의 모든 납세 및 신고의무가 종결되고 추후 확정신고 등을 통해 세액의 정산이 되지 않는 원천징수제도를 말한다.

예를 들어, 여러분들이 연간 근로소득으로 6천만원, 사업소득으로 3천만원을 벌었다고 가정해 보자. 앞에서 언급한대로 여러분들은 이 두 소득을 합산하여 9천만원의 소득에 대해 소득세를 신고하고 납부하여야 한다. 만약 이 두 소득 외에 여러분들이 은행에 2천만원을 예금하여 1년 동안 20만원의 이자를 벌었다고 가정해 보자. 이는 앞에서 언급한 소득의 종류 중 '이자소득'에 해당한다. 따라서 이 이자소득도 종합과세 대상이라면, 여러분들은 20만원의 이자소득도 다른 소득과 합산하여 신고해야 할 것이다. 하지만 이와 같이 얼마 되지 않는 예금이자를 일일이 다른 소득과 합산하여 소득세를 신고해야 한다면 얼마나 번거로울 것인가? 이 경우 이자소득은 종합과세 되지 않고, 소득의 지급자(이자의 경우에는 일반적으로 은행)가 소득을 지급할 때 일정세율을 적용하여 원천징수함으로써 과세가 종결된다. '원천징수함으로써 과세가 종결된다'는 것은 여러분들이 원천징수 세액만 부담하면 더 이상 세금 문제는 없으며 그걸로 끝이라는 의미이다. 즉, 20만원의 이자소득을 다른 소득과 합산하여 신고 및 납부할 의무를 더 이상 부담하지 않는다는 것이다.[59] 이를 '분리과세(완납적 원천징수)'라고 한다.

1.3.2. 예납적 원천징수

'예납적 원천징수(豫納的 源泉徵收)'란 원천징수로써 납세자의 납세의무가 종결되지 않고, 추후 확정신고 등을 통해 세액을 정산하여야 하며, 이 과정에서 이미 원천징수된 세액은 기납부세액으로 공제받게 되는 원천징수제도를 말한다.

---

59) 소득세법은 연간 2천만원 이하의 금융소득(이자소득 + 배당소득)에 대해서는 다른 소득과 합산하여 과세하지 않도록 규정하고 있다. 따라서 여러분들이 은행이자로 연간 20만원을 벌어들이는 경우에는 종합과세하지 않는 것이나, 연간 3천만원(연간 2천만원 초과)을 이자로 벌어들이는 경우에는 다른 소득과 합산(종합과세)하여 소득세를 신고 및 납부하여야 한다.

예를 들어, 앞에서 언급한대로 여러분들이 직장에 다니면서 부업으로 문구점을 운영하여 연간 근로소득으로 6천만원, 사업소득으로 3천만원을 벌었다고 가정해 보자. 우선 근로소득에 대해 살펴보자. 여러분들은 연봉 6천만원을 12개월로 나누어 매달 500만원의 급여를 받을 것으로 생각했지만, 실제로 여러분들이 수령하는 금액은 500만원이 아니다. 회사는 급여에서 원천징수세액을 차감한 후 나머지 금액만을 여러분들에게 지급한다. 500만원에서 미리 정해 놓은 원천징수세액[60]을 차감하여 지급하기 때문에 여러분들은 500만원 미만의 급여를 수령하게 된다.[61] 하지만 이 경우는 앞서 살펴본 이자소득과 달리 원천징수로써 납세의무가 종결되지는 않는다. 여러분들이 문구점을 운영하여 벌어들인 사업소득 3천만원과 근로소득 6천만원을 합산하여 소득세를 신고해야 하는 것이다. 원천징수로써 과세가 종결되지 않으므로, 원천징수로 인해 세액을 납부한 부분은 미리 낸 세금(이를 '기납부세액'이라고 한다)에 불과하며, 이후 소득세 신고시 추가로 납부할 세액이 생길 수도 있다.[62] 따라서 이를 '예납적 원천징수'라고 한다. 예납적이라는 것은 미리 일정액을 납부했다는 의미이다. 따라서 미리 납부한 원천징수세액 만큼은 소득을 합산하여 계산한 소득세에서 차감되므로, 여러분들은 나머지 금액만 납부하면 된다.

다음의 사례를 통해 완납적 원천징수와 예납적 원천징수에 대해 보다 구체적으로 살펴보자.

원천징수 사례

박태풍씨가 1년 동안 벌어들인 소득세 과세대상 소득은 1억원이다. 해당 소득은 원천징수 대상이다(원천징수 세율 20% 가정). 한편, 해당 소득이 종합과세되는 경우 적용되는 세율은 30%로 가정한다.

---

60) 회사는 여러분들의 월 급여액과 부양가족 수 등을 고려하여 근로소득간이세액표에 정해진 금액을 매달 소득세로 원천징수하여 납부한다.

61) 현실에서는 소득세뿐만 아니라, 국민연금 및 건강보험료 등도 공제되어 지급되므로 실수령액은 더 적어지게 된다.

62) 물론, 원천징수를 내야할 세금보다 더 많이 경우에는 미리 낸 세금을 돌려받게 된다(환급).

<상황 1> 해당 소득이 분리과세 되는 경우(완납적 원천징수)
<상황 2> 해당 소득이 종합과세 되는 경우(예납적 원천징수)

해답

<상황 1> **원천징수세액 = 1억원 × 20% = 2천만원**

* 종합소득신고의무 없으며, 원천징수로 납세의무가 종결된다.

* 이 경우 소득자가 부담하는 세액은 2천만원이다.

<상황 2>

소득금액	1억원
세율	30%
산출세액	3천만원
기납부세액	(2천만원)
추가납부세액	1천만원

* 원천징수로 납세의무가 종결되지 않고 30%의 세율로 종합과세된다.

* 원천징수세액은 소득의 지급자가 이미 납부하였으므로, 납세의무자인 소득자는 1천만원만 추가로 납부하면 된다.

* 이 경우 소득자가 부담하는 세액은 소득을 지급받을 때 원천징수 당한 세액(기납부세액 2천만원)과 추가로 납부하는 세액(1천만원)의 합계인 3천만이 된다.

※ 완납적 원천징수 vs. 예납적 원천징수

구분	〈상황 1〉 완납적 원천징수	〈상황 2〉 예납적 원천징수
(1) 과세방식	분리과세	종합과세
(2) 소득세 확정신고	확정신고의무 ×	확정신고의무 ○ ➲ 원천징수세액은 기납부세액으로 차감
(3) 부담세액	원천징수세액 2천만원	원천징수세액 2천만원 + 추가납부세액 1천만원 = 3천만원

근로소득 간이세액표

근로소득 간이세액표는 다음과 같이 원천징수의무자가 근로자에게 매월분 급여를 지급하는 때에 원천징수해야 하는 세액을 '급여수준' 및 '가족 수'별로 정한 표를 말한다.

[근로소득 간이세액표]

(단위 : 원)

월급여액(천원) [비과세및학자금제외]		공제대상가족의 수										
이상	미만	1	2	3	4	5	6	7	8	9	10	11
4,740	4,760	314,000	285,440	219,310	200,560	181,810	163,060	144,310	125,560	106,810	88,060	74,850
4,760	4,780	316,810	288,230	221,890	203,140	184,390	165,640	146,890	128,140	109,390	90,640	76,660
4,780	4,800	319,610	291,020	224,470	205,720	186,970	168,220	149,470	130,720	111,970	93,220	78,460
4,800	4,820	322,420	293,810	227,050	208,300	189,550	170,800	152,050	133,300	114,550	95,800	80,270
4,820	4,840	325,220	296,600	229,630	210,880	192,130	173,380	154,630	135,880	117,130	98,380	82,070
4,840	4,860	328,030	299,390	232,210	213,460	194,710	175,960	157,210	138,460	119,710	100,960	83,880
4,860	4,880	330,830	302,180	234,790	216,040	197,290	178,540	159,790	141,040	122,290	103,540	85,690
4,880	4,900	333,640	304,970	237,370	218,620	199,870	181,120	162,370	143,620	124,870	106,120	87,490
4,900	4,920	336,440	307,760	239,950	221,200	202,450	183,700	164,950	146,200	127,450	108,700	89,950
4,920	4,940	339,250	310,550	242,530	223,780	205,030	186,280	167,530	148,780	130,030	111,280	92,530
4,940	4,960	342,050	313,340	245,110	226,360	207,610	188,860	170,110	151,360	132,610	113,860	95,110
4,960	4,980	344,860	316,130	247,690	228,940	210,190	191,440	172,690	153,940	135,190	116,440	97,690
4,980	5,000	347,660	318,920	250,270	231,520	212,770	194,020	175,270	156,520	137,770	119,020	100,270
5,000	5,020	350,470	321,710	252,850	234,100	215,350	196,600	177,850	159,100	140,350	121,600	102,850
5,020	5,040	353,270	324,500	255,430	236,680	217,930	199,180	180,430	161,680	142,930	124,180	105,430
5,040	[illegible]	356,080	[illegible]	258,010	[illegible]	220,510	[illegible]	[illegible]	[illegible]	[illegible]	126,760	[illegible]

연말정산

근로소득 간이세액표에 따라 매월 원천징수한 세액의 연간 합계액이 과세기간 중 지출한 보험료, 의료비, 교육비, 기부금 등을 반영한 실제 세부담보다 큰 경우 근로소득자는 그 차액을 환급받을 수 있으며, 반면, 실제 세부담보다 작은 경우 그 차액을 추가 납부해야 한다. 이러한 과정을 '연말정산'이라고 한다.

연말정산 '역시 13월의 월급' VS '더 쪼그라든 월급' (헤럴드경제 2018.2.20.)

직장인 장훈익(28) 씨는 이번 연말정산 결과 세금을 80만원 가량 추가로 납부하게 됐다. 올해 설날 100만원 남짓 나온 명절 상여금이 도루묵이 된 셈이다.

(이하 생략)

주) 일반적으로 연말정산을 통해 환급받는 경우 대부분 직장인들이 보너스를 받은 것처럼 즐거워하지만, 실질을 들여다보면, 이는 본인이 내야할 세금보다 많은 금액을 원천징수 당했다는 것이기 때문에 사실상 이자 상당액만큼 경제적으로 손실을 보게 된다.

납세자 vs. 납세의무자

'납세의무자'란 세법에 따라 국세를 납부할 의무(국세를 징수하여 납부할 의무 제외)를 지는 자를 말한다. 반면에 '납세자'란 ① 납세의무자와 ② 세법에 따라 국세를 징수하여 납부할 의무를 지는 자를 말한다.

세법에 따라 국세를 징수하여 납부할 의무를 지는 자란 '원천징수의무자'를 말하는 것이다. 따라서 다음과 같은 관계를 생각해 볼 수 있다.

납세자 = 납세의무자 + 원천징수의무자

주) 즉, 납세자란 납세의무자를 포함하는 개념이다. 본 교재에서나 실무에서는 이들을 엄밀히 구별하지 않고 있다. 하지만 학습 목적으로 이 둘은 엄연히 다르다는 것을 알아두어야 한다.

1.4. 개인단위과세

우리나라의 소득세의 과세단위는 개인을 그 단위로 한다. 즉, 부부가 함께 사업을 하거나, 가족이 함께 사업을 하더라도 부부끼리 합산하여 과세하거나(부부합산과세), 가족끼리 합산하여 과세(세대합산과세)를 하지는 않는다. 미국의 경우에는 신고지위(filing status)라는 것이 있어, 부부합산으로 과세되는 경우가 있다. 하지만 우리나라의 경우에는 일정한 경우를 제외하고는 개인단위과세를 원칙으로 한다.

따라서 여러분들이 편의점 하나를 운영하고 있고, 새로운 편의점을 추가로 개설하여 운영하려고 하는 경우에는 여러분들 명의로 또 사업자등록을 하는 것보다 배우자 및 가족 등의 명의로 사업자등록을 하는 것이 누진세율 부담을 회피할 수 있으므로 세부담 측면에서 유리할 수 있다.[63)]

다음의 사례를 통해 이를 구체적으로 살펴보자.

소득이전 사례

박태풍씨와 이자영씨는 부부로, 동대문구에서 A 편의점을 운영하고 있다. A 편의점은 박태풍씨의 명의로 사업자등록을 하였다. 몇 년간 편의점을 운영한 결과, 예상외로 편의점 수입이 좋은 관계로 종로구에 B 편의점을 추가로 개설하였다. 각 편의점의 과세소득(과세표준과 동일하다고 가정)이 2억원인 경우, 다음 각 상황별로 부부가 부담하게 되는 소득세는 얼마인지를 계산하시오. 단, 과세표준 2억원까지는 세율 15%, 과세표준 2억원 초과의 경우에는 30%가 적용된다고 가정한다.

<상황 1> 박태풍씨 명의로 B 편의점의 사업자등록을 하는 경우
<상황 2> 이자영씨 명의로 B 편의점의 사업자등록을 하는 경우

해답

<상황 1> (2억원 × 15%) + (2억원 × 30%) = 9천만원

* 두 편의점 모두 박태풍씨의 명의로 사업자등록을 하였으므로, 각 편의점의 소득을 합산(2억원 + 2억원 = 4억원)하여 소득세를 계산한다. 납세의무자는 박태풍씨이다.

* 따라서 부부 입장에서 부담하게 되는 소득세는 9천만원이 된다.

<상황 2> A 편의점: 2억원 × 15% = 3천만원
B 편의점: 2억원 × 15% = 3천만원

63) 단, 사업자등록시에는 실제로 사업을 하는 자의 명의로 사업자등록을 하여야 한다. 즉, 부부끼리 같이 편의점을 하고 있다면 배우자를 새로운 편의점의 사업자로 등록해도 상관없지만, 실제로 경영에 참가하지도 않는 배우자의 명의로 사업자등록을 하더라도 실제 편의점을 경영하는 자의 소득에 합산하여 과세(실질과세원칙)하게 된다는 점에 유의하자.

* B 편의점을 이자영씨 명의로 사업자등록을 하였으므로, 각 편의점별로 소득세를 계산한다. A편의점의 소득에 대한 납세의무자는 박태풍씨이며, B편의점의 소득에 대한 납세의무자는 이자영씨이다.
* 따라서 부부 입장에서 부담하게 되는 소득세는 6천만원(3천만원 + 3천만원 = 6천만원)이 된다.

※ 부부가 부담하게 되는 세액

〈상황 1〉	〈상황 2〉
A편의점과 B편의점을 합산하여 9천만원 ➲ A편의점과 B편의점 모두 납세의무자는 박태풍	A편의점 3천만원 + B편의점 3천만원 = 6천만원 ➲ A 편의점의 납세의무자는 박태풍, B 편의점의 납세의무자는 이자영

1.5. 신고납세제도

소득세는 신고납세제도를 채택하고 있는 세목이다. 해당 과세기간의 종합소득금액이 있는 납세의무자는 그 종합소득 과세표준을 그 과세기간의 다음 연도 5월 1일부터 5월 31일까지 납세지 관할세무서장에게 신고하여야 한다.

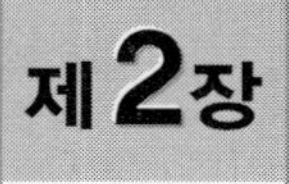

소득세 과세요건

이번 장에서는 소득세 과세요건인 납세의무자, 과세대상, 과세표준 및 세율에 대해 살펴보도록 하겠다.

2.1. 납세의무자

다음 중 어느 하나에 해당하는 개인은 소득세법에 따라 각자의 소득에 대한 소득세를 납부할 의무를 진다.

① 거주자
② 비거주자로서 국내원천소득(國內源泉所得)이 있는 개인

여기에서 '거주자(居住者, resident)'란 국내에 주소[64]를 두거나 183일 이상의 거소(居所)[65]를 둔 개인을 말하며, '비거주자(非居住者, non-resident)'란 거주자가 아닌 개인을 말한다.

즉, 거주자와 비거주자의 구분은 국적(國籍, nationality)이나 외국영주권 취득여부와는 관련이 없으며 거주기간, 직업, 국내에 생계를 같이하는 가족 및 국내 소재 자산의 유무 등 생활관계의 객관적인 사실에 따라 구분한다.

---

64) '주소'는 국내에서 생계를 같이 하는 가족 및 국내에 소재하는 자산의 유무 등 생활관계의 객관적 사실에 따라 판정한다.

65) '거소'는 주소지 외의 장소 중 상당기간에 걸쳐 거주하는 장소로서 주소와 같이 밀접한 일반적 생활관계가 형성되지 아니한 장소로 한다. 거소의 개념에 대해서는 제1편 '**3.1. 송달의 요건**'에서도 살펴보았다.

2.1.1. 거주자

거주자와 비거주자를 구분하는 이유는 무엇일까? 그 이유는 거주자냐 비거주자냐에 따라 과세되는 소득의 범위, 과세되는 방법 등에 차이가 있기 때문이다.[66)]

거주자는 소득의 원천(즉, 소득의 발생지)이 국내이든 국외이든 불문하고 전 세계의 모든 소득(worldwide income)에 대해 과세되는 '무제한(無制限) 납세의무자'이다.

여러분들이 국내에서도 사업을 하고 미국에서도 사업을 하고 있는 거주자라면 국내에서 발생한 소득(국내원천소득)과 미국에서 발생한 소득(국외원천소득) 모두에 대해서 과세가 되는 것이다.

2.1.2. 비거주자

비거주자는 거주자와는 달리 국내에서 발생한 소득(국내원천소득)에 대해서만 납세의무를 부담하는 '제한(制限) 납세의무자'이다.

만약 여러분들이 우리나라와 미국에서 동시에 사업을 하고 있고, 우리나라의 거주자에 해당한다면, 대개는 미국의 입장에서는 비거주자가 된다. 그렇다면, 여러분들은 우리나라에서는 국내원천소득과 국외원천소득(미국에서 발생한 소득) 모두에 대해 납세의무를 부담하게 된다(우리나라 입장에서 무제한 납세의무자). 반면, 미국에서 본다면 여러분들은 비거주자에 해당하게 되어 미국의 국내원천소득에 대해서만 납세의무를 부담하게 된다(미국 입장에서는 제한 납세의무자).[67)]

---

66) 본 교재에서 별 다른 언급이 없는 한, 관련 내용은 모두 거주자에 대한 것이다.
67) 이 경우 동일한 소득에 대해 우리나라에서도 과세가 되고, 미국에서도 과세가 되는 국제적인 이중과세의 문제가 발생한다. 따라서 우리나라의 소득세를 신고 및 납부할 때 미국에서 낸 세금은 공제를 해주게 되는데, 이를 '외국납부세액공제(外國納付稅額控除, foreign tax credit)'라고 한다. 이에 대해서는 향후 소득세법이나 법인세법 학습과정에서 다루게 될 것이다.

2.2. 과세대상

소득세의 과세대상은 소득세법에 따라 과세되는 소득이다. 여기에 대해서는 '**1.1. 열거주의**'에서 살펴보았다.

2.3. 과세표준

종합소득에 대한 과세표준(종합소득과세표준)은 이자소득금액, 배당소득금액, 사업소득금액, 근로소득금액, 연금소득금액 및 기타소득금액의 합계액(종합소득금액)에서 종합소득공제를 적용한 금액으로 한다.

과세표준의 계산구조에 대해서는 '**3.2. 우리나라 종합소득세의 계산구조**'에서 살펴보도록 하겠다.

2.4. 세율

소득세는 다음과 같이 8단계 초과누진세율구조를 가지고 있다.

과세표준	세율
14,000,000원 이하	과세표준의 6%
14,000,000원 초과 50,000,000원 이하	840,000원 + 14,000,000원을 초과하는 금액의 15%
50,000,000원 초과 88,000,000원 이하	6,240,000원 + 50,000,000원을 초과하는 금액의 24%
88,000,000원 초과 150,000,000원 이하	15,360,000원 + 88,000,000원을 초과하는 금액의 35%
150,000,000원 초과 300,000,000원 이하	37,060,000원 + 150,000,000원을 초과하는 금액의 38%
300,000,000원 초과 500,000,000원 이하	94,060,000원 + 300,000,000원을 초과하는 금액의 40%
500,000,000원 초과 1,000,000,000원 이하	174,060,000원 + 500,000,000원을 초과하는 금액의 42%
1,000,000,000원 초과	384,060,000원 + 1,000,000,000원을 초과하는 금액의 45%

제3장 소득세 계산구조

3.1. 이론적인 소득세 계산구조

대부분 주요 국가는 소득에 대해 과세하는 조세인 소득세(개인 및 법인)가 존재한다. 하지만 국가별로 그 계산구조는 대부분 상이하다. 우리나라의 소득세는 개인소득세인 소득세와 법인소득세인 법인세가 있다. 하지만 둘의 계산구조도 서로 상이하다. 세부적인 소득세 계산구조에 대해 현재 수준에서 모두 살펴보기는 힘들다. 따라서 우선 이론적인 소득세의 계산구조에 대해 살펴보겠다.68)

소득세 계산에 고려되는 주요 항목들을 살펴보면 다음과 같다.

	총 소 득	➲ 과세 여부를 고려하지 않은 경제적인 총소득(총수입금액)
(−)	비 과 세 소 득	➲ 경제적 소득이나 정책적인 이유 등으로 과세되지 않는 소득
	소 득 금 액	➲ 경제적 소득 중 과세대상이 되는 소득
(−)	소 득 공 제	➲ 과세대상이 되는 소득에서 공제해 주는 금액
	과 세 표 준	➲ 소득금액 - 소득공제
(×)	세 율	➲ 우리나라 소득세의 경우 8단계 초과누진세율(6%~45%)
	산 출 세 액	➲ 과세표준 × 세율 ≠ 실제로 납부할 세액
(+)	가 산 세	➲ 세법상 의무위반에 대한 제재
(−)	세 액 공 제	➲ 정책적 이유 등으로 산출세액에서 공제하는 금액
	총 부 담 세 액	➲ 실제로 부담해야 할 세액
(−)	기 납 부 세 액	➲ 원천징수세액 등 이미 납부한 세액
	신고납부세액	➲ 총부담세액 중 기납부세액을 제외하고 추가로 납부할 세액

68) 우리나라의 소득세 계산구조를 감안하여 이를 어느 정도는 반영하였지만 일치하지는 않는다. 실제 우리나라 소득세 계산구조보다는 매우 간략한 형태로 제시하였다.

위 계산구조에 포함된 항목 중 비과세소득, 소득공제 및 세액공제에 대해 보다 구체적으로 살펴보도록 하겠다.

3.1.1. 비과세소득

'비과세소득(非課稅所得, nontaxable income)'은 정부가 과세권을 포기한 것으로 납세자의 신청 절차 등 없이도 과세되지 않는 소득을 말한다. 따라서 세액을 계산함에 있어 처음부터 비과세 항목은 제외하고 소득금액부터 서식이 시작되기도 한다.

3.1.2. 소득공제

'소득공제(所得控除, income deduction)'는 과세되지 않는 소득이라는 측면에서는 비과세소득과 유사하나, 납세자의 조세부담능력 등을 고려하여 과세되는 소득에서 공제해 주는 것을 말한다. 우리나라 소득세에서는 부양가족에 대한 소득공제 및 주택자금공제 등이 있다.

한편, 우리나라 소득세 계산구조를 살펴보면, '필요경비', '근로소득공제' 및 '연금소득공제' 등도 과세되는 소득에서 공제되는 항목들로 이론적으로는 소득공제에 해당한다고 볼 수 있다. 종합소득공제와 이들 공제항목들은 계산구조상 공제되는 위치는 다르나 과세소득에서 공제되어 세액에 미치는 효과는 동일하기 때문에 여기서는 이들을 구분하지 않고 함께 고려하였다. 필요경비 등에 대해서는 **'3.2. 우리나라 종합소득세의 계산구조'**을 참고하기 바란다.

3.1.3. 세액공제

'세액공제(稅額控除, tax credit)'는 산출세액에서 정책적 목적으로 일정액을 차감하는 것이다. 우리나라 소득세의 경우 교육비, 기부금 및 의료비 등에 대한 세액공제가 있다. 그 외에도 정책적인 이유 등으로 다양한 세액공제가 존재한다.
소득공제는 소득에서 공제되는 것이고, 세액공제는 세액에서 공제되는 것이므로, 동일한 금액이라면 소득공제보다는 세액공제가 보다 유리하다.

소득세 계산사례

다음은 박태풍씨의 소득세 계산을 위한 관련 자료이다. 박태풍씨가 납부할 소득세(이론적)를 계산하시오. 단, 세율은 40%의 단일비례세율로 가정한다.

구 분	금액
(1) 총소득	50,000,000원
(2) 비과세소득	10,000,000원
(3) 소득공제	5,000,000원
(4) 가산세	1,000,000원
(5) 세액공제	5,000,000원
(6) 기납부세액	3,000,000원

해답

	총 소 득	50,000,000
(−)	비 과 세 소 득	10,000,000
	소 득 금 액	40,000,000
(−)	소 득 공 제	5,000,000
	과 세 표 준	35,000,000
(×)	세 율	40%
	산 출 세 액	14,000,000
(+)	가 산 세	1,000,000
(−)	세 액 공 제	5,000,000
	총 부 담 세 액	10,000,000
(−)	기 납 부 세 액	3,000,000
	신 고 납 부 세 액	7,000,000

주) 소득공제 5백만원이 세액을 줄여주는 효과는 2백만원(5백만원 × 40% = 2백만원)이나, 세액공제 5백만원은 산출세액에서 직접 차감되므로 세액을 줄여주는 효과가 5백만원이 된다. 즉, 동일한 금액이라면 소득공제보다는 세액공제가 당연히 유리하다.

3.2. 우리나라 종합소득세 계산구조

이제 우리나라 소득세의 계산구조에 대해 살펴보겠다. 지금까지 살펴본 이론적인 세액계산 구조와는 다소 상이하지만, 큰 틀에서만 본다면 그리 어려울 것도 없다. 나머지 세부적인 사항에 대해서는 향후 소득세법 시간에 학습하게 될 것이다.

이자	배당	사업	근로	연금	기타
이자소득	배당소득	사업소득	근로소득	연금소득	기타소득
(-) 비과세	(-) 비과세	(-) 비과세	(-) 비과세	(-) 비과세	(-) 비과세
(-) 분리과세	(-) 분리과세		(-) 분리과세	(-) 분리과세	(-) 분리과세
총수입금액	총수입금액	총수입금액	총급여액	총연금액	총수입금액
	(+) Gross-up				
		(-) 필요경비	(-)근로소득공제	(-)연금소득공제	(-) 필요경비
이자소득금액	배딩소득금액	사업소득금액	근로소득금액	연금소득금액	기타소득금액

	종합소득금액
(−)	종합소득공제
	과세표준
(×)	세율
	산출세액
(−)	공제감면세액
	결정세액
(+)	가산세
	총결정세액
(−)	기납부세액
	신고납부세액

종합소득세 계산사례

다음은 박태풍씨의 소득세 계산을 위한 관련 자료이다. 박태풍씨가 소득세법에 따라 납부해야 할 소득세를 계산하시오. 단, 세율은 '**2.4. 세율**'에 제시된 소득세 세율표를 이용하시오.

구 분	금액
(1) 사업소득금액	50,000,000원
(2) 근로소득금액	40,000,000원
(3) 분리과세되는 이자소득금액	1,500,000원
(4) 종합소득공제	25,000,000원
(5) 가산세	1,000,000원
(6) 세액공제	5,000,000원
(7) 기납부세액	3,000,000원

해답

	종 합 소 득 금 액	90,000,000
(−)	종 합 소 득 공 제	25,000,000
	과 세 표 준	65,000,000
(×)	세 율	24%
	산 출 세 액	9,840,000
(−)	공 제 감 면 세 액	5,000,000
	결 정 세 액	4,840,000
(+)	가 산 세	1,000,000
	총 결 정 세 액	5,840,000
(−)	기 납 부 세 액	3,000,000
	신 고 납 부 세 액	2,840,000

주1) 사업소득금액과 근로소득금액은 종합과세되므로,
종합소득금액은 9천만원(5천만원 + 4천만원 = 9천만원)이 된다.

주2) 주어진 이자소득금액은 분리과세대상이다. 따라서 원천징수로써 납세의무가 종결되며 종합과세되지 않는다.

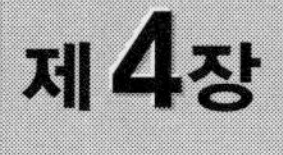

제 4 장 소득세 납세절차

4.1. 소득세 과세기간

소득세의 과세기간은 1월 1일부터 12월 31일까지 1년으로 한다.[69)]

4.2. 종합소득세 확정신고 및 납부

4.2.1. 일반적인 경우

해당 과세기간의 종합소득금액이 있는 거주자는 그 종합소득 과세표준을 그 과세기간의 다음 연도 5월 1일부터 5월 31일까지 납세지 관할세무서장에게 신고 · 납부하여야 한다(종합소득과세표준 확정신고).[70)]

4.2.2 과세표준 확정신고의 예외

근로소득만 있거나 분리과세소득만 있는 거주자 등은 해당 소득에 대하여 과세표준 확정신고를 하지 아니할 수 있다.[71)]

---

69) 거주자가 사망한 경우의 과세기간은 1월 1일부터 사망한 날까지로 하며, 거주자가 주소 또는 거소를 국외로 이전(출국)하여 비거주자가 되는 경우의 과세기간은 1월 1일부터 출국한 날까지로 한다.

70) 이 경우 종합소득과세표준이 없거나 결손금이 있는 경우에도 확정신고를 하여야 한다.

71) 근로소득은 연말정산으로 납세의무가 종결되고, 분리과세소득은 원천징수로써 역시 납세의무가 종결되기 때문이다.

제 4 편

법인세법

- 제1장. 법인세 총설
- 제2장. 법인세 과세요건
- 제3장. 법인세 계산구조
- 제4장. 법인세 납세절차

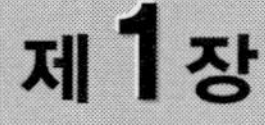

제 1 장 법인세 총설

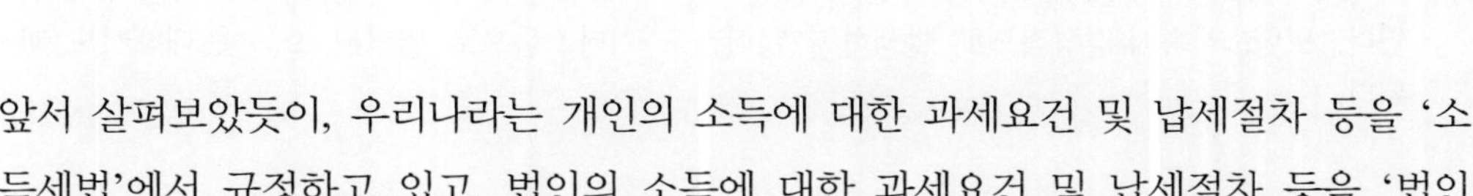

앞서 살펴보았듯이, 우리나라는 개인의 소득에 대한 과세요건 및 납세절차 등을 '소득세법'에서 규정하고 있고, 법인의 소득에 대한 과세요건 및 납세절차 등을 '법인세법'에서 규정하고 있다.

이하 우리나라 법인세의 특징에 대해 살펴보도록 하겠다.

1.1. 순자산증가설

소득세는 법에 열거된 소득에 대해서만 과세하는 열거주의 과세방식인 '소득원천설'을 채택하고 있다고 하였다. 반면, 법인세는 일정기간 동안의 증가된 재산에서 감소된 재산을 차감하여 순자산이 증가한 경우 이를 소득으로 보아 과세하는 포괄주의 과세방식을 택하고 있는데, 이를 '순자산증가설'이라고 한다.

상장주식의 매매를 통해 차익을 얻은 경우 소득원천설을 채택하고 있는 소득세는 이를 과세대상으로 보지 아니하나, 순자산증가설을 채택하고 있는 법인세의 경우에는 '재산이 증가(순자산이 증가)'하였으므로 이를 과세대상으로 본다는 것을 앞에서 살펴보았다.

법인세법은 이에 대해 "내국법인의 각 사업연도의 소득은 그 사업연도에 속하는 익금(益金)의 총액에서 그 사업연도에 속하는 손금(損金)의 총액을 공제한 금액으로 한다."고 규정하고 있다.[72)]

72) 익금과 손금의 개념에 대해서는 '**3.2. 세무조정**'에서 살펴보도록 하겠다.

표 4.1.1 소득원천설과 순자산증가설

구분	과세대상	규정방법	우리나라 세법
(1) 소득원천설	계속적 · 경상적으로 발생한 소득	열거주의	소득세법[주)]
(2) 순자산증가설	순자산을 증가시키는 소득 모두 과세 ➲ 일시적 · 우발적 소득도 과세	포괄주의	법인세법

주) 이자와 배당소득의 경우에는 유형별 포괄주의를 채택하고 있다는 것에 대해서는 앞에서 설명하였다. 또한, 계속적·경상적으로 발생하지 않더라도 기타소득으로 열거된 소득에 대해서도 과세가 된다.

1.2. 법인세의 종류

법인세의 종류는 다음과 같이 4가지 종류가 있으나, 우리가 주로 다루게 될 법인세는 '각 사업연도 소득에 대한 법인세'이다.[73)]

구분	과세대상
(1) 각 사업연도 소득	해당 과세기간 각 사업연도 소득에 과세
(2) 청산소득	해산에 의하여 소멸시 발생하는 청산소득에 과세
(3) 토지등 양도소득	부동산 투기 방지를 위하여 토지 등의 양도차익에 대하여 추가 과세
(4) 미환류소득 (투자 · 상생협력촉진세제)	투자 · 임금 및 상생협력 지출액 등으로 환류하지 아니한 소득에 대하여 추가과세

73) 본 교재에서 별다른 언급이 없으면, 모두 '각 사업연도 소득에 대한 법인세'에 관한 규정에 대해 설명하는 것이다.

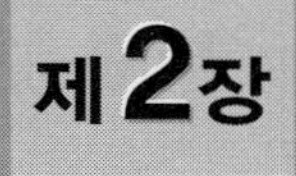

제2장 법인세 과세요건

이번 장에서는 법인세 과세요건인 납세의무자, 과세대상, 과세표준 및 세율에 대해 살펴보도록 하겠다.

2.1. 납세의무자

다음의 법인은 법인세법에 따라 그 소득에 대한 법인세를 납부할 의무가 있다.

① 내국법인
② 국내원천소득(國內源泉所得)이 있는 외국법인

주) 비영리법인에 대한 납세의무는 본 교재에서 다루지 않겠다. 따라서 별 다른 언급이 없는 한, 여기에서 언급하는 법인은 모두 '영리법인'을 말하는 것이다.

여기에서 '내국법인(內國法人)'이란 국내에 본점이나 주사무소 또는 사업의 실질적 관리장소를 둔 법인을 말하며, '외국법인'이란 외국에 본점 또는 주사무소를 둔 단체(국내에 사업의 실질적 관리장소가 소재하지 아니하는 경우만 해당한다)로서 일정한 기준에 해당하는 법인을 말한다.[74]

이는 소득세법의 거주자와 비거주자에 대응되는 개념이다.

74) 본 교재에서 별 다른 언급이 없는 한, 관련 내용은 모두 내국법인에 대한 것이다. 따라서 우리가 주로 학습하게 될 대상은 '영리내국법인'이 된다.

2.1.1. 내국법인

내국법인과 외국법인을 구분하는 이유도 소득세법에서 거주자와 비거주자를 구분하는 이유와 유사하다. 즉, 내국법인이냐 외국법인이냐에 따라 과세되는 소득의 범위, 과세되는 방법 등에 차이가 있기 때문이다.

내국법인은 소득의 원천이 국내이든 국외이든 불문하고 전 세계의 모든 소득에 대해 과세되는 '무제한(無制限) 납세의무자'이다.[75]

2.1.2. 외국법인

외국법인은 내국법인과는 달리 국내에서 발생한 소득(국내원천소득)에 대해서만 납세의무를 부담하는 '제한(制限) 납세의무자'이다.

2.2. 과세대상

앞에서 법인세의 종류는 4가지가 있었다. 우리가 주로 학습하게 되는 법인세는 '각 사업연도 소득에 대한 법인세'이므로, 법인세 과세대상은 각 사업연도의 소득이 된다.

'각 사업연도의 소득'이란 순자산증가설에 따라 '내국법인의 각 사업연도의 소득은 그 사업연도에 속하는 익금의 총액에서 그 사업연도에 속하는 손금의 총액을 공제한 금액'을 말한다.

75) 무제한 납세의무자와 제한 납세의무자의 개념에 대해서는 **'제3편 소득세법'**의 **'2.1. 납세의무자'** 부분을 참고하기 바란다.

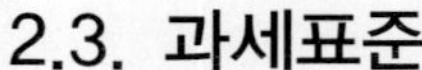

2.3. 과세표준

내국법인의 각 사업연도의 소득에 대한 법인세의 과세표준은 각 사업연도의 소득의 범위에서 다음에 따른 금액과 소득을 차례로 공제한 금액으로 한다.

① 이월결손금[주)]
② 비과세소득
③ 소득공제액

주) 각 사업연도의 개시일 전 15년(2019년 12월 31일 이전에 개시한 사업연도에서 발생한 결손금은 10년, 2008년 12월 31일 이전에 개시한 사업연도에서 발생한 결손금은 5년) 이내에 개시한 사업연도에서 발생한 결손금으로서 그 후의 각 사업연도의 과세표준 계산을 할 때 공제되지 아니한 금액을 말하며, 중소기업과 회생계획을 이행 중인 기업 등 법인을 제외한 내국법인의 경우 공제의 범위는 각 사업연도 소득의 80%로 한다.

2.4. 세율

우리나라의 법인세는 다음과 같이 4단계 초과누진세율 구조를 가지고 있다.

과세표준	세율
2억원 이하	과세표준의 10%
2억원 초과 200억원 이하	2,000만원 + 2억원을 초과하는 금액의 20%
200억원 초과 3,000억원 이하	39억 8,000만원 + 200억원을 초과하는 금액의 22%
3,000억원 초과	655억 8,000만원 + 3,000억원을 초과하는 금액의 25%

제 3 장 법인세 계산구조

법인세의 계산구조는 회사 장부의 '당기순손익'부터 시작하여 회계와 세법의 차이를 조정하는 방식으로 이루어져 있다. 이는 회계기준에 따른 장부와 세법규정에 따른 장부를 각각 기록·유지해 나가는 데에 많은 비용이 발생하기 때문이다.[76] 즉, 회계기준과 세법규정의 장부 작성기준이 대부분 동일하고 일부 항목에만 차이가 존재한다. 따라서 두 종류의 장부를 기록·유지하는 것보다는 일단 회계기준에 따라 장부를 작성하고, 이후 법인세 신고를 하는 과정에서 이 둘의 차이만을 조정하는 것이 보다 더 효율적일 것이다.

예를 들어, 다음과 같이 회계기준에 따라 작성한 수익 항목이 5개, 비용 항목이 10개가 있다고 가정하자.

회계기준에 따라 작성한 장부의 수치 중 수익 항목 중 1개, 비용 항목 중 2개가 세법의 규정과 일치하지 않고, 나머지는 모두 세법의 규정과 일치한다고 한다면, 회계기준에 따른 장부와 세법규정에 따른 장부상의 수치는 이 3개의 항목을 빼고는 모두 동일하다.

76) 소득세법, 법인세법 및 부가가치세법 모두 사업자의 '장부기록 의무'에 대해 규정하고 있다. 즉, 세금 신고를 할 때에도 회사의 장부를 첨부하여야 하는 것이 원칙인데, 만약 회계기준에 따라 작성한 장부가 세법의 규정과 차이가 나는 경우에는 이를 조정해야 한다는 것이다. 이를 '세무조정'이라고 하는데, 이에 대해서는 **'3.2. 세무조정'**에서 살펴보게 된다.

회계(BOOK)			BOOK vs. TAX	세법(TAX)		
	항목	금액			항목	금액
수익	1	310원	일치	익금	1	310원
	2	320원	일치		2	320원
	3	**330원**	**불일치**		**3**	**320원**
	4	340원	일치		4	340원
	5	350원	일치		5	350원
	합계	1,650원			합계	1,640원
비용	1	(110)원	일치	손금	1	(110)원
	2	(120)원	일치		2	(120)원
	3	(130)원	일치		3	(130)원
	4	**(140)원**	**불일치**		**4**	**(100)원**
	5	(150)원	일치		5	(150)원
	6	(160)원	일치		6	(160)원
	7	**(170)원**	**불일치**		**7**	**(150)원**
	8	(180)원	일치		8	(180)원
	9	(190)원	일치		9	(190)원
	10	(200)원	일치		10	(200)원
	합계	(1,550)원			합계	(1,490)원

따라서 다음과 같이 회사가 회계기준과 세법규정에 따라 두 종류의 장부를 기록· 유지하는 것은 효율적이지 못하다. 왜냐하면 12개의 수익 및 비용 항목이 동일하고 3개의 수익 및 비용 항목에만 차이가 있기 때문이다. 이 사례에서는 지면 관계상 수익 및 비용 항목이 15개인 것으로 가정하였으나, 수십 개 혹은 수백 개의 항목 중 차이가 3개 밖에 나지 않는 경우를 생각해 보면 보다 이해가 빠를 것이다.

회계(BOOK)		세법(TAX)	
(1) 수익	1,650원	(1) 익금	1,640원
(2) 비용	(1,550)원	(2) 손금	(1,490)원
(3) 이익	100원	(3) 소득	150원

이와 달리, 다음과 같이 회계기준에 따라 작성한 장부를 기준으로 차이 나는 것만 조정하는 것이 보다 효율적이다.

구분	금액
(1) 회계상 이익(Book Income)	100원
(2) 조정	
① 수익 **[항목 3]**의 차이: 320원 – 330원 = (10)원 ➲ 차감 조정[주1)]	(-) 10원
② 비용 **[항목 4]**의 차이: (100)원 - (140)원 = 40 ➲ 가산 조정[주2)]	(+) 40원
③ 비용 **[항목 7]**의 차이: (150)원 - (170)원 = 20 ➲ 가산 조정[주3)]	(+) 20원
(3) 세법상 소득(Taxable Income)	150원

주1) 회계상의 수익은 330원이나, 세법상의 익금은 320원이 되어야 하므로 10원만큼 (-) 조정을 해야 한다.

주2) 회계상의 비용은 (140)원이나, 세법상의 손금은 (100)원이 되어야 하므로 40원만큼 (+) 조정을 해야 한다.

주3) 회계상의 비용은 (170)원이나, 세법상의 손금은 (150)원이 되어야 하므로 20원만큼 (+) 조정을 해야 한다.

3.1. 법인세의 계산구조

이러한 계산구조를 담고 있는 법인세법 시행규칙 별지 제3호 서식인 법인세 과세표준 및 세액조정계산서를 간략하게 요약하여 제시하여 보면 다음과 같다.

[별지 제3호 서식]

법인세 과세표준 및 세액조정계산서

	항목	비고
	결산서상당기순손익	
(+)	익금산입 · 손금불산입	➲ 세무조정: 소득금액조정합계표에 기재
(−)	손금산입 · 익금불산입	
	차가감소득금액	
(+)	기부금한도초과액	➲ 소득금액조정합계표에 기재 ×주1)
(−)	기부금한도초과이월액손금산입	
	각사업연도소득금액	
(−)	이월결손금	➲ 15년 이내 발생한 세무상 결손금주2)
(−)	비과세소득	
(−)	소득공제	
	과세표준	
(×)	세율	➲ 4단계 초과누진세율(10%~25%)
	산출세액	➲ 토지등 양도소득 및 미환류소득에 대한 법인세 추가
(−)	공제감면세액(A)	
	차감세액	
(−)	공제감면세액(B)	
(+)	가산세	
(+)	감면분추가납부세액	
	법인세총부담세액	
(−)	기납부세액	➲ 원천납부세액 등
	법인세차감납부세액	

주1) 기부금 한도액(손금 인정액)은 차가감소득금액이 결정된 후 계산이 가능하기 때문에, 기부금 관련 세무조정사항은 소득금액조정합계표에 기재되지 않음에 주의해야 한다.

주2) 2019년 12월 31일 이전 발생한 결손금은 10년, 2008년 12월 31일 이전 발생한 결손금은 5년 동안 이월하여 공제된다. 한편, 중소기업과 회생계획을 이행 중인 기업 등의 법인을 제외한 내국법인의 경우 공제의 범위는 각 사업연도 소득의 80%로 한다.

3.2. 세무조정

앞서 살펴본 법인세 과세표준 및 세액조정계산서 서식에서 결산서상 당기순이익에서 가산(+) 조정하는 항목을 익금산입·손금불산입이라 하고, 차감(-) 조정하는 항목을 손금산입·익금불산입이라고 하는데, 이와 같이 과세소득을 계산하기 위하여 결산서상의 당기순이익에서 조정하는 과정을 '세무조정'이라고 부른다.

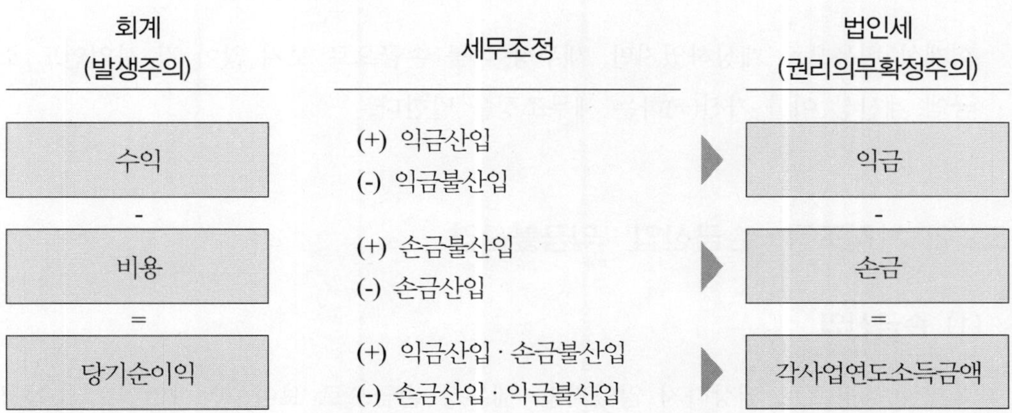

여기에서 '익금(益金)'이란 자본 또는 출자의 납입 등[77]을 제외하고 해당 법인의 순자산을 증가시키는 거래로 인하여 발생하는 수익의 금액으로 한다. 단, 법인세법에서 익금불산입으로 규정하는 것은 제외한다. 또한, '손금(損金)'이란 자본 또는 출자의 환급, 잉여금의 처분 등[78]을 제외하고 해당 법인의 순자산을 감소시키는 거래로 인하여 발생하는 손비[79]의 금액으로 한다. 단, 법인세법에서는 손금불산입으로 규정하고 있는 것은 제외한다.

77) 회계상으로도 자본을 납입(예를 들어, 주식의 발행)하는 경우 이를 수익으로 보지 않는다(자본의 증가).
78) 회계상으로도 잉여금을 처분(예를 들어, 배당)하는 경우 이를 비용으로 보지 않는다(자본의 감소).
79) '손비(損費)'란 일정기간 동안 발생한 수익에 대응하는 손실(損失)과 비용(費用)을 합하여 부르는 것이다.

3.2.1. 가산조정: 익금산입 · 손금불산입

(1) 익금산입

회계상 수익으로 계상하지 않았지만, 세법상 익금으로 보아 각 사업연도 소득금액 계산상 이를 가산(+)하는 세무조정을 말한다.

(2) 손금불산입

회계상 비용으로 계상하였지만, 세무상 이를 손금으로 보지 않아 각 사업연도 소득금액 계산상 이를 가산(+)하는 세무조정을 말한다.

3.2.2. 차감조정: 손금산입 · 익금불산입

(1) 손금산입

회계상 비용으로 계상하지 않았지만, 세무상 손금으로 보아 각 사업연도 소득금액 계산상 이를 차감(-)하는 세무조정을 말한다.

(2) 익금불산입

회계상 수익으로 계상하였지만, 세무상 익금으로 보지 않아 각 사업연도 소득금액 계산상 이를 차감(-)하는 세무조정을 말한다.

이들 세무조정 유형을 다음의 사례를 통해 살펴보자.

구분	BOOK		TAX		세무조정
(1) 익금산입	수익	80	익금	100	<익금산입> 20 ➲ 가산(+) 조정
(2) 익금불산입		100		80	<익금불산입> 20 ➲ 차감(−) 조정
(3) 손금산입	비용	(80)	손금	(100)	<손금산입> 20 ➲ 차감(−) 조정
(4) 손금불산입		(100)		(80)	<손금불산입> 20 ➲ 가산(+) 조정

지금까지 살펴본 바와 같이 세무조정은 결산서, 즉 회계기준에 의해 작성된 장부를 바탕으로 이루어진다. 따라서 법인세법을 제대로 이해하고 적절한 세무조정을 수행하기 위해서는 회계에 대한 기본적인 소양이 반드시 필요하다.

이 외에도 '결산조정' 및 '소득처분'에 대한 개념도 매우 중요하다. 하지만 이는 조세법개론의 학습범위를 넘어서므로, 향후 법인세법 학습과정에서 자세히 다루게 될 것이다.

가산조정과 차감조정

위의 사례에서 보듯이, 세무조정은 익금산입, 익금불산입, 손금산입 및 손금불산입의 4가지 조정이 있다. 하지만 실제로는 이렇게 4가지 조정으로 생각할 필요가 없다. 이들 항목 중 익금산입 및 손금불산입은 결산서상 당기순이익에 가산(+) 조정을 하고, 손금산입 및 익금불산입은 결산서상 당기순이익에서 차감(-) 조정을 한다는 사실만 알면 된다. 즉, 4가지 조정 항목들이 가산조정을 하는 항목인지 차감조정을 하는 항목인지만 구분하면 된다는 것이다.

예를 들어, 법인세비용을 '손금불산입'이라고 하든, '익금산입'이라고 생각하든 모두 상관없다. 뭐라고 부르던 당기순이익에 가산되는 조정이 되기 때문이다. 또한, 서식이나 세액계산을 하는 데에도 이들의 구분은 필요 없다. 어떤 세무조정이 필요한지 머리 속으로 생각하기 위해서는 필요할 수도 있으나, 사실상 학습목적으로도 크게 중요하지 않으며, 실무상 구분의 실익은 더더욱 없다.

이 세무조정 사항을 기재하는 서식이 다음의 법인세법 시행규칙 별지 제15호 서식인 소득금액조정합계표이다.

[별지 제15호 서식]

사 업 연 도	~ . . .	소득금액조정합계표	법인명	
			사업자등록번호	

익금산입 및 손금불산입							손금산입 및 익금불산입						
과목	금액				소득처분		과목	금액				소득처분	
					처분	코드						처분	코드
합계							합계						

법인세 계산사례(1)

다음의 자료를 이용하여 ㈜태풍의 주어진 서식(소득금액조정합계표 및 법인세 과세표준 및 세액조정계산서)의 빈칸을 채우시오.

구분	BOOK	TAX
(1) 당기순이익	10,000	
(2) 세무조정 사항		
① 법인세비용[주1)]	(1,000)	-
② 미수이자(원천징수 대상)[주2)]	300	-
③ 소멸시효 완성 매출채권[주3)]	-	(700)
④ 자기주식처분이익[주4)]	-	500

주1) 회계상으로 법인세를 비용으로 계상하였으나, 법인세법상 이를 손금으로 인정하지 않는다.

주2) 회계상 미수이자(이자수익)를 계상하였으나, 법인세가 원천징수되는 이자는 회계상 미수이자를 계상하더라도 법인세법상 이를 익금으로 인정하지 않는다.

주3) 회계상으로는 소멸시효 완성 매출채권을 비용으로 계상하지 않았으나, 법인세법상 대손사유(소멸시효 완성 등)가 발생한 날이 속하는 사업연도의 손금에 산입한다.

주4) 회계상 자기주식처분이익은 자본(자본잉여금) 항목이므로 수익에 해당하지 않는다. 반면, 법인세법상 자기주식처분이익은 익금 항목에 해당한다.

※ 위의 조정항목들에 대한 구체적인 내용은 지금 단계에서는 몰라도 된다. 회계와 세법 간에 차이가 있는 항목이라는 것만 파악하고 세무조정 연습을 해보자.

소득금액조정합계표

익금산입 및 손금불산입				손금산입 및 익금불산입			
과목	금액	소득처분		과목	금액	소득처분	
		처분	코드			처분	코드
합계				합계			

※ ‘소득처분’ 부분은 기재하지 말 것.

법인세 과세표준 및 세액조정계산서

결산서상당기순손익	
(+) 익금산입 · 손금불산입	
(-) 손금산입 · 익금불산입	
각사업연도소득금액	

해답

소득금액조정합계표

익금산입 및 손금불산입				손금산입 및 익금불산입			
과목	금액	소득처분		과목	금액	소득처분	
		처분	코드			처분	코드
법인세비용	1,000			미수이자	300		
자기주식처분이익	500			매출채권	700		
합계	1,500			합계	1,000		

* '과목'은 어떤 세무조정이 있었는지 알아볼 수 있을 정도로만 적절히 기재하면 된다. 엄격하게 정해진 규칙은 없다.

법인세 과세표준 및 세액조정계산서

결산서상당기순이익	10,000
(+) 익금산입 · 손금불산입	1,500
(-) 손금산입 · 익금불산입	1,000
각사업연도소득금액	10,500

	BOOK	세무조정	TAX
① 법인세비용	비용 1,000	(+) 손금불산입 1,000	손금 0
② 미수이자(원천징수 대상)	수익 300	(-) 익금불산입 300	익금 0
③ 소멸시효 완성 매출채권	비용 0	(-) 손금산입 700	손금 700
④ 자기주식처분이익	수익 0	(+) 익금산입 500	손금 500

법인세 계산사례(2)

다음의 자료를 이용하여 ㈜폭풍의 주어진 서식(소득금액조정합계표 및 법인세 과세표준 및 세액조정계산서)의 빈칸을 채우시오.

1. 손익계산서(요약)

과 목	금 액
매 출 액	1,770,000,000
매 출 원 가	(1,050,000,000)
매 출 총 이 익	720,000,000
판 매 비 와 관 리 비	(450,000,000)
영 업 이 익	270,000,000
영 업 외 수 익	40,000,000
영 업 외 비 용	(12,000,000)
당 기 순 이 익	298,000,000

2. 세무조정 자료

(1) 외상판매한 상품의 판매가액 120,000,000원(원가 100,000,000원)이 장부에 누락되어 있다.

(2) 판매비와관리비에는 회사 본사건물과 관련된 화재보험료 154,000,000원이 포함되어 있으나, 법인세법상으로는 선급보험료에 해당하는 금액 36,000,000원이 포함되어 있다.

(3) 판매비와관리비에는 회사 업무와 관련된 기업업무추진비 42,000,000원이 포함되어 있으나, 세무상 인정되는 기업업무추진비 금액(한도액)은 20,000,000원이다.

(4) 판매비와관리비에는 회사의 비품에 대한 감가상각비 20,000,000원이 계상되어 있으나, 세무상 감가상각비 금액(한도액)은 15,000,000원이다.

(5) 법인세법상 당기 이자비용은 23,000,000원이나, 장부에는 선급이자으로 계상되어 있다.

소득금액조정합계표

익금산입 및 손금불산입				손금산입 및 익금불산입			
과목	금액	소득처분		과목	금액	소득처분	
		처분	코드			처분	코드
합계				합계			

※ '소득처분' 부분은 기재하지 말 것.

법인세 과세표준 및 세액조정계산서

결산서상당기순손익	
(+) 익금산입 · 손금불산입	
(-) 손금산입 · 익금불산입	
각사업연도소득금액	

해답

소득금액조정합계표

익금산입 및 손금불산입			손금산입 및 익금불산입		
과목	금액	소득처분	과목	금액	소득처분
매출액	120,000,000		매출원가	100,000,000	
선급보험료	36,000,000		선급이자	23,000,000	
기업업무추진비한도초과액	22,000,000				
감가상각비한도초과액	5,000,000				
합계	183,000,000		합계	123,000,000	

법인세 과세표준 및 세액조정계산서

결산서상당기순이익	298,000,000
(+) 익금산입 · 손금불산입	183,000,000
(-) 손금산입 · 익금불산입	123,000,000
각사업연도소득금액	358,000,000

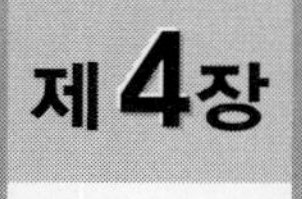

법인세 납세절차

4.1. 사업연도

법인은 계속적으로 사업을 수행해 나가기 때문에 소득도 계속적으로 발생하게 된다. 따라서 법인의 소득금액을 계산하기 위해서 일정한 기간을 정해서 이 기간 동안 발생한 소득에 대해 소득금액을 계산해야 할 필요가 있다. 이와 같이 인위로 구분된 일정한 기간을 '사업연도(事業年度)'라고 한다.

법인의 사업연도는 법인의 자율성을 존중하는 차원에서 법인세법상 사업연도는 법령이나 법인의 정관(定款) 등[80]에서 정하는 1회계기간으로 한다. 다만, 그 기간은 1년을 초과하지 못한다.[81]

4.2. 법인세 신고 및 납부

납세의무가 있는 내국법인은 각 사업연도의 종료일이 속하는 달의 말일부터 3개월 이내에 그 사업연도의 소득에 대한 법인세의 과세표준과 세액을 납세지 관할세무서장에게 신고 · 납부하여야 한다.[82]

---

80) '정관(定款, articles of incorporation)'은 법인의 목적, 명칭 및 본점소재지 등에 대해 규정하고 있는 회사의 기본규약으로, 정관의 작성은 회사의 설립절차에 있어 핵심적인 사항 중 하나이다.

81) 법인의 사업연도가 너무 길면 세수 확보에 문제가 생길 수 있기 때문이다. 예를 들어, 회사의 정관에서 사업연도를 10년으로 정하고 있고, 이를 법인세법에서 그대로 받아들인다면 정부는 해당 법인으로부터 10년에 한 번씩 세금을 받게 된다. 따라서 법인세법상 사업연도는 1년을 초과하지 못하도록 규정하고 있는 것이다.

82) 신고를 할 때에는 그 신고서에 다음의 서류를 첨부하여야 한다.
① 기업회계기준을 준용하여 작성한 개별 내국법인의 재무상태표 · 포괄손익계산서 및 이익잉여금 처분계산서(또는 결손금처리계산서)

이 경우 각 사업연도의 소득금액이 없거나 결손금이 있는 법인의 경우에도 신고는 하여야 한다.

② 법인세 과세표준 및 세액조정계산서
③ 세무조정계산서 부속서류 및 기업회계기준에 따라 작성한 현금흐름표 등
한편, 신고를 할 때 그 신고서에 위 '①' 및 '②'의 서류를 첨부하지 아니하면 적법한 신고로 보지 아니한다.

제 5 편

부가가치세법

- 제1장. 부가가치세 총설
- 제2장. 부가가치세 과세요건
- 제3장. 부가가치세 계산구조
- 제4장. 부가가치세 납세절차

제 1 장 부가가치세 총설

부가가치세는 우리나라의 세수 중 중대한 비중을 차지하고 있는 소비세이다. 부가가치세는 지금까지 살펴보았던 소득세(개인 및 법인)와는 그 구조가 다소 상이하다. 이러한 차이점의 원인 중 가장 큰 이유는 소득세나 법인세가 직접세인 반면 부가가치세는 상대방에게 세부담을 '전가'시키는 간접세의 구조를 가지고 있기 때문이다. 이와 같이 상대방에게 세부담을 '전가'시키기 위해 우리나라 부가가치세는 '전단계세액공제법'이라는 시스템을 채택하고 있다.

이하 우리나라 부가가치세의 특징에 대해 살펴보도록 하겠다.[83)]

1.1. 일반소비세

개별소비세, 주세 등 특정물품에 대하여 과세하는 특정소비세와 달리 재화 및 용역의 공급, 재화의 수입을 과세대상으로 보아 재화나 용역에 대하여 모든 거래단계마다 과세하는 일반소비세이다.

1.2. 간접세

납세의무자와 담세자(실제 세금을 부담하는 자)가 일치하지 않는 간접세이다. 즉, 납세의무자는 재화나 용역을 공급하는 사업자이지만 실제로 부가가치세를 부담하는 담세자는 최종소비자이다.

83) 여기에서는 조세법개론 수준에서 다룰만한 내용만 기술하였다. 본 교재에 제시된 것 외에도 우리나라 부가가치세는 다양한 특징(소비지국과세원칙 등)을 가지고 있다.

1.3. 물세

부가가치세는 납세의무자의 인적인 측면을 고려하지 않고 재화나 용역의 공급 자체에 대해 과세하는 물세의 성격을 가지고 있다.

1.4. 전단계세액공제법

부가가치세 납부세액계산방법 중 전단계세액공제법을 취하고 있어서 매출세액에서 전단계에서 거래징수 당한 매입세액을 공제받을 수 있다.

1.5. 다단계거래세[84)]

부가가치세는 재화 또는 용역이 생산되는 단계부터 유통 및 최종소비자에게 이르기까지의 모든 거래단계에서 발생하는 부가가치에 대해 과세하는 조세이다.[85)]

84) '**제3장 부가가치세 계산구조**'에서는 '**제1편 조세총론**'에서 배웠던 간접세의 개념을 다단계거래로 확장하여 살펴볼 것이며, 이를 통해 전단계세액공제법의 개념까지 학습하게 될 것이다.

85) 참고로, 부가가치세가 다단계거래세(多段階去來稅)인데 반하여, 개별소비세 및 주세는 제조·반출단계에서 한번만 과세되는 단단계거래세(單段階去來稅)이다.

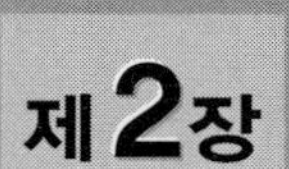

제2장 부가가치세 과세요건

2.1. 납세의무자

부가가치세 납세의무자는 다음 중 어느 하나에 해당하는 자로 한다.

① 사업자
② 재화를 수입하는 자[주)]

주) 재화를 수입하는 자의 경우에는 사업자인지 여부를 불문하고 납세의무가 있다.

따라서 부가가치세법상 납세의무자는 부가가치세 과세대상인 재화 또는 용역을 공급하는 사업자와 재화를 수입하는 자를 말하며, 여기에서 '사업자'라 함은 사업 목적이 영리이든 비영리이든 관계없이 사업상(계속 · 반복적인 의사를 가지고) 독립적으로 재화 또는 용역을 공급하는 자를 말한다.[86)]

2.2. 과세대상

부가가치세는 다음의 거래에 대하여 부과한다.

① 사업자가 행하는 재화 또는 용역의 공급
② 재화[주)]의 수입

주) 용역의 수입은 과세대상이 아니다. 통관절차에 있어 물리적 실체가 없는 용역을 포착해 내는 것이 현실적으로 매우 힘들기 때문이다.

86) 따라서 여러분들이 사업자가 아닌 지위에서 중고거래 등을 하는 경우 부가가치세 납세의무는 없다. 단, 수입의 경우에는 사업자 여부를 불문하고 납세의무가 있으므로, 여러분들이 해외직구를 통해 물품을 구입하는 경우(즉, 물품을 수입하는 경우)에는 부가가치세 납세의무가 있는 것이다.

여기에서 '재화'란 재산 가치가 있는 물건 및 권리를 말하며, '용역'이란 재화 외에 재산 가치가 있는 숙박 및 음식점업 등의 사업에 해당하는 모든 역무(役務, 노동력에 의한 활동 또는 서비스) 및 그 밖의 행위(재화·시설물 및 권리를 사용하게 하는 것)를 말한다.

표 5.2.1 재화의 범위

구 분	구체적 범위
① 물건	㉠ 상품, 제품, 원료, 기계, 건물 등 모든 유체물(有體物) ㉡ 전기, 가스, 열 등 관리할 수 있는 자연력
② 권리	광업권, 특허권, 저작권 등 위 '①'에 따른 물건 외에 재산적 가치가 있는 모든 것

2.3. 과세표준

재화 또는 용역의 공급에 대한 부가가치세의 과세표준은 해당 과세기간에 공급한 재화 또는 용역의 공급가액(예를 들어, 금전으로 대가를 받는 경우 그 대가)을 합한 금액으로 한다. 여기에서 공급가액은 부가가치세를 포함하지 아니한 금액을 의미한다.[87)]

2.4. 세율

과세표준에 적용하는 부가가치세의 세율은 일반적으로 10%의 단일비례세율이다. 단, 수출 등 일정한 경우에 0%의 세율이 적용될 수도 있다.[88)]

87) 예를 들어, '100(공급가액, 과세표준) × 10% = 10(VAT 매출세액)'이라고 한다면, 공급가액 100에 10%를 곱하여 부가가치세 10을 계산하는 것이므로, 당연히 100이라는 공급가액에는 부가가치세가 포함되어서는 안 된다.

88) 영세율은 소비지국과세원칙의 구현 및 수출 촉진 등을 위한 제도이다. 이는 부가가치세 분야에서 매우 중요한 주제이나, 본 교재에서는 다루지 않도록 하겠다.

제 3 장 부가가치세 계산구조

3.1. 부가가치세 과세방법

납세의무자가 아닌 자가 세부담을 질 것으로 예상되는 경우, 즉 납세의무자와 담세자가 일치하지 않을 것으로 예상되는 경우, 이를 '간접세'라고 한다. 간접세에서는 세법상 정해진 납세의무자가 다른 자에게로 그 세부담을 이전시키는 현상이 발생하는데, 이를 '세부담의 전가'라고 한다.[89)]

‖ 그림 5.3.1 ‖ 단단계(單段階) 거래

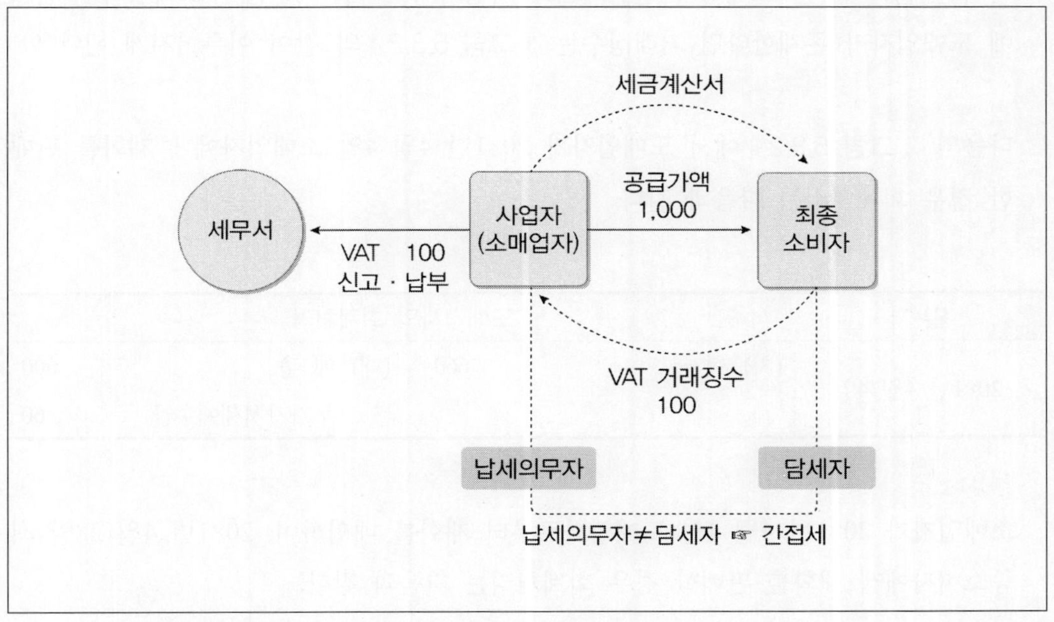

89) 간접세와 거래징수의 개념에 대해서는 '**제1편 조세총론**'의 '**2.2.2. 간접세**'에서 다루었다.

부가가치세, 개별소비세 및 주세 등 대부분의 소비세가 간접세의 형태로 운용되고 있다. 예를 들어, 부가가치세의 납세의무자는 재화 또는 용역을 공급하는 사업자이지만, 그 세부담은 재화 또는 용역을 공급받는 자(일반적으로 소비자)가 지게 된다.

앞의 ‖그림 5.3.1‖에서 소매업자가 20×1년 4월 28일 최종소비자에게 재화를 판매한 경우 회계처리는 다음과 같다.

일 자	소매업자의 회계처리			
20×1년 4월 28일	(차) 현 금	1,100	(대) 매 출	1,000
			부가가치세예수금	100

주) ‘VAT예수금’은 거래징수한 VAT로, 소매업자가 세무서에 납부하여야 할 금액이므로, 이는 회계상 부채이며, 부가가치세 납부세액 계산시 ‘매출세액’으로 납부하게 된다.

하지만 현실에서는 소매업자 전단계에도 사업자가 존재한다. 만약 소매업자 전단계에 도매업자가 존재한다면 거래징수는 ‖그림 5.3.2‖와 같이 이루어지게 된다.[90)]

다음의 ‖그림 5.3.2‖에서 도매업자가 20×1년 4월 4일 소매업자에게 재화를 판매한 경우 회계처리는 다음과 같다.

일 자	도매업자의 회계처리			
20×1년 4월 4일	(차) 현 금	660	(대) 매 출	600
			부가가치세예수금	60

소매업자가 20×1년 4월 4일 도매업자로부터 재화를 매입하여, 20×1년 4월 28일 최종소비자에게 재화를 판매한 경우 회계처리는 다음과 같다.

90) 물론, 현실에서는 도매업자 이전 단계에도 제조업자, 원재료업자 등이 존재할 수 있다. 이 경우 단지 거래단계만 늘어날 뿐 지금 배우게 될 다단계거래의 시스템을 그대로 적용하면 된다.

일 자	소매업자의 회계처리			
20×1년 4월 4일	(차) 매 입	600	(대) 현 금	660
	부가가치세대급금	60		
20×1년 4월 28일	(차) 현 금	1,100	(대) 매 출	1,000
			부가가치세예수금	100

주) 'VAT대급금'은 거래징수 당한 VAT로, 소매업자가 세무서에 납부할 매출세액 100에서 차감된다. 세부담은 결국 최종소비자가 지기 때문이다. 따라서 이는 회계상 자산이며, 부가가치세 납부세액 계산시 '매입세액'으로 공제받게 된다.

‖ 그림 5.3.2 ‖ 다단계(多段階) 거래

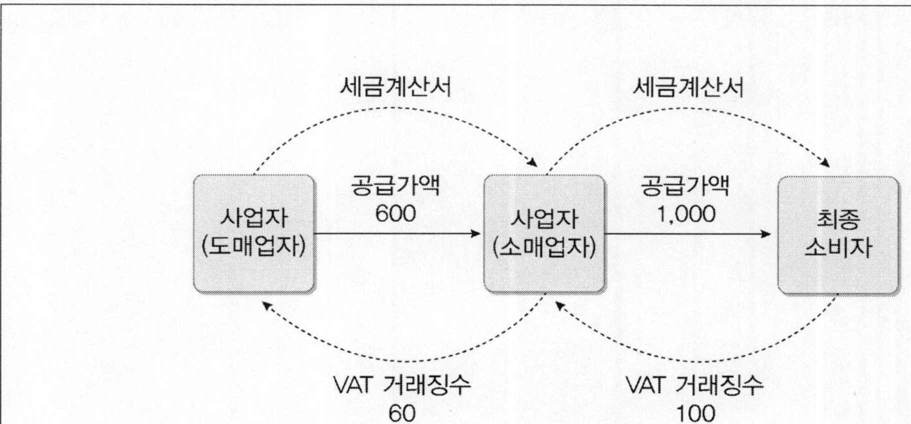

주) 도매업자의 경우 매입은 없는 것으로 가정한다. 즉, 도매업자 이전 단계의 거래에 대해서는 고려하지 않는다.

매출세액은 거래징수'한' 부가가치세이고, 매입세액은 거래징수 '당한' 부가가치세를 의미한다. 이 사례에서 소매업자는 도매업자에게 60원의 부가가치세(매입세액)를 거래징수 당하고, 최종소비자에게 100원의 부가가치세(매출세액)를 거래징수하게 되는데, 결국 소매업자는 매출세액 100원에서 매입세액 60원을 차감한 40원을 납부세액으로 납부하여야 한다.

이와 같이 부가가치세 납부세액을 계산하는 방법을 '전단계세액공제법(前段階稅額控除法, invoice method)'이라고 한다. 여기서 '전단계세액'이란 '매입세액'을 의미한다.[91)]

한편, 도매업자나 소매업자와는 달리 부가가치세법상 사업자가 아닌 최종소비자의 경우에는 재화 구입시 100원의 부가가치세를 부담하였으나 이를 공제받을 수 없는데, 이는 부가가치세가 간접세로서 결국 세부담이 최종소비자에게 '전가(轉嫁, shifting)'되기 때문이다. 즉, 사업자인 도매업자 및 소매업자에게 부과되는 부가가치세는 각 거래상대방에게 전가되어 최종적으로 제품을 소비하는 소비자가 총 세액을 부담하게 되는 것이다.

91) 즉, '전단계세액공제법'은 매출세액에서 매입세액을 공제하여 납부세액을 계산하는 '매입세액공제법'을 의미한다.

3.2. 부가가치세 납부세액 계산구조

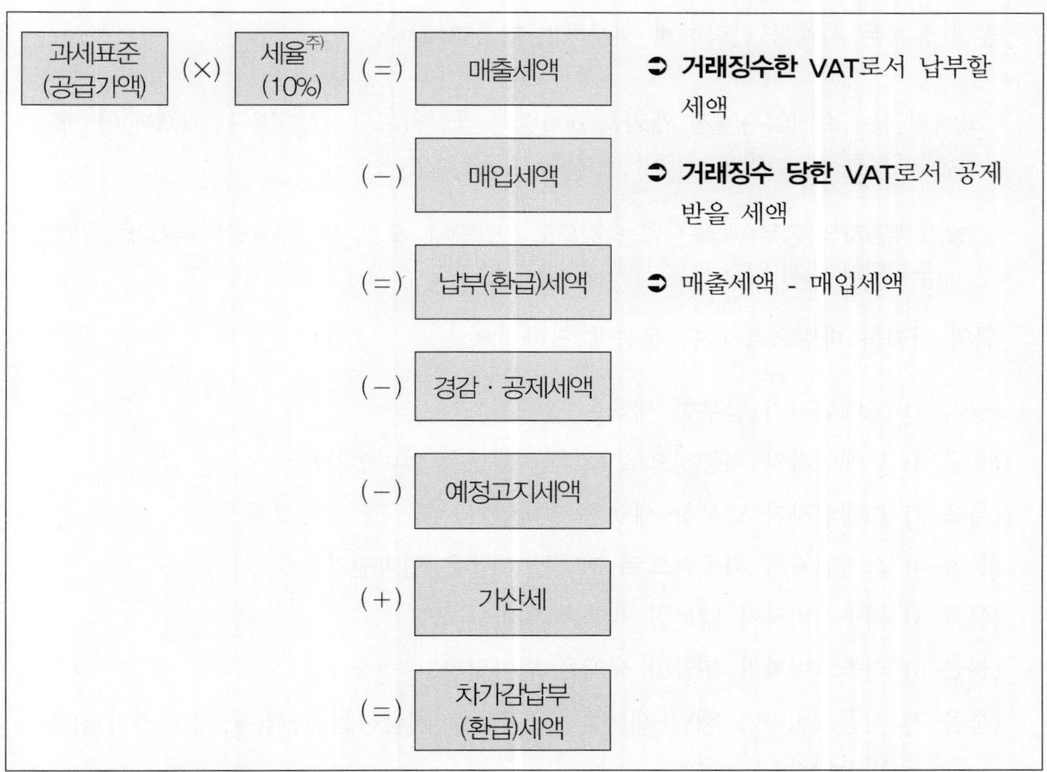

주) 일정한 경우 영세율, 즉 0%의 세율이 적용될 수 있다. 이에 대해서는 이 교재의 범위를 벗어나므로, 향후 부가가치세 학습과정에서 자세히 다루게 될 것이다.

앞서 살펴본 사례에서 도매업자와 소매업자의 납부세액을 계산해보면 다음과 같다. 한편, 최종소비자는 부가가치세법상의 납세의무자가 아니므로 납부세액은 없다(최종소비자는 담세자에 불과).

	〈도매업자〉	〈소매업자〉
매출세액	600 ×10% = 60	1,000 ×10% = 100
매입세액	-	→ 60
납부세액	60	40

납부세액 vs. 부담세액

앞서 살펴본 사례를 간략하게 제시하면 다음과 같다.

도매업자는 소매업자에게 재화를 600원에 공급하였다. 소매업자는 600원에 매입한 재화를 1,000원에 최종소비자에게 공급하였다.

※ 도매업자의 경우 매입은 없는 것으로 가정한다. 또한, 위 금액에는 부가가치세가 포함되어 있지 않다.

위의 사례를 바탕으로 다음 물음에 답하시오.

(물음 1) 도매업자가 납부한 세액은 얼마인가?

(물음 2) 도매업자가 최종적으로 부담한 세액은 얼마인가?

(물음 3) 소매업자가 납부한 세액은 얼마인가?

(물음 4) 소매업자가 최종적으로 부담한 세액은 얼마인가?

(물음 5) 최종소비자가 납부할 세액은 얼마인가?

(물음 6) 최종소비자가 부담한 세액은 얼마인가?

(물음 7) 최종소비자가 해당 재화를 구입할 때 지급하는 가격(즉, 소비자가격)은 얼마인가?

해답

(물음 1) 60원 (60원 − 0원 = 60원)

(물음 2) 0원

(물음 3) 40원 (100원 − 60원 = 40원)

(물음 4) 0원

(물음 5) 0원

(물음 6) 100원

(물음 7) 1,100원

※ VAT 100(= 60 + 40)에 대한 세부담은 모두 최종소비자에게 전가되었다.

제 4장 부가가치세 납세절차

4.1. 부가가치세 과세기간

4.1.1. 일반적인 과세기간

사업자에 대한 부가가치세의 과세기간은 다음과 같다. 단, 간이과세자[92]의 경우는 1월 1일부터 12월 31일까지로 한다.

① 제1기 과세기간 : 1월 1일부터 6월 30일까지
② 제2기 과세기간 : 7월 1일부터 12월 31일까지

4.1.2. 예정신고기간

과세기간(6개월)별로 한 번에 세금을 내는 경우 발생할 수 있는 사업자의 자금 부담을 완화하고, 과세관청 입장에서는 세수 평준화를 위해 다음의 예정신고기간을 두고 있다.

① 제1기 예정신고기간 : 1월 1일부터 3월 31일까지
② 제2기 예정신고기간 : 7월 1일부터 9월 30일까지

92) 간이과세는 영세한 사업자에 대해 부가가치세법상 협력의무를 경감시켜주기 위해 도입된 제도이다. 간이과세자는 일반과세자에 비해 간편한 방식으로 납부세액을 계산하도록 규정하고 있으며, 과세기간도 1년을 적용하고 있다. 현재 연간 공급대가(부가가치세를 포함한 매출액 개념)가 일정금액 미만인 개인사업자를 간이과세자로 보고 있다.

4.2. 부가가치세 신고 및 납부

4.2.1. 확정신고 및 납부

사업자는 각 과세기간에 대한 과세표준과 납부세액 또는 환급세액을 그 과세기간이 끝난 후 25일 이내에 납세지 관할세무서장에게 신고·납부하여야 하는데, 이를 '확정신고납부'라고 한다.

4.2.2. 예정신고 및 납부

사업자는 각 예정신고기간이 끝난 후 25일 이내에 각 예정신고기간에 대한 과세표준과 납부세액 또는 환급세액을 납세지 관할세무서장에게 신고·납부하여야 하는데, 이를 '예정신고납부'라고 한다.

▮그림 5.4.1▮ 부가가치세 과세기간 및 신고납부기한

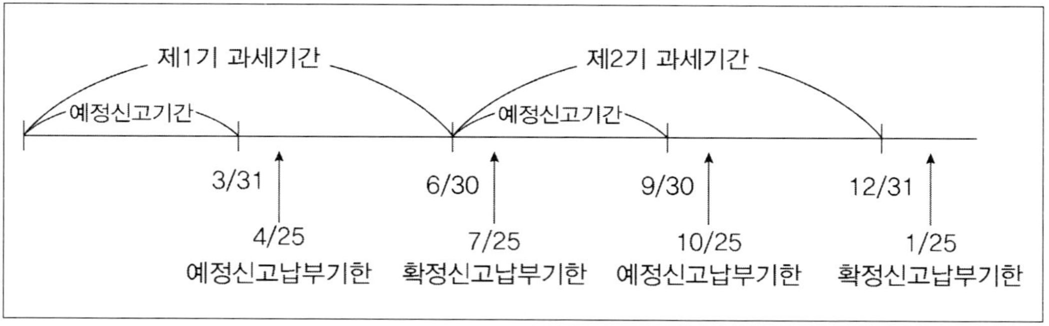

▮표 5.4.1▮ 과세기간과 신고납부기한

구 분	과세기간	예정신고기간 및 과세기간 최종 3개월		신고납부기한
제1기	1월 1일 ~ 6월 30일	예정신고기간	1월 1일 ~ 3월 31일	4월 25일
		과세기간 최종 3개월	4월 1일 ~ 6월 30일	7월 25일
제2기	7월 1일 ~ 12월 31일	예정신고기간	7월 1일 ~ 9월 30일	10월 25일
		과세기간 최종 3개월	10월 1일 ~ 12월 31일	1월 25일

■ **박석진**

▣ **약력**

세무사
미국공인회계사(New Hampshire)
연세대학교 영어영문학과(문학사)
연세대학교 대학원 경영학과(경영학 석사, 회계학전공)
동국대학교 대학원 경영학과(경영학 박사, 세무회계전공)

(전)세무법인진명
이촌회계법인
국세심사위원
공기업 · 준정부기관 경영관리 계량평가 평가위원

(현)한국세무학회 부학회장
한국회계정책학회 부회장
한국회계학회 상임이사
한국회계정보학회 상임이사
인덕대학교 세무회계학과 교수

▣ **저서 및 역서**

내국소비세법(도서출판원)
객관식 내국소비세법(도서출판원)
부가가치세법(도서출판원)
조세법개론(도서출판원)
세무회계엔딩(한성문화)
세무회계연습 I, II(도서출판탐진)
객관식세법(도서출판탐진)
입법취지로 배우는 세무입문(나눔에이엔티)
분개법원리로 배우는 법인세(나눔에이엔티)
IFRS 회계원리(신영사)
LIBBY의 회계원리(경문사)

2026 조세법개론(제8판)

제1판1쇄발행 • 2019년 2월 20일 제2판1쇄발행 • 2020년 2월 24일
제3판1쇄발행 • 2021년 2월 25일 제4판1쇄발행 • 2022년 2월 15일
제5판1쇄발행 • 2023년 2월 20일 제6판1쇄발행 • 2024년 2월 20일
제7판1쇄발행 • 2025년 2월 21일 제8판1쇄발행 • 2026년 2월 20일

저 자 • 박 석 진

발 행 인 • 정 성 열
발 행 처 • 도서출판 ONE
주 소 • 서울특별시 영등포구 선유로3길 10
등 록 • 제313-2003-427호
전 화 • 02-323-8536
팩 스 • 02-323-8531

저자와의 협의하에 인지생략

ISBN 978-89-6481-499-4

정가 15,000원

- http://one-book.co.kr